세계 경제의 미래와 한국 경제

이 도서의 국립중앙도서관 출판예정도서목록(CIP)은 서지정보유통지원시스템 홈페이지(http://seoji.nl.go.kr)와
국가자료공동목록시스템(http://www.nl.go.kr/kolisnet)에서 이용하실 수 있습니다.
(CIP제어번호 : CIP2016022853)

세계 경제의 미래와 한국 경제

서울사회경제연구소 엮음

유종일 · 박복영 · 최필수 · 김형기 · 이일영 · 홍민기 · 강병구 지음

한울
아카데미

글로벌 금융위기 이후 세계 경제는 이중고를 겪고 있다. 하나는 세계 경제가 장기 침체에서 헤어나지 못하고 있는 것이고, 다른 하나는 대부분의 나라에서 불평등이 심화되고 있는 것이다. 이러한 이중고는 자본주의의 경기 변동에 따른 일시적인 것이라는 견해도 있지만, 그보다는 다수의 경제주체가 경제 성과에서 배제됨으로써 경제 활력이 떨어지는, 현재의 자본주의 세계 경제체제의 작동 방식(이른바 신자유주의 시장경제체제)이 한계에 다다른 데서 기인한 것으로 보인다.

한국 경제 역시 '경기침체'와 소위 '1% 대 99%'의 문제에서 자유롭지 못하다. 현재의 자본주의 세계 경제체제에서 크게 성장했던 만큼 그 한계에 더욱 타격을 받을 수밖에 없다. 더욱이 중국 경제의 구조적 전환으로 인한 세계 경제 환경 변화는 한국의 수출 중심 성장 구조의 한계를 드러내고 있다. 2016년 7월 현재까지 19개월 연속으로 수출이 감소하는 사태는 이를 반영한다. 수출 부진과 더불어 경제 불평등 심화에 따른 내수 부진의 지속은 한국 경제의 미래를 어둡게 하고 있다. 게다가 그동안 한국 경제의 새로운 활로로 여겨지던 남북 경제협력의 길도 개성 공단 사태로 말미암아 봉쇄된 상태에 이르렀다. 한국 경제의 미래를 둘러싸고 불안감이 커져가고 있다.

한국 경제는 어디로 가는가? 그리고 어느 방향으로 가는 것이 바람직한가? 이 문제에 답하려면 먼저, 대외 의존도가 높은 한국 경제의 특성상 중국을 포함한 세계 경제의 미래에 관심을 갖지 않을 수 없다. 현재의 신자유주의적 세계 자본주의체제가 지속되기 어렵다면 어떠한 경제체제로 변화해갈 것인가? 세계 경제의 무역과 자본거래에 커다란 영향을 미치는 국제통화체제는 어떻게 변화해갈 것인가? 또 한국 경제와 밀접한 관련이 있는 중국 경제는 어떻게 변화할 것인가? 이와 같은 문제에 대해 객관적으로 전망하고, 이를 바탕으로 한국 경제가 취할 수 있는 바람직한 방향을 지향해야 한다.

서울사회경제연구소에서는 세계 경제의 흐름을 진단하고 그 속에서 한국 경제의 앞날을 준비하기 위해 '위기의 세계 경제와 한국 경제'라는 주제로 2016년 3월 제23차 심포지엄을 개최했다. 심포지엄을 통해서 한국 경제가 현재의 어려움에서 탈출하기 위해서는 모든 경제주체가 희망을 갖고 적극적으로 참여해 일할 수 있는 경제를 만들어가는 것이 필요하고, 이를 위해서는 불평등 해소가 필수적이라는 것을 확인했다. 이 책은 심포지엄에서 발표한 자료와 함께 본 연구소 월례 토론회에서 발표된 관련 주제의 글을 모은 것이다.

이 책은 총 3부로 구성되어 있다. 제1부는 자본주의 및 세계 경제의 미래를 다룬다. 현재의 자본주의체제가 경기침체와 불평등 문제를 극복하기 위해서는 어떠한 변화가 필요한가, 장기적으로는 어떠한 방향으로 경제체제가 달라질 것인가를 전망했다. 또한 현재 달러화 위주인 국제통화체제가 향후에도 안정적일 것인가, 새로운 국제통화체제가 형성되기 위한 조건은 무엇인가 등을 다룬다.

제2부는 중국 및 동아시아 경제를 다룬다. 중국 경제가 당면한 경제 불안

을 극복할 수 있을지, 중국 경제가 추구하는 발전 전략 및 발전 방향은 무엇이며 새로운 성장 동력을 갖출 수 있을지, 그리고 중국이 추구하는 문제 해결의 방향이 무엇인지, 중국의 경제 발전모델은 한국·일본의 그것과 어떤 공통점과 차이를 가지고 있는지, 중국의 변화에 대한 한국 경제의 대응은 어떠해야 하는지를 다룬다. 개성 공단 폐쇄 이후 남북 경제협력의 교착 상태를 해소하는 차원에서 중국, 러시아, 한반도를 아우르는 협력의 필요성을 제시했다.

제3부는 한국 경제의 대응 방향을 소득 불평등 해소에 주목해 다룬다. 한국 경제의 활력을 잠식하는 것으로 알려진 소득 불평등이 어느 정도인지 상위 소득의 집중도를 중심으로 파악하고, 이를 해소하기 위한 정책 수단을 특히 조세 측면에 집중해 살펴볼 것이다.

구체적으로 각 글에서 다루는 내용을 요약하면 다음과 같다. 제1부의 1장 유종일의 글(자본주의의 미래)은 자본주의체제가 향후 어떠한 방향으로 변화될 것인지를 살피고 있다. 이 장에서는 2008년 글로벌 금융위기가 신자유주의적 성장체제의 결함인 소득 불평등 심화와 금융 불안정에서 기인한 것이라고 규정했다. 자본주의는 총수요 기반 확대, 금융규제 강화, 금융의 실물경제와의 균형 회복, 미국 주도에서 다극체제로의 전환을 포함하는 새로운 성장체제로 변화해갈 것이며 이러한 새로운 성장체제가 수립되기 전까지는 장기 불황에서 벗어나기 어렵다고 진단하고 있다.

더 장기적으로 살펴보자면 자본주의는 세습 자본주의적 경향, 기술 발전에 따른 대량 실업과 양극화, 환경 파괴에 따른 생태적 위기라는 도전에 직면할 것이며, 이러한 문제는 결국 경제민주화를 통해 해결될 것이고, 그 과정에서 민주적 시장경제로의 진화가 이루어질 것이라고 전망한다.

2장 박복영의 글(글로벌 금융위기 이후의 환율변동과 국제통화체제의 미래)은 국제통화체제의 미래를 다루고 있다. 글로벌 금융위기 이후 주요 선진국이 실시한 양적 완화 통화정책의 성격을 수출 증대를 위한 환율전쟁이 아니라 불황과 디플레이션 위협에서 벗어나기 위한 것으로 보고 있으며, 아직 국제통화체제에는 큰 변화가 발생하지 않았고, 오히려 달러화가 안전 자산으로서의 위상을 강화하고 있는 상황이라고 진단한다. 국제통화의 지위를 결정하는 데 무역시장에서보다 국제금융에서 차지하는 위상이 더 중요하다. 유럽의 경기침체가 상대적으로 더 심각하고, 중국 위안화 국제화의 성과가 낮은 현실 등을 고려해 달러화 중심의 국제통화체제가 상당 기간 지속될 것으로 전망했다. 다만 달러화가 가치를 유지할 수 있는가는 공급된 달러화의 재환류가 순조롭게 이루어지느냐에 달려 있는데, 이는 미국 금융자산에 대한 신뢰와 수익성, 즉 미국 경제에 대한 신뢰에 달려 있다고 본다.

제2부의 3장 최필수의 글(중국 경제개혁 과제와 한국의 대응)은 고속 성장을 계속하던 중국 경제의 성장률 둔화가 가시화하면서 제기되고 있는 불안한 전망에 대해, 단기적으로는 급격한 충격이 발생할 가능성이 크지 않다고 진단한다. 또한 중국의 대내외 부채가 빠르게 증가하고 있으나 아직 안정적인 수준이며, 최근 나타나고 있는 외화 유출도 위기와는 거리가 먼 것으로 판단한다. 중국 정부가 핫머니의 유출입과 자본 통제 등을 통해 이러한 우려를 충분히 돌파할 것이라고 평가한다. 그러나 중국은 장기적인 성장 과제와 단기적인 경기부양 사이에 모순이 있고, 개혁과 개방의 수준을 놓고서도 상호 모순적인 이해관계가 얽혀 있다. 결국 중국은 자본계정의 완전 개방이나 국유 기업의 민영화 같은 개혁은 미루고, 제조업의 경쟁력 강화나 일대일로(一帶一路)와 같은 국가 주도의 산업 및 인프라 투자 정책을 병행해나갈 것으로 전망된다. 이에 따라 한국은 중국 특수가 사라진 상황을 받아들이고 내수 위주의 경제체제를 구축하면서 기업의 자생적 경쟁력 강화와 가치 사슬 전

방위에 걸친 고부가가치화가 필요함을 대응 전략으로 제시한다.

4장 김형기의 글(동아시아 발전모델의 원형과 변형)은 한국, 중국, 일본의 발전모델을 동아시아 발전모델이라는 공통 기반과 각국의 변형된 형태로 비교·고찰하고 있다. 한중일 3국에서 나타난 동아시아 발전모델은 영미형, 라인형, 노르딕형, 지중해형과 구분되는 독자적인 자본주의 발전모델인데, 이를 비교하는 것은 각국의 발전모델과 향후 전략을 예측하는 데 크게 도움이 될 것이다.

일본 모델은 온건한 발전국가와 '철의 삼각형' 성장 연합, 게이레쓰(系列) 지배와 주거래은행 소유, 주거래은행체제와 관계 금융, 종신고용과 연공임금제도, 온건한 자본 통제로 특징지어진다. 한국 모델은 강한 발전국가와 개발독재, 재벌 지배와 가족 소유, 국유 은행과 정책금융, 장기고용과 연공임금제도, 엄격한 자본 통제와 차관 도입으로 특징지어진다. 중국 모델은 아주 강한 발전국가와 지역·국가 코포라티즘, 국영기업의 지배와 국가 소유, 국유 은행과 국가 금융, 계약노동제도와 저임금, 아주 엄격한 자본 통제와 외국인 직접투자 유입으로 특징지어진다. 또 일본 모델은 기업주의 조절 양식을 가진 조정 시장경제, 한국 모델은 국가주의 조절 양식을 가진 규제 시장경제, 중국 모델은 국가주의 조절 양식을 가진 사회주의 시장경제로 각각 규정된다.

5장 이일영의 글(개성 공단 폐쇄 이후의 한반도 경제)은 한국 경제의 장기적인 발전의 길을 동아시아 차원의 협력적 경제 발전에서 모색하고 있다. 그동안 남북 경제협력에서는 상호주의 원칙에 입각한 접근 방식과 평화와 경제적 이익의 상호 관계를 기대하는 기능주의 접근 방식이 첨예하게 대립해 왔으나, 이 두 원칙은 더 이상 적용하기 어렵다고 판단한다. 상호주의가 북핵 문제의 배경이 되었고, 북핵 문제로 기능주의가 작동할 수 없다는 것이다. 필자는 이에 제3의 새로운 접근법을 제시했다. 첫째, 북핵 문제와 경협 문제를 통일적으로 고찰할 것, 둘째, 남북 관계를 동아시아-한반도 경제의 차원에서 접근할 것, 셋째, 국가 간 관계 이외에 지역 차원의 노력을 기울일 것을 주장한다. 동아시아-한반도 경제를 형성하는 중앙정부, 광역적 자치체, 기업, 민간단체 등이 참여한 다자주의적 국제 협력체제를 추진하고, 남북한 도시 네트워크를 진전시키자는 제안을 한다.

제3부의 6장 홍민기의 글(최상위 소득 비중의 장기 추세)은 한국 경제의 소득 불평등 현황을 최상위 소득층의 비중을 중심으로 살핀다. 이 장에서는 국세통계자료를 이용해 1958년부터 2013년까지 최상위 소득층이 전체 소득에서 차지하는 비중을 계산했는데, 한국에서 그 비중은 1960~1970년대 급격히 증가하다가 1980년대에는 정체했고 2000년대부터 다시 급격하게 증가해 국제적으로 보아도 매우 높은 수준에 이른 것으로 나타났다.

자본주의가 발전한 국가들에서는 초기부터 배당을 주된 수입원으로 하는 자본가가 최상위 소득층을 형성했던 반면, 한국에서는 해방 이후 재산소득이 형성될 기반이 없었기 때문에 최상위층의 소득에서 근로소득이 대부분을 차지했고, 이러한 경향은 최근까지 지속되고 있다. 그 결과 최상위 소득에서 노동소득이 차지하는 비중은 매우 큰 반면 재산소득의 영향은 외국에 비해 적다. 한국의 소득 불평등의 원인으로는 일자리 양극화, 비정규직의 증가, 자영업자의 쇠락 등을 들고 있다.

7장 강병구의 글(소득과세의 공평성)은 소득 간 공평과세 방안을 다루고 있다. 불평등 해소를 위해서는 증세가 필요한데, 이때 소득 간 공평과세가 이루어져야 한다고 주장한다. 필자는 자본소득과 노동소득의 세 부담 구조를 분석하고, 공평과세를 위한 세제 개편 방안을 모색한다. 주요한 개편 방향으로는 상위 소득 집단에 대한 비과세 감면 축소, 소득세의 누진성 제고, 자본소득에 대한 과세 강화를 들 수 있다.

한국은 자본소득 과세에 취약하므로 이자, 배당, 임대, 자본이득 등 자본소득에 대한 실효세율을 높이는 것이 필요하다. 이와 더불어 개인과 법인 간 과세 형평과 근로소득자와 금융소득자 간 불합리한 조세 차별의 시정도 필요한데, 이를 위해 상장주식 및 파생상품 양도 차익에 대해 전면적으로 과세하고, 대기업에 대한 법인세 실효세율을 높일 것을 주장한다. 또한 순자산 대비 조세 부담의 누진성을 강화하고 개인소득세의 수직적 공평성을 높이기 위해 부유세를 도입할 것을 제안하고 있다.

이 책이 부디 혼돈 속의 세계 경제를 살피고, 한국 경제의 향후 나아갈 길을 모색하는 데 자그마한 도움이라도 되기를 간절히 소망한다.

2016년 9월
서울사회경제연구소장 정일용

제1부 세계 경제: 혼돈과 변화

제2부 동아시아 경제: 중국 그리고 한반도

제3부 한국 경제: 소득 불평등 해소

제1부 세계 경제: 혼돈과 변화

제1장

자본주의의 미래

유종일 ㅣ KDI국제정책대학원 교수

1. 들어가는 말

마르크스와 케인스, 슘페터 등 19세기와 20세기의 위대한 경제학자들은
저마다 다른 이유로 자본주의의 종말을 예견했지만, 자본주의는 위기의 순
간들을 극복해내며 승승장구했다. 20세기가 저물어갈 무렵 세상은 자본주
의 시장경제에 대한 예찬으로 가득했다. 프랜시스 후쿠야마는 『역사의 종말
(The End of History and the Last Man)』에서, 베를린 장벽이 무너지고 소련과
동구권 사회주의국가들이 체제 전환에 진입함으로써 정치·경제체제를 둘러
싼 이념 경쟁과 정치투쟁이 실질적으로 종식되었으며, 서구식 자본주의 시
장경제와 민주주의가 더 확산되고 완성되는 일만 남았을 뿐이라고 선언했다
(Fukuyama, 1992). 1990년대에는 시장 개방과 자유화를 금과옥조로 삼는 신
자유주의 사조가 지구촌을 풍미했고, 자본주의 시장경제는 영원할 것처럼
보였다. 이념과 투쟁을 선호하거나 필요로 하는 세력은 새뮤얼 헌팅턴의 『문
명의 충돌(The Clash of Civilizations and the Remaking of World Order)』이나 마

이클 클레어의 『자원의 지배(Resource Wars: The New Landscape of Global Conflict)』 등에서 제기된 새로운 거대 갈등의 축을 주목하기도 했지만, 이들은 자본주의 시장경제의 우월성에 대한 확고한 믿음에 의문을 제기하는 것은 아니었다(Huntington, 1996; Klare, 2002). 1997년 아시아 금융위기와 이듬해에 이어진 러시아 외환위기, 그리고 1999년 시애틀에서 벌어진 WTO와 세계화에 반대하는 격렬한 시위 사태 등이 자본주의 시장경제에 결코 문제가 없는 것이 아님을 보여주었지만, 그렇다고 신자유주의라는 대세를 저지할 힘이나 이를 대체할 대안이 뚜렷이 부각되지는 않았다. 우리나라를 포함해 지구촌 대다수 정치인들은 "대안은 없다(There Is No Alternative)"라는 마거릿 대처 전 영국 총리의 주장을 따르고 있었다.

그런데 2008년 글로벌 금융위기가 발발하면서 사정이 달라졌다. 글로벌 금융 자본주의의 심장부인 월가에서 위기가 발발했고, 전 세계적으로 금융 손실과 실물경기 침체 규모가 막대했으며, 위기 발발 후 8년이 되어가는 지금까지도 세계 경제는 불안에 휩싸여 있다. 당연히 많은 이들이 과연 자본주의 시장경제가 지속될 수 있을지 의문을 제기하기 시작했다. 심지어 세계 자본주의의 수뇌들이 모이는 다보스포럼에서도 자본주의의 미래를 걱정하는 논의를 했다(Schwab, 2012). 하지만 자본주의는 과거에도 여러 차례 심각한 금융위기와 공황을 겪었으며, 마르크스를 흥분시켰던 1857~1858년의 공황 이래 대규모 위기 때마다 등장했던 자본주의 붕괴론은 자본주의가 위기를 극복하고 새로운 동력을 확보하면서 스스로 붕괴하고 말았다. 물질적 발전이라는 면에서 자본주의의 성취가 뛰어나고, 아직도 그 장점이 발휘될 여지가 많으며, 자본주의보다 더 매력적이고 실현 가능성이 있는 대안이 아직 존재하지 않기 때문에 자본주의가 머지않아 붕괴할 가능성은 거의 없을 것이다.[1] 지구상의 마지막 계획경제라고 할 수 있는 북한 경제마저도 최근에는 급속하게 시장화의 길을 가고 있는 형편이다(김병연, 2015). 물론 자본주의의 종언 여부는 우리가 얼마나 먼 미래를 염두에 두느냐에 따라 달라질 것이다.

당장 자본주의가 붕괴하는 것은 아니더라도 글로벌 금융위기와 이어진 대침체(Great Recession)가 얼마간 시간만 지나면 저절로 균형을 회복하는 단순한 경기순환 현상이 아님은 분명하다. 제2절에서는 현재의 위기를 성장체제의 위기라는 관점에서 파악하고 미래를 전망해본다. 즉, 현재의 위기는 신자유주의 성장체제의 위기이며, 새로운 성장체제가 수립될 때까지 선진국 경제와 세계 경제의 어려움이 지속될 것임을 지적하고, 위기를 극복하는 과정에서 등장할 새로운 성장체제의 성격을 전망해본다. 제3절에서는 당장의 위기와 직접적인 관련이 없지만 세습 자본주의를 향한 분배의 동학, 인공지능 등 기술의 발전, 그리고 환경위기와 같은 자본주의의 미래를 위협하는 중요한 도전 과제들을 살펴보고, 이에 따른 장기적 변화의 방향을 전망해본다. 이러한 문제들의 해법은 자본의 논리에 대한 민주적 대응, 즉 경제민주화에 있음을 주장하고, 경제민주화의 심화는 궁극적으로 우리를 자본주의를 넘어서는 '민주적 시장경제'로 이끌 것이라는 주장을 전개한다.[2] 맺음말에서는

---

1) 마르크스주의적 시각에서는 여전히 자본주의의 붕괴가 머지않은 것으로 보기도 한다. 당장의 금융위기로 망하지는 않는다 하더라도, 성장률이 점차 저하하고 불평등이 심화되며 부채가 누적되어 스스로 무너질 것이라는 주장도 있고(Streeck, 2014), 개도국의 값싼 노동력을 활용하는 지리적 팽창도 점차 한계에 도달해서 마침내 높은 이윤을 얻을 수 없게 될 때 이윤율 하락 경향의 법칙에 의해 자본주의가 몰락하리라는 견해도 있다(Wallerstein, 2013). 하지만 자본주의는 불평등과 부채 누적의 문제 정도는 그리 어렵지 않게 극복할 수 있을 것이며, 성장률이 낮아진다고 해서 자본주의가 무너질 까닭은 없다. 임금 주도 성장의 가능성을 고려할 때, 저임금노동을 활용하지 못하면 이윤율이 계속 떨어진다는 것도 사실이 아니다.

2) 김대중 정부 초기에 정책 패러다임으로 '민주적 시장경제'가 제시되었으나, 곧 폐기되고 '민주주의와 시장경제의 병행 발전'이 채택된 바 있다. 당시에 '민주적 시장경제'의 개념이 확립된 것은 아니었지만, 어쨌든 자본주의를 전제한 것이다. 필자는 자본의 논리보다

이 장의 논의와 주장을 요약·정리한다.

물론 자본주의와 같이 매우 복잡한 시스템의 미래를 정확하게 예측한다는 것은 원천적으로 불가능하다. 이 장에서 논하는 자본주의의 미래는 엄밀한 예측이 아닌 그럴법한 추론에 불과하다.

2. 신자유주의 성장체제의 위기와 향후 전망

2008년 글로벌 금융위기는 단순히 자본주의하에서 수없이 반복되어온 금융위기 중 하나만이 아니고, 그 여파로 나타난 대침체도 자본주의의 기본 속성인 경기순환의 한 국면만이 아니다. 글로벌 금융위기는 신자유주의 성장체제의 모순이 폭발한 체제적 위기였다. 금융 손실의 규모와 경기침체의 크기가 막대했을 뿐만 아니라, 이 위기는 신자유주의 성장체제의 핵심 문제들이 상승작용으로 인해 터져 나온 것이기 때문이다. 이러한 핵심 문제들이 제대로 해결되지 않으면서, 대침체로부터 경기회복 징후가 나타나다가도 장기 불황(secular stagnation)이 이어지고 있다. 이러한 상황은 신자유주의의 문제를 극복하는 새로운 성장체제가 수립되어야만 해결될 것이다.

1) 신자유주의 성장체제

자본주의 시장경제에서 추상 수준을 낮춰 구체적인 경제를 살펴보면, 자본축적과 생산성 증가의 방식, 임금과 가격의 형성 및 분배의 방식, 통화금

민주적 원리가 우위에 있는 시장경제를 '민주적 시장경제'라고 보며, 이것이 경제민주화의 종착점이라고 본다.

융 시스템과 정부 재정, 국제무역과 국제금융 등 여러 제도 형태들이 어우러져 다양한 성장 패턴을 나타낸다. 이렇게 거시경제의 구조적 뼈대를 이루는 여러 제도 형태들이 일관되게 맞물릴 때는 비교적 순조로운 성장이 지속되는 일정한 성장체제가 성립되지만 서로 충돌하고 어긋날 때는 경제위기가 나타나고 성장이 저조하다. 제2차 세계대전 이후 황금시대를 일구었던 포드주의 성장체제가 1970년대 초부터 위기에 봉착하고, 1980년대 이후 세계화 시대를 이끌었던 신자유주의 성장체제가 2008년 글로벌 금융위기 이후 혼란을 지속하고 있는 것을 이러한 시각에서 파악할 수 있다. 이는 프랑스의 레귤라시옹 학파 혹은 조절 이론에서 비롯된 것인데, 그들이 선호하는 축적체제라는 용어 대신 성장체제를 사용하는 것은 자본축적이 반드시 경제성장의 주된 동인이 아닐 수 있기 때문이다.[3] 예를 들어 로버트 솔로의 신고전파 경제성장 모형에서 인구가 정체상태이고 경제가 균제상태(steady state)에 이르면, 순자본축적은 0이지만 기술 발전에 의한 지속적인 성장이 이루어진다.

1980년대부터 형성되기 시작한 신자유주의 성장체제는 첫째, 규제 완화와 공기업 민영화, 그리고 무역자유화 등 시장자유화 조치에 의해 시장과 이윤 추구의 기회를 확대하고 이로써 투자 증대를 유도하는 공급 주도 성장체제였다.[4] 또한 기업과 고소득층에 대한 감세로 투자 유인을 강화하고, 복지의 축소로 노동 공급 유인을 강화한다는 논리도 공급 주도 성장체제의 구성 요소였다.

둘째, 신자유주의 성장체제는 금융 주도 성장체제였다. 금융자유화와 자

---

3) 미국에서 일군의 학자들은 '사회적 축적체제(SSA: Social Structure of Accumulation)'라는 개념을 사용했다. 또한 조금은 다른 시각이지만 자본주의 다양성(VOC: Varieties of Capitalism) 학파에서는 '자본주의의 유형'이라는 개념을 사용한다.
4) 신자유주의 성장체제의 특징과 논리에 관해서는 Katz(2015)와 Bresser-Pereira(2010)를 참조.

본 이동의 자유화가 확산되어 금융시장의 통합 혹은 금융세계화가 급격하게 진전되었고, 실물경제에 비해 금융이 폭발적으로 확대되면서 경제성장을 이끄는 형국이 되었다.

셋째, 신자유주의 성장체제는 임금 주도(wage-led) 성장체제와 대비되는 이윤 주도(profit-led) 성장체제였다.[5] 노동시장 유연화라는 명목으로 노동조합을 약화하고, 노동자 보호를 위한 규제를 완화함으로써 자본에 대한 노동의 교섭력을 저하해 이윤의 몫을 증가시키고, 이에 따라 투자 확대를 도모하는 것이다. 무역자유화에 따른 국제 경쟁과 자본 이동성의 증대도 노동의 교섭력을 떨어뜨리는 데 중요한 역할을 했다.

넷째, 신자유주의 성장체제는 미국 주도 성장체제였다. 미국은 스스로의 힘뿐 아니라 국제통화기금과 세계은행에 대한 막강한 영향력 등을 동원해 신자유주의 이념과 정책을 전 세계에 확산시켰으며, 또한 공급 주도 성장체제에서 나타나는 세계적인 수요 부족을 채워주는 최후의 소비자(consumer of last resort) 기능을 했다. 기축통화 국가로서 거의 무제한으로 경상수지 적자를 해외 차입으로 보전할 수 있다는 여건을 십분 활용한 것이다.

신자유주의 성장체제는 포드주의 성장체제에 비해 성장률이 다소 낮기는 했지만 1970년대의 경제위기를 극복하고 일관된 성장체제를 수립하는 데는 성공했다. 특히 1990년대에는 외채위기를 극복한 신흥 개도국들과 체제 전

---

5) 임금 주도 성장과 이윤 주도 성장을 구분하는 이론을 처음 제기한 것은 Bhaduri and Marglin (1990)이고, 이를 발전시킨 것으로는 You(1994)를 들 수 있다. 최근 우리나라 일각에서 소득 주도 성장이라는 개념이 사용되고 있는데, 생산이 곧 소득이라는 점에서 적절하지 못한 용어로 판단된다. 아마도 소득 중에서 가계소득만을 염두에 둔 것 같으나 가계소득이라도 고소득층의 소득은 소비 수요 확대에 큰 도움이 되지 않기 때문에 문제가 있다. 실제로 2014년 최경환 경제부총리가 의욕적인 경기부양 정책을 펼치면서 가계소득 증대를 꾀한답시고 배당 확대를 유도하는 정책을 내놓은 것은 소득 주도 성장이라는 잘못된 개념을 적용한 사례라고 할 수 있다.

환을 시작한 동구권 국가들이 시장자유화에 가세하면서 신자유주의의 전성 시대를 구가했다. 공급 주도 성장은 이윤 주도 성장과 맞물리고, 또한 이러한 성장에는 금융의 역할이 매우 중요하다는 점에서 신자유주의 성장체제는 나름의 일관성을 확보했다고 평가할 수 있다. 그리고 최후의 소비자 미국의 주도로 이 체제는 완성되었다.

공급 주도 성장이 이윤 주도 성장과 맞물리는 것은 이윤 증가가 공급 확대의 유인이기 때문이다. 반대로 임금 주도 성장의 경우에는 임금 상승에 의한 소비 수요의 증대가 성장을 견인하는 수요 주도 성장이 된다. 그런데 공급-이윤 주도 성장을 하게 되면 소비 수요 부족이라는 문제가 대두된다. 이윤 몫이 늘어나고 임금 몫이 줄어들면 한계소비성향이 낮은 고소득층으로 소득이 집중되기 때문이다. 공급 확대 유인을 지속시키기 위해서는 수요가 따라주어야 하는데, 금융이 이에 대한 해법 역할을 했다. 한편으로는 소비자 금융을 확대해 중산층 및 저소득층에게 소득 증가 이상의 소비 증가를 유도하고, 다른 한편으로는 투기적 수요를 조장해서라도 투자를 확대하는 것이다. 물론 이러한 해법은 모두 장기적으로 지속 불가능하다. 소득이 뒷받침되지 않는 소비 증가는 가계부채의 부실을 낳고, 소비가 뒷받침되지 않는 투자 확대는 과잉투자와 버블로 귀결될 수밖에 없기 때문이다. 어쨌든 적어도 이런 방식의 성장이 지속되는 동안에는 금융이 선도적인 역할을 해야 한다. 공급-이윤 주도 성장은 금융 주도 성장과 맞물리는 것이다. 전반적인 수요 부족 혹은 저축 과잉 상황에서 각국이 이렇게 금융적 해법을 통해 성장을 유지하고 버블을 키워나가는 동안, 그래도 남아도는 세계의 과잉 저축(global savings glut)은 최후의 소비자 미국이 적자를 누적하고 부채를 확대하면서 흡수해준 것이다.

2) 체제적 위기로서의 글로벌 금융위기

신자유주의 성장체제는 심각한 결함을 내포하고 있었다. 소득 불평등의 심화와 금융 불안정이 가장 중심적인 문제였다. 앞서 언급한 대로 노동분배율이 하락했고, 임금의 불평등도 증가했다. 특히 미국을 비롯한 앵글로색슨 국가들에서는 대기업과 대형 금융기관 경영진의 보수가 천문학적으로 증가하면서 상위 1%로의 소득 집중이 눈에 띄게 증가했다. 〈그림 1-1〉은 지니계수로 소득 불평등을 측정한 OECD 자료다. 1980년대 이후 OECD 국가들의 소득 불평등이 꾸준히 증가하는 걸 보여주는데, 미국과 그보다는 조금 덜하지만 영국에서 OECD 평균보다 훨씬 가파른 상승이 일어난 것을 알 수 있다.

토마 피케티의 평가에 따르면 소득 불평등 증가의 약 1/3은 노동분배율의 하락에서 기인하고, 약 2/3는 상위 1% 보수를 포함해서 임금의 불평등이 증가한 탓이라고 한다(Piketty, 2014). 이러한 소득 불평등의 증가는 소비 수요의 부진을 낳을 수밖에 없었는데, 그럼에도 미국을 비롯한 여러 나라에서 성장을 지속할 수 있었던 것은 앞서 언급한 바와 같이 부채와 금융 부문이 확대되었기 때문이다.

〈그림 1-2〉는 1980년대 이후 세계적으로 실물경제 성장에 비해 금융자산이 얼마나 급격하게 늘어났는지 보여주고 있다. 이러한 현상은 미국을 비롯한 각국에서 모두 나타났는데, 민간 부채와 정부 부채의 증가 패턴은 다양했다. 미국의 경우 레이건과 부시의 감세 정책으로 인해 1980년대 이후 글로벌 금융위기 발발 시점에 이르기까지 GDP 대비 정부 부채도 증가했지만 민간 부채 비율이 더욱 빠르게 상승하다가, 위기 발발 이후에는 민간 부채가 축소되고 정부 부채가 급증하는 패턴을 보였다. 일본의 경우에는 1990년대 초 버블이 붕괴되면서 과도했던 민간 부채는 축소되었지만, 민간 수요의 부

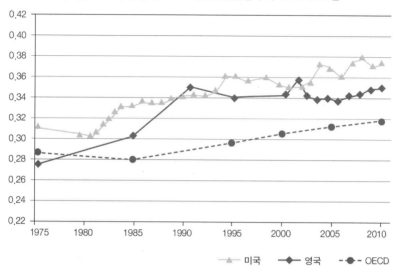

〈그림 1-1〉미국, 영국, OECD의 소득 불평등 추이: 1975~2010년

자료: OECD(2011).

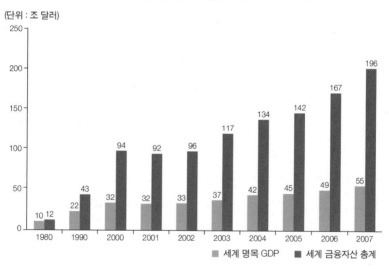

〈그림 1-2〉세계의 실물경제와 금융자산: 1980~2007년

(단위 : 조 달러)

자료: McKinsey Global Institute.

족을 재정지출로 채우려는 정책이 반복되면서 정부 부채가 급속하게 증가했다. 한국의 경우에는 1997년 외환위기 이후 민간 부채와 정부 부채가 모두 급등했는데, 정부 부채의 규모는 상대적으로 작은 편이지만 증가 속도는 민간 부채보다 더 높았다.

이와 같이 부채가 증가하면서 성장이 이루어진 데는 신자유주의 정책 기조하의 금융자유화와 금융혁신이 큰 역할을 했다. 하지만 금융자유화는 금융 불안정을 초래했다. 강력하고 효과적인 규제가 없으면 금융시장은 언제나 광기와 패닉을 반복해왔다는 것이 역사의 교훈이다.[6] 〈그림 1-3〉은 이러한 사실을 분명하게 보여준다. 대공황 이후 강력한 금융규제가 이루어진 결과 은행위기가 실질적으로 사라졌다가, 금융자유화에 따라 1980년대부터 다시 은행위기 빈도가 높아졌음을 볼 수 있다. 실제로 규제의 고삐에서 풀려난 월가의 금융기관들은 금융공학의 복잡한 수학 공식에 위험을 묻어두고 투기적 수익 추구에 열을 올렸다. 그 결과 미국의 대규모 금융위기만 해도 1980년대 말의 저축대부조합 위기, 2001년의 닷컴 버블 붕괴, 그리고 글로벌 금융위기로 귀결된 2007년의 서브프라임 위기 등이 연이어 터져 나왔다. 1990년대 후반 주식시장이나 2000년대의 주택시장은 비상식적으로 과열되었고 위험한 투기가 대규모로 벌어지고 있었지만, 금융규제 완화 때문에 위험을 통제하고 투기를 제어할 장치는 무력화되어 있었다.[7]

글로벌 금융위기를 신자유주의 성장체제의 체제적 위기로 보는 이유는 소득 불평등의 상승, 부채의 증가, 금융 불안정성의 증대라는 핵심적 문제들이 최고조에 달하면서 모순이 폭발한 것이기 때문이다. 원천적으로 지속 불가

---

6) 찰스 킨들버거의 역사적 분석과 하이먼 민스키의 금융 불안정성가설(financial instability hypothesis)은 이러한 인식을 잘 보여준다.

7) 서브프라임 위기에 관해서는 유종일(2008) 참조.

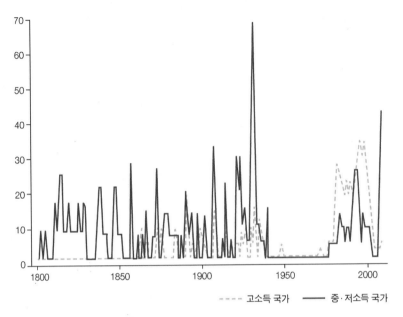

〈그림 1-3〉 고소득 국가와 중·저소득 국가의 은행위기 빈도(%): 1800~2008년

--- 고소득 국가   —— 중·저소득 국가

자료: Qian, Reinhart and Rogoff(2010).

능한 공급·이윤·금융 주도 성장이 한계에 다다랐다는 것이다. 여기에 더해 미국이 닷컴 버블 붕괴 후 부채를 통한 성장 정책을 추진하면서 저금리 기조를 유지하자 달러화가 약세를 보였다. 이에 따라 환차손에 의한 막대한 자본 손실을 감수해야 하는 중국과 같은 흑자 국가들이 미국 국채 보유를 축소할 움직임을 보이는 등 최후의 소비자로서의 미국의 기능과 신뢰도에도 균열이 초래되었다. 거기에 신자유주의 성장체제를 주도한 미국의 금융 심장부에서 위기가 터진 이후에는 균열을 넘어 파열이 왔다. 위기 발발 이후 8년이 되어 가는 현시점에서도 선진국들이 경기회복을 하지 못하고 있는 것은 바로 이렇게 신자유주의 성장체제 자체가 붕괴했기 때문이다. 즉, 과거의 성장체제는 위기에 빠졌는데, 아직 새로운 성장체제가 수립되지 못했기 때문이다. 근래의 '장기 불황' 논의는 이러한 시각에서 이해할 수 있다.

3) 장기 불황의 문제

일반적으로 경기순환에서 깊은 경기침체는 빠른 회복을 수반한다. 생산과 고용이 침체로 낮아진 수준에서 과거의 추세선에 빠르게 근접하기 때문이다. 그러나 글로벌 금융위기 이후 양적 완화와 마이너스 금리 등 공격적인 통화정책에도 경기회복이 무척 더디고 물가상승률과 장기이자율이 매우 낮은 수준에 머물러 있다. 〈그림 1-4〉는 글로벌 금융위기 발생 이후 미국, 일본, 유로존의 GDP 성장을 보여주고 있는데, 일본과 유로존은 2014년 3분기까지도 위기 직전의 생산 수준을 회복하지 못하고 있다. 미국과 독일 등은 위기 이전의 생산 수준은 넘어섰지만, 과거의 추세 성장선과 비교하면 형편없이 낮은 수준이다. 선진국 중 회복이 가장 안정적이라는 미국도 2014년 GDP가 2007년도에 추정한 2014년 잠재적 생산수준에 비해 무려 10%나 낮았다. 이러한 현실을 두고 브래드퍼드 드롱은 "제2의 대공황"이라고까지 말하고 있다(Delong, 2013). 경기침체의 장기화 혹은 회복의 지연에 관해 다양한 설명이 존재하지만 가장 주목을 받은 것은 래리 서머스가 제시한 장기 불황 가설이다(Summers, 2014). 이는 원래 앨빈 핸슨이 1930년대에 대공황을 설명하기 위해 주창한 것으로, 저축성향은 높아지고 투자성향은 낮아지는 불균형에 의해 총수요 부족 현상이 나타나며 이로써 성장률과 물가상승률과 실질이자율이 낮아진다는 것이다. 이는 곧 케인스의 유효수요 이론을 적용한 것이다.

저축성향은 높고 투자성향은 낮을 때 이자율이 하락하는 것은 당연하다. 〈그림 1-5〉는 1995~2015년의 20년 동안 일본, 유로존, 미국, 캐나다, 영국

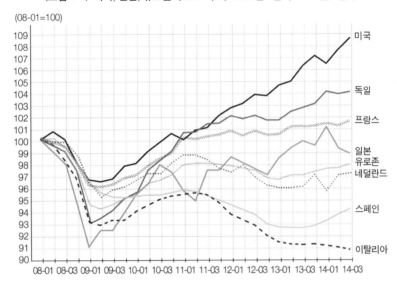

〈그림 1-4〉 미국, 일본, 유로존의 GDP 추이: 2008년 1분기~2014년 3분기

주: 각국의 2008년도 1분기 실질 GDP를 100으로 놓고 지수화.
　가로축의 08-01은 2008년도 1분기를 뜻함.
자료: 유럽, 미국[Eurostat(검색일: 2014.11.16)], 일본[OECD(검색일: 2014.11.17)].

의 10년 만기 명목 국채수익률을 보여주고 있는데, 한결같이 지속적인 하락세를 보이고 있다. 물가상승률은 이 기간 1~3% 수준을 유지했다. 약간의 하락이 있었지만 그 정도가 미미했기 때문에 실질이자율을 보더라도 명목이자율과 동일한 패턴이 나타난다. 특히 글로벌 금융위기 이후 장기이자율은 2% 혹은 그 이하로 내려갔다. 이는 각국의 중앙은행이 2% 물가상승률을 목표로 하지만 실제로는 이에 이르지 못해 대규모 양적 완화 정책과 심지어 정책금리를 마이너스로 낮추기까지 하면서 극단적으로 팽창적인 통화정책을 추진하고 있다는 점에 비추어 놀라운 사실이 아닐 수 없다. 서머스는 완전고용을 달성할 수 있는 실질이자율, 즉 자연이자율이 너무 낮아서 중앙은행의 정책으로 달성할 수 없을 때 장기 불황이 일어난다고 지적하며 최근의 선

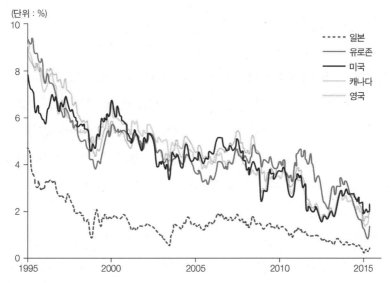

〈그림 1-5〉 10년 만기 명목 국채수익률: 1995~2015년

(단위 : %)

- - - - 일본
───── 유로존
━━━━ 미국
───── 캐나다
───── 영국

자료: National Sources via Haver Analytics.

진국 경제가 바로 이러한 상황에 처해 있다고 주장한다.

서머스를 비롯한 케인스 학파들은 장기 불황 문제를 해결하기 위해서는 재정정책을 동원해야 한다고 주장한다. 하지만 과연 재정정책만으로 장기 불황을 타개할 수 있을까? 물론 단기적으로는 재정지출이 경기회복에 도움이 된다. 그러나 신자유주의 성장체제가 한계에 봉착함에 따라 드러난 구조적 문제들을 해결하지 않는다면 일본의 사례에서 보듯이 재정 적자가 누적되면서 미래의 불확실성이 높아지고 성장이 탄력을 받기 어려울 것이다. 민간의 수요가 부족할 때 재정팽창으로 경기를 부양한다는 것은 어디까지나 단기적인 경기조절 정책이지 서머스가 주장하는 것처럼 장기적인 현상인 장기 불황의 근본적 해법이 되지는 못한다.

문제는 왜 저축성향은 높아지고 투자성향은 낮아졌는가 하는 것이다. 선진국 경제에서 저축성향이 상승한 데는 여러 가지 원인이 있지만 가장 주된 원인은 앞서 말한 대로 소득 불평등의 상승이다. 즉, 저축성향이 높은 고소득층에 소득이 집중된 결과라는 것이다. 수명의 연장과 연금 수령의 불확실성 증가에 따라 노후 대비에 더욱 치중하게 되었다는 점도 영향을 미쳤는데, 이것도 복지의 축소를 도모한 신자유주의 폐해와 관련이 있다. 세계적으로 볼 때는 각국 정부가 외환보유를 늘리고 국부 펀드를 확대한 것도 영향을 미쳤는데, 이 또한 자본자유화 이후 국제금융 시스템의 불안정으로 외환위기가 빈발하는 데 대한 대응이라는 점에서 신자유주의 성장체제가 낳은 현상이라고 볼 수 있다.

투자성향 하락의 가장 중요한 요인으로는 인구성장률의 하락이 꼽힌다. 투자를 결정하는 가장 중요한 요인은 성장인데, 인구성장률이 하락하면서 경제성장률도 하락할 수밖에 없기에 이것이 투자에 부정적인 영향을 미친다는 것이다. 일본의 사례가 이를 잘 보여주고 있으며, 세계 최저 출산율을 보이고 있는 우리나라의 경우 정말 심각하게 받아들여야 할 문제다. 〈그림 1-6〉은 세계 주요국들의 생산 가능 인구증가율 추이를 보여주고 있는데 일본은 1990년대 중반부터 마이너스에 들어섰고, 유럽연합도 2010년경부터 마이너스에 들어섰으며, 조만간 중국도(그리고 한국도) 마이너스가 될 것으로 전망되고 있다.

투자성향의 저하는 자본재 가격의 하락에도 영향을 받는 것으로 보인다. 구글이나 애플, 우버나 에어비앤비 등의 사례에서 보듯이 인터넷 기반의 신경제는 투자 비용이 별로 들지 않기 때문에 경제 전체의 투자성향이 낮아진다는 것이다.

장기 불황이 신자유주의 성장체제의 문제라면 왜 글로벌 금융위기 이후에야 나타났는지 의문을 제기할 수 있다. 이에 관해서는 누구보다 서머스가

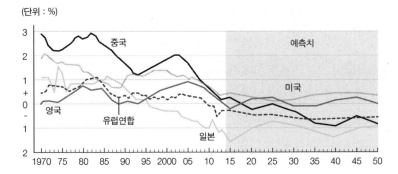

〈그림 1-6〉 주요국의 생산 가능 인구증가율 추이

(단위 : %)

주: 유럽연합은 영국을 제외한 수치임.
자료: 세계은행.

분명한 답을 주고 있다. 장기 불황의 조건은 이미 1990년대부터 성립되었는데, 저금리와 투기로 인해 주식시장이나 주택시장에 버블이 형성되어 성장률이 높아진 탓에 불황이 드러나지 않았다는 것이다. 지속 불가능할뿐더러 붕괴 이후 막대한 피해를 초래하는 버블을 만들어내지 않고는 충분히 성장할 수 없는 경제 상황, 이것이 바로 장기 불황의 한 단면이다.

4) 새로운 성장체제의 전망

앞으로 자본주의는 다양한 힘들이 작용하는 가운데 총수요 기반의 확대, 금융규제 강화 및 실물경제와의 균형 회복, 미국 주도에서 다극체제로의 전환을 포함하는 새로운 성장체제의 수립을 향해 나아갈 것이다. 총수요 기반은 임금 주도체제로의 전환 혹은 정부 지출의 확대에 의존할 것이다. 이것이 장기 불황을 타개하고 진정한 회복을 이루는 유일한 길이기 때문이다.

물론 이렇게 되기까지의 과정이 얼마나 혼란스럽고 오래 걸릴지는 알 수 없다. 신자유주의 성장체제에서 기득권을 구축한 세력들의 영향력이 쉽게 무너지지는 않을 것이기 때문이다. 이미 글로벌 금융위기 이후 제기된 포괄적이고 근본적인 금융 개혁안들이 입법 과정에서 후퇴를 거듭한 것이나 거대 은행들의 시장 지배력이 오히려 더 커진 것에서 개혁이 얼마나 어려운 일인지 잘 알 수 있다. 총수요 확대를 위해 분배구조를 개혁하거나 정부 지출을 확대하는 일은 거의 이루어지지 않고, 초저금리와 양적 완화만으로 경기 부양을 꾀해온 것도 새로운 성장체제 수립을 위한 정치적 여건이 아직 형성되지 못했음을 보여준다.

그러나 지금과 같은 사태를 '뉴 노멀'로 받아들이고 관망만 해서는 안 된다. 양적 완화로 버티는 동안 형성된 불균형이 금융 안정을 지속적으로 위협하고 있다. 게다가 유가 하락으로 세계무역액이 곤두박질치고 디플레 압력이 지속되고 있다. 비교적 경기회복이 이루어지고 있다는 미국에서도 고용률과 실질임금은 여전히 저조하고, 유럽연합은 남유럽 재정위기를 간신히 수습해나가고 있는데 난민 사태가 악화되면서 영국의 유럽연합 탈퇴(Brexit) 결정까지 발생하는 등 위기 상황이 끝나지 않고 있다. 일본은 마이너스 금리정책이 오히려 금융시장 혼란을 가중하고 있으며, 중국은 과잉투자가 조정되면서 경기가 둔화하고 신흥국의 위기가 깊어간다. 이처럼 글로벌 장기불황에 끝이 보이지 않아 대중의 불만이 누적·고조되고 있다. 그 결과 신자유주의 성장체제를 지탱했던 기성 정치 시스템에 커다란 균열이 생기기 시작했다.

최근 유럽에서는 그리스의 시리자나 스페인의 포데모스와 같은 신생 급진주의 정당이 정치적으로 크게 성공했고, 영국에서는 전통적인 정당인 노동당에서 가히 혁명적이라고 할 만한 지도부 교체가 일어났다. 당에서 완벽하게 소외되어 있던 급진 좌파 제러미 코빈이 당수가 된 것이다. 미국에서도 금융위기 이후 대중의 불만이 한편으로는 월가 점령 시위로, 다른 한편으로는 티파티 운동으로 나타났다. 대선 후보 경선 과정에서 양대 정당의 기득권층이 경악을 금치 못하는 후보들이 대중의 열광적 지지를 얻는 현상이 벌어지기도 했다. 스스로를 민주적 사회주의자라고 부르는 버니 샌더스 민주당 경선 후보와, 기상천외한 막말을 거침없이 해대는 부동산 개발업자 도널드 트럼프 공화당 경선 후보가 그들이다. 이 둘의 이념과 정책, 언행과 성정은 극과 극으로 다르고, 지지자들의 성향도 진보와 보수로 뚜렷이 갈리지만, 이들은 모두 극단적 불평등과 장기 불황을 초래한 기성 정치권과 월가에 대한 노동자들의 좌절과 분노를 바탕으로 하고 있다. 다만 진보파들은 월가와 워싱턴에 더해 다국적기업과 일방적인 자본의 논리가 주된 문제라고 보는 반면, 보수파들은 이민자와 유색인종 등 복지 수혜자들이 자신들의 주된 적이라고 보는 것이다.

장기 불황과 기성 정치 시스템의 균열은 결국 신자유주의 성장체제를 더 근본적으로 개혁해 새로운 성장체제를 수립함으로써 해결할 수밖에 없다.[8] 금융규제 강화가 불가피할 것이며, 조세 피난처 문제를 포함한 자본과세 강화도 추진될 것이다. 각국 정부가 과도한 부채에 시달리고 있어 금리 인상이 이루어지면 재정에 큰 타격을 입을 것이다. 이 문제를 해결하기 위해서라도 신자유주의의 감세 기조에서 돌아서서 과세를 강화하는 방향으로 나아가야 한다.

가장 중요한 것은 안정적인 총수요 확대의 기반을 형성하는 것인데, 여기에는 두 가지 해법이 있다. 하나는 정부가 재분배와 정부 지출을 확대해 정부 주도 수요를 창출하는 것이고, 다른 하나는 분배구조의 개혁을 통해 임금 주

---

8) 신자유주의는 결코 영원한 것이 아니다. 필자는 신자유주의가 1990년대에 전성기를 보냈고, 2000년대에 들어선 이후에는 이미 퇴조하기 시작했다고 지적한 바 있다(유종일, 2007).

도 성장을 도모하는 것이다. 이러한 수요 기반 회복의 방법들이 어떤 조합으로 구체화될 것인지는 물론 정치적 변화에 의해 결정될 것이다.[9] 국제경제 면에서 미국의 최후 소비자 기능은 이미 종결되었으며, 머지않아 달러화의 기축통화 지위 상실도 불가피할 것이다. 현재는 유로화, 엔화, 위안화가 모두 큰 문제점을 갖고 있지만 결국에는 이것들이 달러화와 함께 국제결제통화로 사용되거나, 더욱 바람직하게는 이것들을 통화 바스켓(currency basket)으로 하는 새로운 기축통화가 만들어지게 될 것이다. 그리하여 국제경제는 명실상부한 다극체제가 될 것이다.

3. 자본주의에 대한 도전과 장기적 변화 전망

자본주의가 현재 맞닥뜨린 성장체제의 위기를 모면하고 새로운 성장체제를 수립한다고 하더라도 좀 더 장기적인 시각에서 보면 더욱 근본적인 몇 가지 도전에 직면해 있다. 첫째는 피케티가 제기한 세습 자본주의화 경향이다. 이는 자본주의의 역동성은 물론 민주주의까지 파괴할 것이다. 둘째는 인공지능 등 기술 발전에 의한 대량 실업과 양극화의 가능성이고, 셋째는 환경 파괴에 따른 생태적 위기의 문제다. 이러한 도전들은 자본주의의 논리로는 해결할 수 없으며, 민주정치를 통해 자본과 시장을 적절히 통제함으로써만 해결할 수 있다. 자본주의는 이러한 경제민주화의 진전을 통해 도전에 응전하면서 결국 자본주의를 넘어서는 민주적 시장경제로 진화해갈 것이다.

---

9) 데이비드 카츠의 주장을 필자의 방식으로 표현하자면, 이윤 주도 성장과 정부 지출 위주 수요 확대를 결합한 조합주의적 해법(corporatist restructuring)과 임금 주도 성장으로 전환하는 새로운 사회민주주의적 해법이 가능하다(Katz, 2015).

1) 소득분배와 자본주의의 미래

카를 마르크스는 자본축적과 혁신에 의해 경제성장을 만들어내는 자본주의의 역동적 성격을 누구보다 잘 인지하고 찬양했지만 자본주의가 분배는 제대로 하지 못한다고 보았다. 성장의 과실을 고르게 분배하기는커녕 노동계급을 오히려 빈곤화하므로, 종국에는 계급 혁명에 의해 타파될 것으로 기대했다. 그러나 19세기 말부터 노동자의 실질임금이 뚜렷이 상승하면서 마르크스의 예언은 빗나갔다. 분배 문제와 계급 갈등이 사라진 것은 결코 아니었지만 혁명적 사회주의는 점진적 사회주의, 민주적 사회주의 등의 수정주의 노선으로 바뀌어나갔다.

1930년대와 1940년대에는 대공황과 제2차 세계대전으로 인해 정치적 격변이 일어났다. 그 결과 서구 선진국들에서는 사회민주주의가 일반화되었고, 이는 소득분배와 노동자의 권리 면에서 커다란 진전을 이루어내었다. 20세기 초반까지 존재했던 극심한 소득 불평등이 급격하게 감소하는 소위 '대압착(Great Compression)'이 일어난 것이다. 1950년대에 소득분배의 역사를 연구한 사이먼 쿠즈네츠가 경제 발전의 초기 단계에서는 경제성장이 분배의 악화를 초래하지만 일정한 단계 이상으로 경제가 성장하면 그 이후에는 분배가 개선된다는 역 U자 가설을 주창한 것은 당연한 일이었다. 쿠즈네츠의 역사적 연구와 같은 시점에 로버트 솔로는 유명한 경제성장 모형을 발표했는데, 그 모형에 따르면 자본주의 시장경제는 궁극적으로 균제상태, 즉 모든 것이 안정되어 일정하게 유지되는 상태에 이르게 되며 따라서 당연히 소득분배도 안정된다. 냉전이 시작되어 이념 경쟁이 치열했던 시기에 이들의 연구는 자본주의의 밝은 미래를 보여주었다.

하지만 앞 절에서 본 것처럼 1980년대 이래 신자유주의 물결이 퍼지면서 소득분배가 다시 악화되었다. 그리고 자본주의의 분배법칙에 관한 토마 피케티의 역사적 연구가 등장했다(Piketty, 2014).[10] 그는 여러 나라들에서, 특히 미국에서 불평등 증가의 대부분은 극소수 최상위 계층으로 소득이 집중된 결과임을 밝혔는데, 소득 불평등이 쿠즈네츠의 역 U자 가설이 아닌 정반대의 U자 모양을 하고 있다는 기념비적인 연구 결과를 보여주었다.

피케티는 이를 설명하기 위해 자본주의에는 원천적으로 부의 양극화, 즉 '부익부'의 경향이 존재한다고 주장한다. 이는 자본수익률이 성장률을 초과한다는 사실($r-g$〉0)에 기초하는데, 그는 이것을 자본주의의 '근본 부등식' 또는 '중심 모순'이라고 부른다. 이는 과거에 축적된 부가 늘어나는 속도가 현재 생산하는 소득이 늘어나는 속도보다 빠르다는 뜻으로, 피케티는 이 법칙 때문에 자본주의는 부의 세습이 누적되면서 '부익부'의 동학이 작용해 극단적인 불평등을 향해 나아가는 속성을 지니고 있다고 주장한다. U자 모양의 불평등 추이에 관한 피케티의 설명은 다음과 같다.

'부익부' 경향 때문에 역사적으로 소득분배는 매우 불평등했고, 특히 19세기 말에 유럽과 미국의 불평등은 극단적인 수준에 이르렀다. 그런데 20세기 전반에 전쟁과 공황 및 자본에 불리한 정치적 변화에 의해 자본이 심각한 타격을 입었고 부와 소득의 불평등이 현저하게 감소했다. 자본의 파괴와 고율의 자본과세, 그리고 전후 황금시대를 정점으로 한 고도성장이 합세해 20세기에만 예외적으로 근본 부등식의 역전 현상(g〉r)이 나타났다. 하지만 20세기 후반에 다시 자본의 귀환이 시작되었고 특히 1980년대 이후 성장률의 감소와 자본에 유리한 정치적 변화 등으로 다시 부익부 현상이 진행되고 있으며, 21세기에는 성장률이 더욱 하락하면서 불평등이 19세기 말 수준 혹은

---

10) 이하의 논의는 유종일 외(2015)를 바탕으로 한다.

그 이상으로 심화되어서 당시와 같이 소수의 상속 부자들이 부와 특권을 독점하는 '세습 자본주의'가 도래할 수 있다. 세습 자본주의는 자본주의의 역동성을 앗아가 자본주의의 정당성을 결정적으로 약화할 것이고, 민주주의 자체를 위협할 것이다. 이는 결국 억압적 체제를 낳거나 혁명적 저항을 불러올 것이다.

피케티의 주장이 폭발적인 반향을 불러온 만큼 반론도 많이 제기되었다. 그러나 피케티가 제시하는 역사적 증거와 논리는 부분적인 문제를 제외하면 기본적으로 타당하다. 특별히 언급할 만한 한 가지 문제 제기는 피케티가 제도를 무시하고 마르크스처럼 추상적인 자본주의의 법칙에 의거해서 소득 분배의 동학을 설명한다는 다론 아제모을루와 제임스 로빈슨의 비판이다 (Acemoglu and Robinson, 2015). 이는 옳지 않은 주장이다. 피케티가 불평등을 심화하는 근본적 힘으로 '$r \rangle g$'라는 현상에 주목하고 이를 자본주의의 중심 모순으로 본 것은 사실이지만, 그는 동시에 정치와 제도의 변화가 이 모순을 해결할 수 있다고 주장하기 때문이다. 예컨대 프랑스 혁명은 근본적인 제도 변화에 실패했기 때문에 중심 모순을 극복할 수 없었던 것이며, 반대로 20세기 전반에 양차 세계대전을 치르면서 일어난 정치적 격변은 충분히 근본적인 제도 변화를 가져옴으로써 중심 모순을 역전시켰다고 주장한다. 정치와 제도의 중요성을 이보다 더 부각하기도 어려울 것이다. 실제로 피케티는 논란에 답하는 글에서 "나는 소득과 부의 불평등이 20세기에 어떻게 변화했는지 설명하고 21세기에는 어떤 경로를 걷게 될지 예측하는 데 '$r \rangle g$'가 유일한 혹은 가장 중요한 공식이라고 생각하지 않는다"라고 하며, 그 이유로 "'$r \rangle g$' 외에도 정치적 격변이나 제도적 변화 등이 불평등 심화에 중요한 역할을 해왔다"라는 설명을 덧붙였다(Piketty, 2015).

자본주의의 미래를 내다볼 때, 소득분배의 측면에서는 세 가지 요인이 중요하다. 하나는 기술 변화인데, 이는 다음 절에서 논의할 것이다. 다른 두 가지는 앞서 언급한 바와 같이 'r〉g'에서 오는 '부익부'의 동학과 정치·제도의 변화다.11) 전자가 자본주의의 법칙이라면 후자는 민주주의의 작용이다. 최근 불평등이 극에 달한 미국에서 이에 정면 도전하는 사회민주주의자 버니 샌더스가 모두의 예상을 뒤집고 선풍적인 인기를 모으며 강력한 대권 후보로 등장한 것이나, 급진주의자 제러미 코빈이 압도적인 당원들의 지지를 업고 영국 노동당의 당수가 된 것 등은 민주정치에 의한 제도 변화와 그에 따른 분배 동학의 변화 가능성을 시사하고 있다. 황금시대가 종언을 고하고 불평등이 심화된 주요 원인이 신자유주의 정치의 도래였던 것과 마찬가지로, 미래에 분배가 어떻게 될지 결정할 궁극적인 변수는 결국 정치가 될 것이다.

2) 기술 발전의 함의

기술의 발전은 경제사회에 커다란 영향을 미친다. 근래에 기술의 발전 속도가 매우 빨라서 앞으로 기술이 세상을 어떻게 바꿔나갈지, 자본주의의 미래에 어떤 영향을 미칠지 많은 논의가 진행되고 있다. 에릭 브리뇰프슨과 앤드루 매커피의 『제2의 기계시대(The Second Machine Age)』라는 주목할 만한 책은, 산업혁명 이래 과거의 기계는 육체노동을 대체했지만 21세기의

---

11) 주류 경제학자들은 흔히 기술과 교육을 소득분배 결정의 가장 중요한 요인으로 꼽는다. 기술은 숙련에 대한 수요를, 교육은 숙련의 공급을 결정해 노동의 한계 생산성에 입각한 임금을 결정한다고 보기 때문이다. 하지만 대기업 경영진 보수의 경우에서 분명히 드러나는 것처럼 임금 결정은 한계 생산성보다는 제도적 요인으로 설명되는 부분이 크다. 교육의 내용과 교육에 대한 접근을 결정하는 데도 정치와 제도의 역할이 크다. 그리고 장기적인 소득분배의 동학에서는 자본소득이 중요하다.

기계는 정신노동을 대체하는 질적으로 완전히 다른 기계로서 엄청난 사회·경제적 변화를 초래할 것이라고 주장한다(Brynjolfsson and McAfee, 2014).[12] 인공지능에 대해 염려하는 많은 전문가들은 인공지능이 대량 실업을 초래하고 경제적 불평등을 심화하며 심지어 인류를 멸망시킬 수도 있다고 경고한다.[13] 여기서는 고용과 불평등에 관한 함의에 국한해 논의하기로 한다.

몇 해 전 옥스퍼드대학교의 칼 베네딕트 프레이와 마이클 오즈번은 702개의 직종에 대해 머지않아 자동화되어 사라질 확률을 추정한 연구를 발표했다(Frey and Osborne, 2013). 그들은 미국에서 대출 심사 요원, 세무사, 상점 점원, 법무 보조원, 택시 운전수 등 무려 47%의 직종이 사라질 위험이 크다고 보았다. 심지어는 미국 노동부에 등록된 직종의 약 80%가 인공지능에 의해 심각한 타격을 입을 것이라는 평가도 나왔다(Elliott, 2014). 실제로 인공지능은 이미 여러 영역에서 노동을 대체하고 있다. 미국 최대 상거래 업체 아마존은 고객의 취향을 분석해 상품을 추천해주는 인공지능 시스템을 개발한 뒤 원래 이 일을 맡고 있던 직원들을 대거 정리해고했다. 중국의 가전 업체 메이디(美的)는 인공지능 로봇을 들여오며 직원 3만 명 중 1만 명을 줄일 방침이라고 한다. 방송국 기상 캐스터, 통신사 기자, 심지어 변호사 업무까지도 인공지능 로봇이 담당하기 시작했다. 미국 컴퓨터 공학 과학자들은 최근 워싱턴에서 열린 미국과학진흥회(AAAS) 회의에서 "인공지능의 발전으로 위기에 빠지지 않은 일자리는 없다. 성매매조차 그렇다"라고 강조했다(정지용, 2016).

---

12) 일례로 구글이 개발한 인공지능 바둑 프로그램 알파고와 이세돌 9단의 역사적인 대국이 세계인의 관심 속에서 진행되기도 했다.

13) 과학철학자 닉 보스트롬 옥스퍼드대 교수는 영화 <터미네이터>처럼 로봇이 사람들과 전쟁을 벌이는 시나리오를 떠올리며 "사람보다 똑똑한 기계는 인류를 멸망시킬, 인류의 마지막 발명품이 될 것"이라고 경고한다. 실제로 미 국방부는 무인 전투기 드론에 장착되어 스스로 적을 인식하고 공격하는 인공지능 '자동무기 시스템' 개발에 공을 들이고 있다(정지용, 2016).

과연 앞으로는 로봇이 사람의 일자리를 모두 빼앗아 갈 것인가? 과거 역사가 판단의 기준이라면 답은 간단하다. 자본주의는 로봇이 빼앗아 가는 일자리 못지않게 많은 새로운 일자리들을 만들어낼 것이다. 19세기 기계파괴운동 때부터 기계와 자동화가 인간의 일자리를 빼앗아 갈 것이라는 우려는 수없이 제기되었지만, 일자리는 오히려 늘어났다. 농업에서 일자리가 없어지면 제조업에서 일자리가 생겼고, 제조업에서 일자리가 없어지면 서비스업에서 일자리가 생겼다. 1960년대에 공장자동화에 관한 우려가 심각했을 때 린든 존슨 대통령은 '기술, 자동화 및 경제적 진보에 관한 국가위원회(National Commission on Technology, Automation, and Economic Progress)'를 설립하면서 다음과 같이 전형적인 낙관론을 펼쳤다. "자동화는 우리의 적이 아니다. 우리의 적은 무지, 무관심, 그리고 관성이다. 우리가 미래를 내다보고, 앞으로 일어날 일을 이해하며, 적절한 계획을 수립해 현명하게 대처하기만 한다면, 자동화는 번영의 동반자가 될 것이다. …… 자동화는 일자리를 파괴하고 가정을 해체하는 대신에, 사람의 일에서 지루함을 없애주고 역사상 누려보지 못한 풍요를 가져다줄 것이다."

낙관론자들은 과거의 경험과 시장 기능에 대한 신뢰에 의지하지만, 인공지능의 발달은 과거와는 질적으로 다른 심각한 도전을 제기하는 것이 사실이다.[14] 변화의 속도가 매우 급격할뿐더러 갈수록 새로운 기술의 창출과 활용이 고도의 능력을 요구하기 때문에 대다수 노동자들이 적응하기가 쉽지 않을 것이다. 즉, 디지털 기술과 인공지능을 포함한 최근의 기술 변화는 매우 숙련편향적이므로 고숙련노동자와 저숙련노동자 사이의 불평등은 심화될 수밖에 없으며 기계에 의해 밀려난 저숙련노동자가 새로운 기술과 연관

---

14) 고용 통계와 수많은 인터뷰를 통해 매우 구체적인 일자리 전망을 내놓으면서 로봇으로 인한 일자리의 순손실이 미미할 것이라고 진단하는 연구도 있다(Metz, 2015).

된 새로운 일자리로 이동하기는 매우 어렵다. 이러한 현상은 최근 선진국 경제에서 이미 나타나고 있다. 디지털 기술을 활용해 소위 슈퍼스타들이 엄청난 소득을 올리는 현상이나 경제는 성장하는데 일자리는 늘지 않는 '고용 없는 성장' 현상이 바로 그것이다.[15]

신기술은 또한 자본편향적이어서, 자본의 몫은 커지고 노동의 몫은 작아지게 하는 경향이 있다. 인공지능 시대의 새로운 기술은 자본으로 노동을 대신할 수 있는 정도, 즉 자본과 노동의 대체탄력성을 높인다. 로봇이 육체 노동뿐만 아니라 정신노동까지 할 수 있다면, 인간노동 대신에 자본으로 만든 로봇을 사용하면 될 테니까 말이다. 피케티의 논의에서도 대체탄력성의 중요성이 강조된다. 대체탄력성이 낮으면 자본축적이 될 때 자본이 필요로 하는 노동에 대한 수요가 증가하고 이는 임금 상승과 자본수익률 하락으로 이어지지만, 대체탄력성이 높으면 임금이 조금만 상승해도 쉽게 노동을 자본으로 대체해버리기 때문에 임금이 오르지 못하고 자본수익률이 높게 유지될 수 있다는 것이다. 이미 선진국 경제에서 기업 이윤은 폭증하는데 실질임금은 정체되거나 하락하는 현상들이 나타나고 있는 것은 우연이 아니다. 브리뇰프슨과 매커피는 제2의 기계시대에 이윤과 임금이 이렇게 반대로 증감하는 현상을 "거대한 괴리(Great Decoupling)"라고 부른다. 〈그림 1-7〉은 2000년 이후 미국에서 기업 이윤과 노동자 보수 사이의 격차가 얼마나 벌어졌는지 보여준다.

물론 기술 변화의 영향이 최종적으로 어떻게 나타날지는 정책과 제도에

---

15) 지금까지는 ICT가 생산 시설의 전 지구적 분산을 유도했지만 향후의 기술 변화는 고도의 자동화로 생산의 성격 자체를 변화시킴으로써 개도국 아웃소싱이 감소해 개도국에서도 고용 문제가 발생할 것이라는 주장도 있다. 선진국 노동자의 일자리가 중국과 같은 개도국 노동자가 아닌 로봇에게 아웃소싱된다는 것이다(Brynjolfsson, McAfee and Spence, 2014).

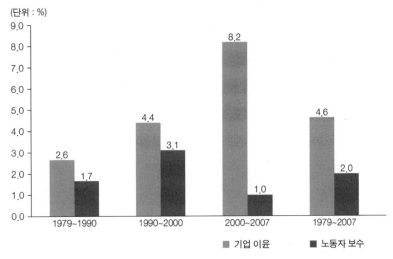

〈그림 1-7〉 미국 기업 부문의 시기별 이윤과 보수의 증가율: 1979~2007년

(단위 : %)

자료: 미국 상무부 경제분석국(2008).

의해 결정될 것이기에 정치적 대응이 중요하다. 마이클 스펜스를 포함한 많은 경제학자들은 교육, 의료, 노후 보장 등 기본적인 사회 서비스에 대한 공공투자의 중요성을 강조한다(Brynjolfsson, McAfee and Spence, 2014). 특히로봇에게 일자리를 빼앗길 노동자들이 기술 변화에 적응하고 대안을 찾을수 있도록 적절한 교육을 제공하는 것이 중요하다. 그러나 교육만으로 해결하기에는 실업과 불평등 문제가 너무 심각할지도 모른다. 여기서 두 가지추가적인 대안을 고려할 필요가 있다. 하나는 노동시간 단축에 의한 일자리나누기다. 이는 일자리를 지키고 실업의 증가를 막는 데 유효한 수단이 될수 있다(Hunt, 1999; Baker, 2011). 사실 자동화로 생산성이 올라가면 노동시간을 줄여 더 많은 여가를 즐기면서 일자리를 유지하는 것이 이론적으로는충분히 가능하다. 일자리 나누기는 삶의 질을 높이면서 고용 문제도 해결할수 있는 방법이라는 것이다.

또 다른 추가적 대안은 기본소득제도다. 기본소득은 노동 여부와 무관하게 전 국민에게 모두 일정한 소득을 지급하는 것으로, 지금까지는 이 제도가 이론적인 주장으로만 존재했지만 머지않아 유럽에서 실제 정책으로 시행될 전망이다.16) 기본소득제가 기존 복지제도의 노동 유인에 대한 부정적 효과와 행정비용 등의 낭비를 없앤다는 장점이 부각되고 있기 때문이다. 최근에는 여기에 더해 기술 발달에 따른 일자리 부족과 양극화에 대한 대응책으로서도 주목을 받고 있다. 일례로 최근 브루킹스연구소의 리처드 리브스 연구원은 "자본주의에서 노동시장은 성장에 따른 부를 공유하는 기능을 했다. …… 앞으로는 이런 기능이 작동하지 않을 것"(Reeves, 2016)이라고 예측하면서 기본소득이 사회를 안정적으로 유지하는 수단이 될 수 있다고 주장했다.

사실 인간의 일이 기계에 의해 대체된다는 것은 다른 각도에서 보면 그만큼 인간이 노동을 하지 않아도 필요한 재화를 생산할 수 있다는 것을 의미한다. 문제는 자본주의하에서 노동시장이 노동시간이나 노동에 대한 보상을 고르게 분배하지 않는다는 것이다. 경쟁력 있는 소수에게 보상이 집중되고, 그렇지 못한 다수는 실업자로 전락하거나 장시간 노동과 저임금에 시달리게 되는 경향이 있다(Schor, 1992). 그리고 향후의 기술 발전은 이러한 경향을 더 부추길 우려가 있다. 일찍이 케인스는 「우리 손자들 세대의 경제적 가능성(Economic Possibilities for our Grandchildren)」이라는 에세이에서 100년 뒤에는 선진국 1인당 소득이 8배가 될 것이라고 비교적 정확하게 예측했는데, 생산성 향상에 따라 노동시간이 주당 15시간 정도로 줄어들 것이라는 전망은 크게 빗나가고 말았다(Keynes, 1963: 358~373). 같은 맥락에서 경제적

---

16) 핀란드는 2015년 10월 기본소득 도입에 관한 예비 연구를 시작해 2016년 하반기까지 모델을 만들고 2017년부터 실험에 돌입할 계획이다. 스위스는 2016년 6월, 기본소득 도입을 놓고 국민투표를 실시했다. 네덜란드에선 19개 지방정부가 기본소득 지급 방안을 논의하고 있으며, 영국에서도 최근 왕립예술협회가 기본소득 모델을 제시했다.

풍요에 따라 금전만능주의가 거의 사라질 것이라는 전망도 현실화되지 않았다. 뛰어난 혜안을 갖춘 케인스도 자본주의의 논리가 가지는 힘을 과소평가했던 것이다. 교육정책이나 기본소득제는 물론이거니와, 일자리 나누기도 모두 정부 주도로 자본주의 시장경제의 결함을 해결해야 하는 영역이다.[17]

기술 발전의 함의가 반드시 어두운 것만은 아니다. 기술로 인한 디스토피아가 아니라 기술에 의한 유토피아, 즉 테크노피아가 다가오고 있다는 주장들도 제기되고 있다. 일찍이 앨빈 토플러가 『제3의 물결(The Third Wave)』에서, 정보사회가 도래하면 규격화와 동시화, 중앙집권화의 논리에 의해 산업사회가 만들어낸 에너지와 부, 권력의 집중을 분산하고 민주화한다는 장밋빛 전망을 내놓은 바 있고(Toffler, 1980), 근래에는 제러미 리프킨이 유사한 시각에서 매우 낙관적으로 기술의 가능성을 내다보고 있다. 그는 『한계비용 제로 사회(The Zero Marginal Cost Society)』에서, 정보 기술에 기반을 둔 공유경제가 거대 자본을 무너뜨릴 것이며, 분산된 대안 에너지 네트워크가 탄소 기반의 집중된 에너지를 대체할 것이고, 기계가 사람의 일을 대신 수행함으로써 노동의 종말이 올 것이라 기대한다(Rifkin, 2014). 그는 이러한 세가지 변화가 곧 자본주의의 종언을 의미한다고 주장한다.[18] 그러나 이는 과도한 해석이다. 공유경제에 새로운 특징들이 있기는 하지만 이는 특정 분야에 국한된 현상이며, 결코 그 자체로서 자본의 논리를 뛰어넘지는 못한다.[19]

---

17) 배리 아이컨그린은 미국이 대공황기에 산업 생산의 하락에 비해 실업률 증가를 잘 통제할 수 있었던 것은 정부가 일자리 나누기를 강력하게 권장하고 법제화를 통해 이를 유도했기 때문임을 지적한 바 있다(Eichengreen, 2012).
18) 공유경제가 자본주의를 끝장낼 것이라는 유사한 주장으로는 Mason(2015), Sundararajan(2016)이 있다.
19) 공유경제에 대한 과도한 예찬론을 비판하는 글로는 Denning(2015), Alden(2014), *Economist*(2015)가 있다.

3) 환경문제와 자본주의

환경문제는 장기적으로 자본주의의 미래, 나아가 인류 문명의 미래에 엄청난 영향을 줄 수 있다. 자본주의의 역사는 환경 파괴의 역사였다. 자본주의의 발달과 함께 인류가 환경에 미치는 영향은 기하급수적으로 확대되어 그 이전과는 달리 인류의 행동에 의한 눈에 띄는 환경 파괴가 진행되고 있다. 사실 자본주의가 환경을 파괴한다는 말에는 어폐가 있다. 과거 사회주의국가에서도 심각한 환경 파괴가 발생했으며, 소비지상주의 문화나 국민국가의 경쟁 등도 환경 파괴를 촉진하는 주요한 원인이기 때문이다. 그럼에도 환경문제가 자본주의의 문제인 것은 현재 자본주의가 실질적으로 유일한 경제 시스템이며, 그 근원 속성인 이윤 추구 동기에 의해 소비지상주의를 조장하는 역할을 하고, 국민국가가 환경 보전보다는 경제성장을 추구하도록 작용하기 때문이다.

향후 환경문제는 자본주의에 어떤 문제를 불러올 것인가? 자연환경은 우리의 삶과 경제의 토대이지만, 심각한 훼손이 일어나기 전에는 그 비용이 잘 드러나지 않다가 훼손이 심화될수록 비용이 더욱 급격하게 증가하는 일종의 한계비용 체증의 법칙이 작용한다. 환경 파괴는 삶의 질을 저하시키고, 자원 가격의 상승을 통해 경제성장에 악영향을 주며, 농업 생산에 타격을 주고, 기후 관련 재앙으로 인한 피해를 초래할 것이다. 그리고 환경 보전을 위한 규제 강화가 불가피해지며, 이에 따라 오염 처리 및 방지를 위한 비용 지출이 상승할 것이다. 단, 후자는 기업의 비용을 상승시키는 효과뿐만 아니라 환경 관련 기술의 발전을 촉진하고 관련 산업을 발달시키는 긍정적인 효과도 있어서 경제성장에 미치는 영향이 반드시 부정적이라고는 할 수 없다.

환경 파괴의 경제적 비용은 불확실한 측면이 많기 때문에 정확한 평가는 불가능하다. 지금 환경문제 중 가장 대표적이고 급박한 문제로 인식되고 있는 기후변화만 하더라도 미래의 기온 상승이나 그 경제적 비용을 두고, 기후변화에 관한 정부 간 패널(IPCC: Intergovernmental Panel on Climate Change)이나 스턴위원회(Stern Commission)와 같은 권위 있는 기관이 수많은 추정치를 내놓고 있지만 상당한 불확실성이 존재하는 것이 사실이다. 영국 정부의 의뢰로 활동한 스턴위원회는 2007년에 기후변화를 통제하지 않으면 세계적으로 1인당 소비가 최소한 5%는 감소할 것으로 보았다(Stern, 2007). 과거의 추정치에 비해 상당히 높아진 것임에도 미처 반영하지 못한 다양한 문제들이 발생할 수 있기 때문에 실제 피해는 훨씬 더 클 것이라는 주장이 끊이지 않았다.

일례로 〈그림 1-8〉은 기후취약국포럼(Climate Vulnerable Forum)에서 2012년에 각국의 미시 연구를 반영해 추정한 것인데, 기후변화 비용이 21세기 말에는 세계 GDP의 7~8%가 될 것이라고 한다(DARA and the Climate Vulnerable Forum, 2012). 더욱 최근에는 ≪네이처(Nature)≫에 이제까지와는 접근법이 매우 다른 중요한 논문이 실렸는데, 다른 모든 요인을 통제한 후 기온이 생산성에 미치는 영향을 추정하고 이를 토대로 기후변화의 경제적 효과를 추정했다(Burke, Hsiang and Miguel, 2015: 235~239). 166개국의 지난 50년 동안의 데이터를 분석한 결과 섭씨 약 13도를 기준으로 기온이 내려가거나 올라가면 생산성이 떨어지는 것을 발견했다. 따라서 이미 더운 나라들은 기온 상승으로 큰 피해를 입고, 추운 나라들은 오히려 득을 보게 되어 기후변화는 세계적 불평등을 심화하며, 이를 모두 감안한 지구 전체적인 경제적 비용은 과거의 추정치에 비해 몇 배나 크다고 주장한다.

문제는 완화(mitigation)와 적응(adaptation)을 통한 연착륙 방안을 마련하느냐, 아니면 대응을 미루다가 거대한 재앙을 맞이하는 경착륙을 겪느냐 하

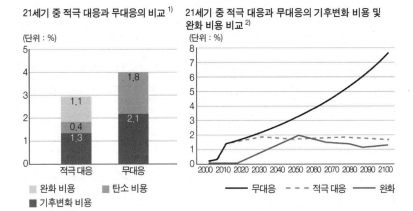

〈그림 1-8〉21세기의 기후변화 비용 추정

21세기 중 적극 대응과 무대응의 비교 [1]
(단위 : %)

21세기 중 적극 대응과 무대응의 기후변화 비용 및 완화 비용 비교 [2]
(단위 : %)

주: 1) 2010~2100년 사이 완화 비용, 탄소 비용, 기후변화 비용의 명목 GDP 대비 순현재가치
　　(3% 할인율 적용).
　　2) 명목 GDP 대비 크기(할인율 미적용).
자료: 기후취약국포럼.

는 것이다. 그런데 환경 비용은 외부 비용(external cost)이고 완화 행동은 집
단행동(collective action)이어서 개인이 환경문제 완화를 위해 적극 행동하는
경우는 드물다. 정치적으로 지혜를 모아 집단행동을 해야 하는데, 현대 국가
에서 정치적 결정은 대개 매우 근시안적으로 이루어지고 있어서 이것도 쉽
지 않은 것이 사실이다.

　과거의 예를 보더라도, 커다란 재앙이 일어나야 경각심이 생기고 효과적
인 대응이 나오곤 했다. 20세기 중반 로스앤젤레스와 런던의 끔찍한 스모그
등을 계기로 대기오염 문제에 적극 대처하기 시작한 것이나, 1970년대 두 차
례의 석유파동 이후에야 석유 소비를 줄이려는 노력이 나타난 것처럼 말이
다. 그런데 기후변화를 포함해서 대부분의 환경문제가 매우 점진적으로 진
행되기 때문에 행동이 너무 늦어지는 경향이 있다. 다행히 2015년 말 지구
온난화를 막고자 전 세계가 참여해 보편적 기후협약(파리기후협정)을 채택함

으로써 연착륙의 희망이 생겼다. 이 협정에서 유엔기후변화협약(UNFCCC) 당사국총회(COP21) 195개 협약 당사국은 구속력 있는 합의를 통해 지구 평균온도의 상승폭을 산업화 이전 섭씨 2도보다 낮은 섭씨 1.5도까지 제한하도록 노력하기로 했다. 하지만 각국이 당사국총회에 제출한 온실가스 감축 목표를 실제로 이행할지 여부는 의문으로 남아 있다. 한국의 경우만 보더라도, 이를 미래의 목표로만 제시하고 목표 달성을 위해 필요한 일은 전혀 하지 않고 있기 때문이다.

환경문제는 정부의 시장 개입과 국제협약으로 일정하게 완화할 수 있다. 이는 시장에 대한 민주적 통제를 의미하지만 자본주의 자체를 위협하거나 변형하는 것은 아니다. 그러나 매우 근본적이고 장기적인 시각에서 보면 환경 보전의 요구는 자본주의와 모순 관계에 있다. 1972년 「성장의 한계(The Limits to Growth)」라는 로마클럽의 유명한 보고서가 자원 고갈의 우려를 제기했을 때, 주류경제학의 반응은 냉소적이었다(Meadows et al., 1972). 자원이 부족해지면 가격이 오르고, 이는 채굴 기술의 발전과 대체제의 개발, 그리고 소비 행태의 변화 등을 불러와서 문제가 해결된다는 것이었다. 즉, 시장 메커니즘에 의한 자연스러운 조정에 맡기면 된다는 것이었다.

사실 이러한 낙관론은 대체로 옳았다. 일찍이 토머스 맬서스가 예견한 식량 부족과 대기근이 일어나기는커녕 20세기에 폭증하는 인구를 먹이고도 남을 만큼 식량 생산이 가파르게 증가했던 것처럼, 석유를 비롯한 많은 자연 자원들은 소비가 급증하는데도 탐사와 채굴 기술의 발달로 매장량이 오히려 증가하기도 했다. 그러나 이러한 과거의 패턴이 무한히 반복될 수는 없다. 식량 부족과 자원 고갈은 기술의 발전으로 그 속도를 늦출 수는 있겠지만, 언젠가는 맞닥뜨릴 수밖에 없는 문제다. 이를 극적으로 주장한 것이 케네스 볼딩의 고전적인 논문 「우주선 지구의 경제학(The Economics of the Coming

Spaceship Earth)」이다(Boulding, 1966: 3~14). 자본주의는 더 많은 생산과 소비를 추구하지만 그가 "우주인 경제"라고 부르는, 환경 제약을 맞닥뜨린 경제에서는 오히려 생산과 소비를 최소화하면서 육체의 건강과 정신의 행복을 달성하는 것이 목표가 되어야 한다고 주장한다. 생태경제학의 효시로 여겨지는 제오르제스쿠 뢰겐이『엔트로피 법칙과 경제과정(The Entropy Law and the Economics Process)』에서 단순한 성장(pure growth)과 진정한 발전(proper development)을 구분해, 단순한 성장이란 낮은 엔트로피를 걸러내는 기존의 과정을 확대하는 것인 반면, 진정한 발전은 더욱 정교한 방법으로 낮은 엔트로피를 걸러내어 동일한 경제적 가치를 생산할 때 발생하는 폐기물과 지구 전체의 엔트로피 증가를 줄이는 것이라고 정의한 것도 이와 유사한 관점이다(Roegen, 1971).

4) 경제민주화의 시각에서 본 자본주의의 미래

앞서 살펴본 세습 자본주의화 경향, 디지털 자동화 기술의 발전, 환경 파괴 등의 도전들은 민주주의에 입각한 정치적·정책적 대응을 요구한다. 그리고 인류는 이러한 대응을 성공적으로 해낼 것이다. 일시적 진퇴는 있으나 긴 역사적 흐름을 보면 경제제도는 민주주의의 요구를 실현하는 방향으로 발전하기 때문이다. 민주정치에 입각해서 자본과 시장에 민주적 통제를 가하는 것이 바로 경제민주화다. 이때 민주적 통제는 당연히 만인의 자유와 평등이라는 민주주의의 이상을 실현하는 방향으로 이루어져야 한다.

시장경제는 자유를 보장하기 위한 조건으로서 필요하지만 불평등을 낳는 경향이 있기 때문에 이를 민주적 개입을 통해 시정해야 한다. 따라서 필자는 경제민주화를 더 구체적으로, '시장경제의 효율성과 역동성 등 장점을 살리는 가운데 평등을 확대해나가는 것'이라고 정의했으며, 이때 평등을 기회의 평등, 분배의 평등, 그리고 (경제적 의사 결정에 관한) 참여의 평등이라는 세 가지 차원으로 나누어 논의한 바 있다. 기회의 평등은 인적자본 축적 여건의 평등과 공정한 시장구조를, 분배의 평등은 자산·인적자본·시장소득·가처분소득 등에서 분배의 평등을, 그리고 참여의 평등은 작업장, 기업, 지역사회 및 정부의 경제적 의사 결정에 대한 민주적 참여의 권리를 의미한다. 이러한 세 차원의 평등은 각각 공정 경쟁, 분배 정의, 그리고 참여경제를 목표로 제시한다. 이들이 이제까지 경제민주화의 세 축이 되었으며 이들은 서로 보완적인 관계를 맺고 있다(유종일, 2013).

사실 자본주의의 역사는 다양한 도전에 맞서 경제민주화를 진전시켜온 과정이었다. 자본주의 발전 초기에 재산권의 보호와 계약의 자유를 보장해 자유로운 시장경제를 전면화한 것은 당시의 상황에서는 자유와 평등을 향상하는 방향으로의 변화였다. 자의적인 정치권력에 의해 재산을 강탈당하거나 경제활동을 제약당하는 것을 막고 재산권과 계약의 자유를 확보한 것이 민주화의 방향이었던 것이다.

이후 공장법 등 경제적 약자에 대한 보호와 반독점법 등 공정거래를 위한 규제가 도입되는 개혁적 자유주의의 흐름이 있었고, 국가의 경제 개입에 의한 완전고용 및 소득재분배와 사회복지 확대를 추구한 사회민주주의 흐름도 나왔다. 또한 노동자 자주관리나 노동자 경영참여 등 기업의 의사 결정에 관한 노동자의 참여를 강조하는 산업민주주의 흐름도 등장했다. 이상의 세 가지 흐름은 각각 공정 경쟁, 분배 정의, 그리고 참여경제를 목표로 하는 것이었다. 1980년대 이후 신자유주의는 이러한 경제민주화의 흐름에 대한 일시적 반동이었지만, 아마도 머지않아 더 민주적인 성장체제에 자리를 내줄 것이다.

향후 자본주의에 대한 새로운 도전들이 제기되면서 경제민주화의 새로운 축이 추가될 것이다. 세습 자본주의화 경향은 공정 경쟁과 분배 정의의 축에 입각해서 대응하면 해결할 수 있지만, 기술 발전이나 환경 파괴로 인한 디스토피아는 자본과 시장에 대한 더욱 근본적이고 새로운 통제의 축을 요구한다. 이 두 가지 위협은 사실 잘 대응하면 커다란 축복이 될 수 있다. 기술 발전은 일찍이 마르크스나 케인스가 꿈꾸고 리프킨이 주장했듯이, 힘들고 지겹고 소외된 노동에서 우리를 해방해주며 환경문제 해결에도 기여할 수 있다. 공유경제의 발전 또한 이런 면에서 기여하는 부분이 있을 것이다. 그리고 환경위기에 대한 대응은 사람들이 자본주의가 조장한 금전만능주의와 소비지상주의의 굴레에서 벗어나 삶의 질을 높이고 진정한 행복을 누릴 기회를 확장할 것이다. 이는 노동시간을 줄이고 일자리를 나눠 기술 발전에 따른 대량 실업의 위협에 효과적으로 대처할 수 있게 하는 가치관의 변화에도 기여할 것이다.

기술 변화와 환경위기에 대한 민주적 대응의 공통된 핵심은 결국 자본의 논리에서 해방되어 자율적 인간으로서 행복을 추구하는 것이라고 할 수 있다. 이렇게 미래에는 행복 추구가 경제민주화의 네 번째 축이 될 것이며, 케인스의 다음과 같은 예언이 지침이 될 것이다. "악착같이 돈을 버는 사람들이 우리를 경제적 풍요로 이끌겠지만, 막상 풍요를 즐기는 사람들은 돈에 이끌리지 아니하고 삶 자체를 즐기면서 삶의 탁월한 완성을 향해 나아가는 사람들일 것이다"(Keynes, 1963).

공정 경쟁과 분배 정의의 추구는 자본주의 자체를 본질적으로 변화시키는 것은 아니다. 그러나 참여경제가 고도로 발전하고 행복 추구가 광범위하게 실현되면 경제는 더 이상 자본주의라고 부르기 어려운 모습이 될 것이다. 참여경제란 기업 지배 구조에서 이해관계자 자본주의에 대해, 좁게는 작업장 차원에서, 넓게는 지역사회와 정부의 경제적 의사 결정에서 민주적 참여를 보장하고 고취하는 것을 의미한다. 또한 이윤 추구만을 목적으로 하는 자본주의적 기업뿐만 아니라 시민 참여형 공기업과 협동조합, 노동자 소유 기업과 사회적 기업 등 다양한 형태의 참여형 기업이 활성화된 경제다. 공유경제도 참여형 성격을 지니고 있다. 참여형 기업도 물론 이윤을 고려하겠지만, 이윤 추구만이 압도적인 목적이 되는 자본주의적 기업과는 달리 여러 사회적 가치를 함께 추구할 것이다. 따라서 참여경제가 고도로 발전하면 그만큼 경제는 자본주의에서 벗어나게 된다. 여기에 더해 금전만능주의와 소비지상주의의 굴레에서 해방된 자율적 개인들의 행복 추구가 광범위하게 퍼지면 이윤 추구 동기에 의한 자원 배분은 더욱 약화될 것이며 임노동 관계도 많이 사라질지 모른다.

하지만 자본주의를 넘어서는 경제로 진화한다고 해도 아마 시장 교환이 일상화되어 있는 시장경제는 지속될 것이다.[20] 아주 먼 훗날에는 시장경제에 대한 대안도 나올 수 있을지 모르지만 적어도 우리가 앞을 내다볼 수 있는 미래에 시장의 역할을 전면적으로 대체하는 경제체제는 상상하기 어렵다. 참여경제의 발달과 자율적 개인들의 행복 추구 실현으로 자본주의를 넘어선 시장경제를 무엇이라 부를 수 있을까? '민주적 시장경제' 정도가 적당할 것이다.

---

20) 자본주의와 시장경제는 다르다. 시장경제는 상품의 자유로운 거래에 기초한 경제조직을 의미한다. 자본주의는 사적 소유하에 있는 자본의 이윤 추구 동기에 입각해서 노동을 고용해 생산 활동을 조직하는 것이 핵심적인 특성이다. 시장경제는 노예제사회나 봉건사회, 그리고 심지어 사회주의하에서도 부분적으로 존재했다. 그러나 지금은 지구상 거의 모든 경제가 자본주의 시장경제이다(유종일, 2012).

4. 맺음말

2008년 글로벌 금융위기는 신자유주의 성장체제의 체제적 위기였다. 신자유주의 성장체제는 수요보다 공급을 중시한 공급 주도, 임금 주도가 아닌 이윤 주도, 실물경제에 비해 금융이 팽창하고 경제를 이끄는 금융 주도, 미국이 기축통화 지위를 활용해 최후의 소비자 역할을 하는 미국 주도 성장체제였다. 그러나 이는 소득 불평등의 심화와 금융 불안정이라는 심각한 결함을 내포하고 있었고, 총수요 부족을 초래해 금융팽창과 부채 확대에 의해서만 성장을 유지할 수 있었다. 따라서 불가피하게 버블과 부실을 키우며 파국을 맞이할 수밖에 없었다. 앞으로 자본주의는 다양한 힘들이 작용하는 가운데 임금 주도 체제로의 전환 및 정부 지출의 확대에 의존한 총수요 기반의 확대, 금융규제 강화 및 실물경제와의 균형 회복, 미국 주도에서 다극체제로의 전환을 포함하는 새로운 성장체제의 수립을 향해 나갈 것이다. 새로운 성장체제가 수립될 때까지 선진국 경제는 장기 불황에서 벗어나기 어렵다.

더 장기적인 자본주의의 변화와 관련해서는 세습 자본주의를 향한 분배의 동학, 인공지능 등 기술의 발전, 그리고 환경위기가 중요한 도전 과제다. 궁극적으로 이러한 문제들의 해법은 자본의 논리에 대한 민주적 대응, 즉 경제민주화에 있다. 경제민주화는 역사를 통해 꾸준히 발전해왔는데, 이제까지는 공정 경쟁과 분배 정의가 주된 축이었고 부분적으로는 참여경제를 위한 노력들이 진행되었다. 신자유주의체제하에서 일시적인 후퇴를 경험했으나 경제민주화는 다시 전진할 것이다. 그리고 앞으로 기술 발전과 환경위기에 대응하는 과정에서 자율적 인간의 행복 추구라는 경제민주화의 새로운 축이 부각될 것이다. 참여경제의 발달과 행복 추구의 확산은 궁극적으로 자본주의를 넘어서는 민주적 시장경제로 우리를 이끌 것이다.

참고문헌

김병연. 2015.11.19. "진화하는 북한 경제, 진화 없는 대북 정책". ≪중앙일보≫.

유종일. 2007. 「신자유주의, 세계화, 한국경제」. ≪창작과 비평≫, 통권 137호(가을).

_____. 2008. 『위기의 경제: 금융위기와 한국 경제』. 생각의나무.

_____. 2012. 『유종일의 진보 경제학: 철학, 역사 그리고 대안』. 모티브북.

_____. 2013. 「경제민주화: 개념, 역사, 정책」. 서울사회경제연구소 엮음. 『세계 경제의 변화와 한국 경제의 대응』. 한울.

유종일 외. 2015. 『피케티, 어떻게 읽을 것인가?: '21세기 자본'과 한국 사회』. 한울.

정지용. 2016.2.20. "인공지능 섬뜩한 경고 '2045년엔 인간 지배할 것'". ≪한국일보≫.

Acemoglu, Daron and James A. Robinson. 2015. "The Rise and Decline of General Laws of Capitalism." *Journal of Economic Perspectives*, Vol.29, No.1(Winter), pp.3~28.

Alden, William. 2014. "The Business Tycoons of Airbnb." *New York Times*, November 25.

Baker, Dean. 2011. "Work Sharing: The Quick Route Back to Full Employment." Center for Economic and Policy Research, June.

Bhaduri, Amit and Stephen Marglin. 1990. "Unemployment and the real wage: the economic basis for contesting political ideologies." *Cambridge Journal of Economics*, 14.

Boulding, Kenneth E. 1966. "The Economics of the Coming Spaceship Earth." In H. Jarrett(ed.). *Environmental Quality in a Growing Economy*. Baltimore, MD: Resources for the Future/Johns Hopkins University Press.

Bresser-Pereira, Luiz Carlos. 2010. "The Global Financial Crisis and a New Capitalism?" *Levy Economics Institute Working Paper*, No.592.

Brynjolfsson, Erik and Andrew McAfee. 2014. *The Second Machine Age: Work, Progress, and Prosperity in a Time of Brilliant Technologies*. New York: W.W.Norton&Co.

Brynjolfsson, Erik, Andrew McAfee and Michael Spence. 2014. "New World Order: Labor, Capital, and Ideas in the Power Law Economy." *Foreign Affairs*, July/August.

Burke, Marshall, Solomon M. Hsiang and Edward Miguel. 2015. "Global non-linear effect of temperature on economic production." *Nature*, 527, pp.235~239.

DARA and the Climate Vulnerable Forum. 2012. "Climate Vulnerability Monitor 2nd Edition: A Guide to the Cold Calculus of a Hot Planet." Madrid: DARA.

Delong, J. Bradford. 2013. "The Second Great Depression: Why the Economic Crisis Is Worse Than You Think." *Foreign Affairs*, July/August.

Denning, Steve. 2015. "Is Capitalism Ending?" *Forbes*, July 20.

Economist. 2015.10.24. "Reinventing the company."

Eichengreen, Barry. 2012. "Share the Work." *Project Syndicate*, June 12.

Elliott, Stuart W. 2014. "Anticipating a Luddite Revival." *Science and Technology*, Vol.XXX, No.3(Spring).

Frey, Carl Benedikt and Michael A. Osborne. 2013. "The Future of Employment: How Susceptible are Jobs to Computerisation?" *OMS working paper*. Oxford University.

Fukuyama, Francis. 1992. *The End of History and the Last Man*. Free Press.

Georgescu-Roegen, Nicholas. 1971. *The Entropy Law and the Economics Process*. Harvard University Press.

Hunt, Jennifer. 1999. "Has Work-Sharing Worked in Germany?" *Quarterly Journal of Economics*, Vol.114, No.1(February), pp.117~148.

Huntington, Samuel. 1996. *The Clash of Civilizations and the Remaking of World Order*. Simon&Schuster.

Katz, David M. 2015. *The Rise and Fall of Neoliberal Capitalism*. Harvard University Press.

Keynes, John Maynard. 1963. "Economic Possibilities for our Grandchildren." *Essays in Persuasion*. W.W.Norton&Co. pp.358~373.

Klare, Michael. 2002. *Resource Wars: The New Landscape of Global Conflict*. Henry Holt&Co.

Mason, Paul. 2015. *Postcapitalism: A Guide to Our Future*. Penguin Books Ltd.

Meadows, Donella H., Dennis L. Meadows, Jorgen Randers and William W. Behrens III. 1972. *The Limits to Growth*. New York: Universe Books.

Metz, Cade. 2015. "Robots Will Steal Our Jobs, But They'll Give Us New Ones." *Wired*, August 24.

OECD. 2011. *Divided We Stand: Why Inequality keeps Rising*.

Piketty, Thomas. 2014. *Capital in the 21st Century*. Harvard University Press.

_____. 2015. "About Capital in the Twenty-First Century." *American Economic Review: Papers & Proceedings*, Vol.105, No.5.

Qian, Rong, Carmen M. Reinhart and Kenneth S. Rogoff. 2010. "On Graduation from Default, Inflation and Banking Crisis: Elusive or Illusion?" *NBER Working Paper*, 16168(July).

Reeves, Richard V. 2016. "Time to take Basic Income seriously." Brookings Institution Homepage(검색일: 2016.2.26).

Rifkin, Jeremy. 2014. *The Zero Marginal Cost Society*. St. Martin's Press.

Schor, Juliet. 1992. *The Overworked American: The Unexpected Decline Of Leisure*. Basic Books.

Schwab, Klaus. 2012. "The End of Capitalism: So What's Next?" World Economic Forum Homepage(검색일: 2012.4.12).

Stern, Nicholas. 2007. "Stern Review on The Economics of Climate Change." HM Treasury, London.

Streeck, Wolfgang. 2014. "How will capitalism end?" *New Left Review*, 87, May/June.

Summers, Larry. 2014. "U.S. Economic Prospects: Secular Stagnation, Hysteresis, and the Zero Lower Bound." *Business Economics*, Vol.49, No.2.

Sundararajan, Arun. 2016. *The Sharing Economy: the End of Employment and the Rise of Crowd-Based Capitalism*. MIT Press.

Toffler, Alvin. 1980. *The Third Wave*. Bantam Books.

You, Jong-Il. 1994. "Macroeconomic structure, endogenous technical change and growth." *Cambridge Journal of Economics*, Vol.18, No.2.

Wallerstein, Immanuel. 2013. "Structural crisis, or why capitalists no longer find capitalism rewarding." In C. Calhoun et al.(eds.). *Does Capitalism Have a Future?* Yale University Press.

제2장

글로벌 금융위기 이후의 환율변동과 국제통화체제의 미래

박복영 | 경희대학교 국제대학원 부교수

1. 머리말

2008년 글로벌 금융위기[1]는 세계 경제에 큰 충격을 주었고 현재의 장기 불황을 낳았다. 위기 직후 일부 전문가나 정책 당국자들은 국제통화체제의 변화가 불가피할 것으로 전망했다. 한편 금융위기와 침체를 극복하기 위해 주요 선진국들은 역사상 유례를 찾기 힘든 비전통적인 통화정책을 실시했다. 이런 정책은 주요 통화의 환율에 큰 변동을 야기했다. 국제통화체제의 관점에서 또 하나 주목할 만한 점은 이미 세계 경제의 초강대국으로 성장한 중국이 금융위기 직후부터 자국 통화를 국제통화로 만들기 위한 노력을 적극 펼쳤다는 것이다. 이런 몇 가지 측면만 고려하더라도 금융위기 이후 국제 환율·통화체제에 어떤 변화가 있었는지 정리하고 평가하는 것은 의미 있

---

1) 이 장에서 '금융위기'는 특별한 설명이 없는 한 2008년 글로벌 금융위기를 가리킨다.

는 작업이라고 할 수 있다.

이 장에서는 글로벌 금융위기라는 충격과 그 이후 주요 선진국에서 나타난 장기간의 침체, 그리고 비전통적인 정책 대응이 국제 환율·통화체제에 어떤 영향을 미쳤는지 살펴보고자 한다. 구체적으로는 금융위기 이후 달러화의 위상에 어떤 변화가 있었는지, 유럽 재정위기는 유로화의 지위에 어떤 영향을 미쳤는지, 중국의 위안화가 국제통화로서 어떻게 발전할 것인지, 또 주요국의 비전통적 통화팽창이 어느 정도 '환율전쟁'의 요소를 갖고 있는지 등의 문제에 답을 하려고 한다. 그리고 마지막으로 국제통화체제의 미래에 대해서도 조심스럽게 전망할 것이다.

2. 국제 환율 및 통화체제의 주요 변화

우선 글로벌 금융위기가 발생한 2008년부터 2016년 초까지 약 8년 동안 국제 환율·통화체제의 측면에서 어떤 변화가 있었는지 정리할 필요가 있다. 금융위기가 국제 환율·통화체제에 미친 영향을 분석하기에 앞서, 객관적으로 확인할 수 있는 주요 사실을 정리하고자 한다. 이를 위해 주요 국제통화의 가치 변화와 국제통화체제와 관련된 제도적 변화를 살펴보려고 한다.

첫째, 달러화의 가치는 2016년 2월 현재 위기 이전에 비해 약 30% 절상되었다. 〈그림 2-1〉은 미국의 지역별 무역 비중을 가중치로 해서 계산한 여타 통화 대비 달러화 가치, 즉 달러 인덱스의 추이를 나타낸 것이다. 달러화 가치는 2002년 이후부터 금융위기가 발생한 2008년까지 지속적인 하락 추세를 보였다. 즉, 6년 동안 달러화의 상대 가치는 약 27% 하락했다. 하지만 금융위기로 국제금융시장이 불안해지자 원화와 같이 국제적 신뢰도가 상대적으로

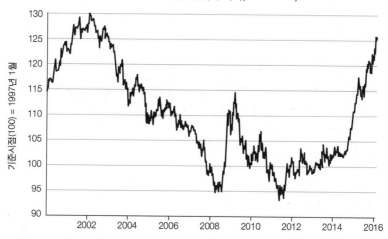

〈그림 2-1〉 무역 가중 달러화 가치(dollar index)

자료: Board of Governors of the Federal Reserve System.

떨어지는 통화들의 대폭적인 절하가 이루어졌다. 심지어 유로화의 가치도 큰 폭으로 하락했다. 금융위기 시에 일반적으로 나타나는 안전 자산에 대한 선호 현상(flight to quality)이 국제통화에서 나타난 것이다. 이는 2008년의 금융위기가 1930년대 대공황 이후 전례 없는 세계적 규모의 심각한 금융위기였음을 시사한다. 각국의 금융 안정화 조치와 대규모 경기부양 조치의 결과 2009년 하반기 이후 금융위기가 진정되자 달러화 가치도 위기 이전 수준으로 돌아가는 양상을 보였다. 하지만 2011년 남유럽에 재정위기가 확산되면서 달러화 가치는 다시 상승세로 반전했다. 그리고 2014년 하반기 이후 일본의 아베노믹스(Abenomics)와 미국의 소위 출구전략이 가시화되면서 달러화 가치의 상승세는 더욱 강해졌다. 다소간의 등락이 있었지만 결국 금융위기는 하락 추세에 있던 달러화의 가치를 상승 반전시키는 결과를 가져왔다고 할 수 있다.

둘째, 유로화의 가치는 금융위기 이후 달러화 대비 약 30% 하락했다. 금

〈그림 2-2〉 달러화 대비 유로화 환율

(단위 : 유로/달러)

자료: Board of Governors of the Federal Reserve System.

융위기를 전후해 상승에서 하락으로 뚜렷한 반전을 보인 것이다. 2008년 위기 직후에는 달러화에 대한 쏠림 현상 때문에 가치가 급락했지만, 2010년부터는 남유럽 재정위기의 상황에 따라 유로화의 가치도 등락을 반복했다. 위기의 재발과 확산, 그리고 유럽연합의 대응에 따라 유로화의 환율이 등락하기는 했지만, 〈그림 2-2〉에 나타난 바와 같이 2010년부터는 추세적으로 하락의 경향이 분명했다. 2014년 4분기부터는 하락 추세가 더욱 가속화되었는데, 이는 유럽중앙은행(ECB)의 양적 완화 정책과 그리스의 유로존 탈퇴의 위험 등이 겹쳤기 때문이다. 2014년 4월부터 2015년 4월까지 1년간 유로화 환율은 약 22% 하락했다.

셋째, 엔화의 가치는 금융위기 이후부터 2012년까지는 절상 추세를 보였지만 2012년 말부터는 급격한 절하 추세로 반전되었다. 금융위기 직후에는 일본의 비교적 빠른 경기회복과 안전통화라는 인식 덕분에 엔화는 4년간

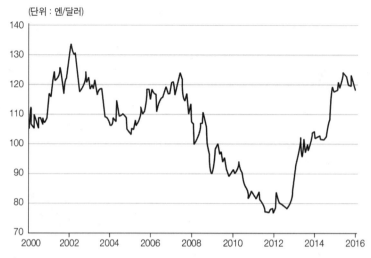

〈그림 2-3〉 달러화 대비 엔화 환율

(단위 : 엔/달러)

자료: Board of Governors of the Federal Reserve System.

20% 절상되었다. 하지만 경기 둔화가 심화되고 2012년 말 아베 정권이 출범한 것을 계기로 엔화는 약세로 반전되었다. 이는 무엇보다도 아베노믹스의 가장 대표적인 특징인 대규모 통화 완화 정책의 결과라고 할 수 있다. 2016년 1월을 기준으로 엔화 환율은 금융위기 전에 비해 약 20% 절하된 상태다.

넷째, 위안화는 2013년까지는 달러화 대비 절상 추세를 보였지만 2014년부터는 절하 추세로 반전되었다. 2008년부터 2013년까지는 약 13% 절상되었지만 그 후 2년 동안 약 10% 절하되었다. 2014년 이후 중국은 경기 둔화가 가시화되자 금리 인하 등 경기부양 조치를 실시하고, 달러화 대비 위안화가 절상되는 것을 억제하기 위해 몇 차례에 걸쳐 환율제도를 변경했다. 2014년 이후 위안화 약세는 중국의 이런 정책적 선택의 결과라고 할 수 있다. 결국 2014년 미국의 양적 완화가 종료되면서 달러화 가치의 상승 추세

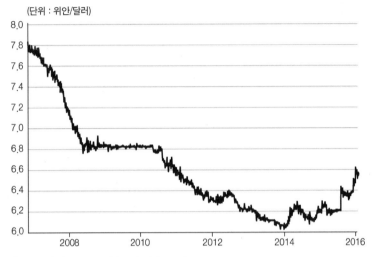

〈그림 2-4〉 달러화 대비 위안화 환율

(단위 : 위안/달러)

자료: Board of Governors of the Federal Reserve System.

는 가속화되었다. 반면 엔화와 유로화의 절하 추세는 강화되고 위안화도 절하로 반전되었다.

다섯째, 금융위기 이후 국제통화체제의 시각에서 주목할 만한 제도적 변화가 중국에서 나타났다. 우선 중국은 몇 차례에 걸쳐 환율제도를 변경했다. 그리고 위안화를 국제통화로 만들기 위한 정책을 본격적으로 추진했고, 자본 이동 및 외환 거래와 관련된 제도도 손질했다. 환율제도는 전반적으로 변동폭을 확대하는 방향으로, 시장 상황을 더 많이 반영하는 방향으로 변경했다. 그리고 자본 이동과 외환 거래의 경우 점진적으로 자유화하는 방향으로 제도를 변경했다. 이러한 제도 변화의 결과 2014년 이후 환율과 자본 이동의 변동성이 크게 증가했으며, 2016년 초에는 대폭적 환율절하를 예상한 투기자본의 공격과 급격한 자본 유출에 직면하기도 했다.

여섯째, 금융위기 이후 전반적으로 환율의 변동성이 커졌다. 위기 이전 7년

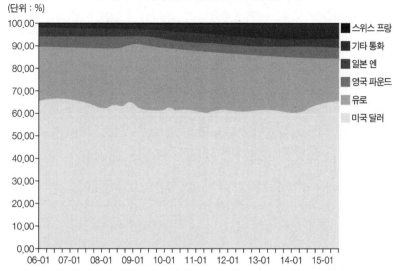

〈그림 2-5〉 세계 공식 외환보유고의 통화별 구성

(단위 : %)

범례:
- 스위스 프랑
- 기타 통화
- 일본 엔
- 영국 파운드
- 유로
- 미국 달러

주: 가로축의 06-01은 2006년도 1분기를 뜻함.
자료: IMF COFER Database(2006).

동안 달러화는 절하의 방향으로 움직였으며, 유로화와 위안화는 비교적 일
관되게 절상 추세를 보였다. 하지만 위기 이후 7년 동안에는 중기적으로 변
화의 방향도 일정하지 않았을 뿐만 아니라 변동의 폭도 컸다. 이런 불안정성
은 무엇보다 여러 통화 당국이 사용한 소위 비전통적 통화정책 때문이었다.
미국의 양적 완화, 유럽중앙은행의 무제한 유동성 공급, 일본의 양적 완화와
마이너스 금리정책 등이 국제 환율에 큰 영향을 미쳤으며 변동성을 키웠다.

　마지막으로, 국제준비통화(International Reserve Currency), 즉 각국 중앙
은행의 외환보유고의 통화 구성에는 큰 변화가 없었다. 다만 몇 가지 주목
할 만한 변화는 있었다. 위기 직전 약 63%를 차지하던 달러화의 비중은 위
기 직후 소폭 감소하는 추세를 보였지만 2014년 이후에는 다시 증가했으므
로 달러화의 비중에는 큰 변화가 없었다. 하지만 〈그림 2-5〉에 나타난 바와

같이 유로화의 비중은 비교적 큰 폭으로 감소했는데, 2007년 말 26.1%에서 2015년 3분기에는 20.3%로 약 6%p 감소했다. 특히 2012년 이후 감소폭이 확대되었다. 영국 파운드화와 일본 엔화의 비중에는 큰 변동이 없었기 때문에, 유로화의 비중 감소는 기타 통화의 비중 증가로 나타났다. 준비통화 중 기타 통화의 비중은 2007년 말 1.8%에서 2015년 3분기 6.9%로 5%p 이상 증가했는데, 이 증가의 상당 부분은 중국 위안화일 것으로 추정된다.[2] 결국 금융위기 이후 국제준비통화의 구성에서 발견되는 특징은 달러화 비중의 유지, 유로화 비중의 감소, 기타 통화 비중의 증가로 요약된다.

3. 달러화의 확고한 위상

2008년 글로벌 금융위기의 발원지는 미국이었다. 지속적인 금리 인하와 과도한 유동성의 공급, 그에 따른 부동산 등의 자산 버블이 위기의 원인을 제공했다. 버블이 꺼지는 과정에서는 서브프라임 모기지 대출과 관련 파생상품이 부실화하면서 금융위기로 이어졌다. 이에 많은 사람들은 금융위기를 미국 경제성장의 한계를 상징하는 사건으로 해석했다. 예를 들어 생산적 분야에서의 경쟁력 하락을 금융팽창으로 상쇄하려는 과정에서 위기가 발생한 것으로 해석하려는 시도도 있었다. 그리고 규율되지 않은 상태에서 과도한 위험을 추구하는 투자은행의 문제점이 지적되었다. 나아가 미국의 경제적 비중 감소

---

2) IMF는 세계 전체 외환보유고의 통화 구성에 관한 통계(COFER: Currency Composition of Official Foreign Exchange Reserves)를 제공하고 있는데, 개별 국가의 구성은 비공개로 되어 있다. 여기서 통화는 달러, 유로, 파운드, 엔, 스위스 프랑, 기타 통화로 구성된다. 다만 기타 통화 중 캐나다 달러화와 호주 달러화의 비중에 관한 통계는 별도로 제공된다. 2015년 3분기 말 현재 기타 통화 중 이 두 통화를 제외한 비중은 3.19%다.

는 중국의 부상과 대비되면서, 금융위기를 계기로 달러화의 지위도 하락할 것이라는 전망이 이어졌다. 한편 규범적인 차원에서도 달러를 중심으로 국제통화체제가 재편되어야 한다는 주장이 제기되기도 했다. 즉, 위기 이전 미국은 국제통화인 달러화의 발권력을 남용해 시뇨리지(seigniorage), 즉 발권 차익을 누렸지만, 그 결과는 글로벌 유동성의 과잉공급으로 이어져 위기의 토대가 마련되었다는 것이다. 따라서 달러화 중심의 국제통화체제의 변화가 필요하며, 그 대안으로 중립적인 단위인 SDR이나 금을 중심으로 한 국제통화체제를 도입하자는 주장이 제기되었다.[3]

하지만 적어도 현재까지는 이러한 전망이 실현되지 않았다. 앞에서 정리한 바와 같이 국제통화체제에서의 달러화의 위상에는 거의 변화가 없으며 오히려 강화되었다. 달러화의 가치는 위기 전에 비해 오히려 30%가량 상승했으며, 준비통화 중 달러화의 비중에도 큰 변화가 없었다. 그러면 예상과 달리 국제통화로서 달러화의 위상이 유지된 원인은 무엇일까?

첫째, 경쟁 통화였던 유로화의 위상 하락을 들 수 있다. 20세기 말 유럽의 경제통합이 심화되고 단일 통화가 도입되면서 유로화는 달러화와 경쟁할 수 있는 대안적 국제통화로 인식되었다. 그리고 달러화 대비 유로화의 가치도 금융위기 이전까지 상승하는 추세를 보였다. 하지만 금융위기가 유럽 국가에 심각한 금융적 충격과 실물 부문의 불황을 초래하자 유럽 경제통합의 취약점이 노출되었다. 이러한 균열은 자칫 유로화의 폐기와 유럽연합 체제의 분열로 이어질 수도 있음을 보여주었다. 통합된 유럽의 영향력과 견고함이

---

3) 저우샤오촨(周小川) 중국 인민은행 총재는 금융위기 직후인 2009년 초에 초국가적 기축통화로서 SDR의 역할을 확대하는 방안을 제안했다. 비슷한 시기에 프랑스의 니콜라 사르코지 대통령이나 브라질의 기두 만테가 재무 장관도 달러를 기축통화로 하는 국제통화체제의 개편 필요성을 역설했다. 그리고 2010년 말 당시 세계은행 총재였던 로버트 졸릭은 새로운 형태의 금본위 통화체제의 도입 필요성을 언급했다.

예상만큼 강하지 않음을 인식시킨 것이다. 대안적 통화의 힘이 약화되자 달러화의 상대적 영향력은 커질 수밖에 없었다.

둘째, 금융위기 이후 지속된 국제금융 시스템 전반의 불안정도 달러화의 위상을 오히려 강화하는 결과를 낳았다. 금융 불안은 안전 자산(혹은 통화)으로의 쏠림 현상을 낳았는데, 유일하게 의미 있는 경쟁 통화인 유로화에 대한 신뢰가 크게 흔들리자 기존의 최우량 통화인 달러화에 대한 선호가 더욱 강해질 수밖에 없었다. 국제통화체제에서는 과거의 행태를 계속 유지하려는 소위 관성효과(inertia effect)가 강하게 작용하는 것으로 알려져 있는데, 금융위기도 이런 관성효과를 역전시킬 만큼 강한 충격은 되지 않았다.[4]

셋째, 하지만 미국 경제가 심도나 지속성 측면에서 유로존과 유사한 정도의 위기를 겪었다면 달러화도 쉽게 대안이 되기 어려웠을 것이다. 그런 점에서 미국이 금융위기를 비교적 단기간에 성공적으로 극복한 것도 달러화의 위상을 유지하는 데 결정적인 원인이 되었다. 금융위기 직후인 2008년 10월 미국은 부실 금융기관을 구제하기 위해 약 7000억 달러 규모의 부실 자산 구제 프로그램(TARP: Troubled Asset Relief Program)을 도입했다. 그리고 실물경기의 악화를 방지하기 위해 오바마 정부는 '신뉴딜 정책'이라고 불리는 과감한 경기부양 조치를 실시했다. 이는 재정지출 확대와 조세 감면을 주된 내용으로 하는 확장적 재정정책으로 미국 GDP의 5.4%에 해당하는 규모였다. 그 결과 2009년 미국의 경제성장률은 -2.8%에 그쳐 유럽이나 일본에 비해 경기 둔화 폭이 훨씬 작았다(〈그림 2-6〉 참조).

넷째, 무엇보다도 금융위기 이후 미국 경제가 보여준 상대적 강건성은 달

---

4) 아이컨그린과 치투 그리고 멜은 준비통화 구성에서 이런 관성효과가 1973년 달러화의 금태환 중지, 즉 브레튼우즈 체제의 붕괴 이후 오히려 더 강화되었다고 분석한다(Eichengreen, Chitu and Mehl, 2014). 다시 말해서 지배적 통화를 계속 보유하려는 성향이 오히려 강해졌다는 뜻이다.

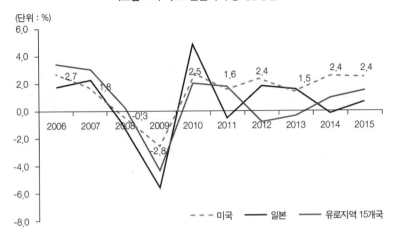

〈그림 2-6〉 주요 선진국의 경제성장률

(단위 : %)

자료: OECD Database(2016).

러화에 대한 신뢰를 유지하는 데 결정적인 요인이 되었다. 금융위기 이후 2012년까지 세계 경제에 나타난 가장 큰 구조적 변화 중 하나는 중국 등 신흥국 경제의 빠른 회복과 경제적 비중의 증가였다. 하지만 선진국들만 본다면 미국의 경제 회복은 유럽이나 일본에 비해 훨씬 견고하고 지속적이었다. 유로존은 재정위기로 인해 2012년에는 마이너스 성장을 기록했고, 유로화 절하의 혜택을 누렸던 독일도 침체를 피할 수 없었다. 일본은 금융위기 이후에도 장기 불황 추세에서 벗어나지 못했다. 이에 비해 미국은 〈그림 2-6〉에 나타난 바와 같이 2010년 이후 1.5~2.5% 수준의 성장률을 꾸준히 유지했다.

다른 선진국과 달리 미국이 양호한 성장률을 유지할 수 있었던 이유 중하나는 과감한 정책적 대응이었다. 미국은 확장적 재정정책을 사용할 수 있는 여력을 여전히 가지고 있었다. 유럽의 경우 재정위기와 유로존의 재정준칙 때문에 확장적 재정정책을 사용할 수 없었다. 그리고 일본 역시 국가

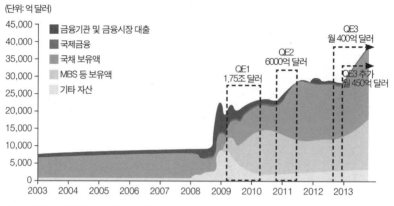

〈그림 2-7〉 미국의 양적 완화와 FRB의 자산 추이

자료: 박성욱·박종상(2014)에서 재인용.

채무비율이 이미 200%를 상회하고 재정 적자가 심각해, 불황에도 재정지출
을 크게 확대하기 어려웠다. 미국은 국가채무한도 확대나 감세를 둘러싼 정
치적 갈등은 있었지만, 정부 지출 확대나 감세를 어렵게 하는 심각한 경제적
제약 요인은 없었다. 한편 통화정책 측면에서도 양적 완화(QE: Quantitative
Easing)라는 매우 과감한 비전통적 통화정책을 사용했다(〈그림 2-7〉 참조).[5]
중앙은행인 연방준비은행(FRB: Federal Reserve Bank)의 자산 규모를 획기적
으로 증가시킨 양적 완화 정책은 금융위기 이후 금융경색을 해소하고 시장
금리를 인하해 주택시장을 회복하는 데 기여했다. 또한 제로 금리정책과 통
화정책의 '선제 지침(forward guidance)'은 정책 일관성에 대한 시장의 신뢰

---

5)　FRB는 금융위기 이후 기준금리를 빠르게 인하했는데 2008년 12월에는 기준금리를 최저
　　수준인 0~0.25%로 낮췄다. 추가적인 금리 인하 여력이 없어지자 2009년 3월부터 민간 금
　　융기관에서 ABS나 국채 등 금융자산을 직접 매입하는 양적 완화를 실시했다. 양적 완화 정
　　책은 2011년 11월과 2012년 9월에 다시 실시되어 모두 세 차례 이루어졌다. 한편 2012년
　　12월 벤 버냉키 FRB 의장은 "물가상승률이 2.5% 미만을 유지하는 상태에서 실업률이
　　6.5%까지 떨어질 때까지는 이자율을 인상하지 않겠다"라는 통화정책의 지침을 선제적으
　　로 제시했다.

를 형성해 투자의 회복과 주가 상승에 기여한 것으로 판단된다.[6]

미국의 양적 완화 정책이 외국에 미친 영향은 논란거리 중 하나다. 즉, 자국의 수출 확대를 위해 환율절하를 유도하려는 소위 환율전쟁 혹은 근린궁핍화정책이 아닌가 하는 점이다. 이런 논란은 비단 미국에 국한된 것이 아니다. 유로존과 일본도 각각 2012년부터 적극적인 통화팽창 정책을 사용했기 때문이다. 그런데 적어도 미국의 경우, 양적 완화의 핵심적 목표는 국내 신용 경색 해소와 시장금리 인하를 통한 지속적 경기회복이었다. 그리고 이런 과감한 유동성 공급은 1930년대 대공황기의 경험에서 얻은 교훈이라고 할 수 있다. 1930년대 초 심각한 경기침체와 금융기관의 파산이 이어지는 상황에서 중앙은행이 최종 대부자로서 충분한 유동성을 공급하지 않은 것이 대공황을 심화한 원인이 되었다. 벤 버냉키 전 FRB 의장은 대공황을 연구한 학자로서 이러한 현상을 잘 이해하고 있었고, 이런 오류를 반복하지 않기 위해 과감한 통화팽창을 지속적으로 펼쳤다고 할 수 있다.[7] 다시 말해서 환율절하를 통한 수출 확대가 양적 완화의 일차적 목표는 결코 아니었다. 양적 완화 초기에 브라질을 비롯한 일부 국가가 근린궁핍화 효과를 우려하기도 했지만, 만약 미국이 경기회복에 실패했더라면 미국 교역 상대국의 경제는 더욱 심각한 침체를 맞았을 것이다. 그런 점에서 미국의 양적 완화를 환율전쟁으로 해석하는 것은 바람직하지 않다.

그럼에도 1·2차 양적 완화가 달러화 가치의 하락을 불러온 것은 분명해

---

6) 미국의 비전통적 통화정책의 효과에 대해서는 다양한 연구가 이루어졌는데, 간결한 평가로는 Rosengren(2015)을 참조할 수 있다.

7) 대공황 심화의 원인을 잘못된 통화정책에 따른 유동성 공급의 부족으로 설명하는 대표적인 연구로는 Friedman and Schwartz(1963)가 있다. 벤 버냉키는 2002년 11월 밀턴 프리드먼의 90회 생일 기념 학술 대회에서 이 책의 분석에 강한 공감을 표시하는 연설을 한 바 있다. 이 연설문은 프리드먼·슈워츠(2010)에 실려 있다.

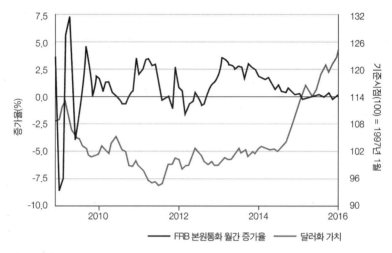

〈그림 2-8〉 FRB의 본원통화 증가율과 달러화 가치의 추이

자료: Board of Governors of the Federal Reserve System.

보인다. 〈그림 2-8〉에서 볼 수 있듯이 FRB 본원통화의 증가율이 높으면 달러화 가치도 하락하는 경향이 나타났다. 하지만 3차 양적 완화 시기(2012년 9월~2014년 10월)에는 이런 경향이 발견되지 않았으며 오히려 달러화 가치가 상승하는 추세가 나타났다.

금융위기 이후 소위 글로벌 불균형, 즉 국제적 차원에서의 경상수지 불균형이 크게 축소된 것도 주목할 만한 변화다. 위기 이전 중국의 막대한 경상수지 흑자와 미국의 대규모 적자는 세계 경제의 잠재적 불안 요인으로 지목되었다. 그리고 미국의 증가하는 경상수지 적자는 달러화 약세의 원인이 되었다. 하지만 〈그림 2-9〉에 나타난 바와 같이 양국의 경상수지 불균형은 위기 이후 모두 크게 줄어들었다. 미국의 경상수지 불균형 축소는 달러화의 가치 하락을 억제하고 위상을 유지하는 데 도움이 되었을 것이다. 글로벌 불균형의 축소에는 위기 이후 국제무역의 위축, 위안화 실질환율의 절상, 미

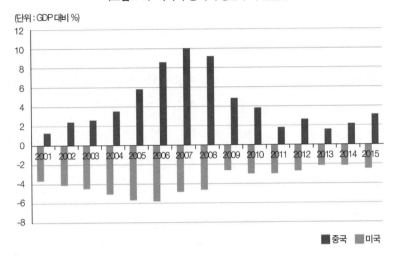

〈그림 2-9〉 미국과 중국의 경상수지 불균형

(단위 : GDP 대비 %)

주: 2014~2015년은 추정치임.
자료: IMF World Economic Outlook(2015).

국의 제조업 수출 증가, 에너지 등 1차 산품 가격의 하락 등이 복합적으로
작용한 것으로 판단된다. 따라서 향후 세계 경제가 본격적으로 회복되고 1차
산품 가격이 다시 상승하면 경상수지 불균형이 다시 확대될 수도 있다.

마지막으로, 달러화의 강세와 국제통화로서의 위상 유지에는 미국 경제
의 강건성을 뒷받침하는 구조적인 요인이 작용하고 있다고 보아야 할 것이
다. 우선 금융위기 이후 미국 제조업은 다시 경쟁력을 회복하는 모습을 보
였다. 제조업은 성장률도 높았을 뿐만 아니라 경제에서 차지하는 비중도 올
라가고 수출도 증가했다. 소위 이런 제조업 부활의 배경에는 달러화의 실질
실효환율 하락, 셰일가스 혁명으로 인한 에너지 가격의 하락, 위기 이후 구
조조정 과정에서 나타난 단위 노동비용의 절감이 기여한 것으로 분석되었다
(Celasun et al., 2014). 특히 금융위기 직후 미국에서 생산이 급격히 증가한
셰일가스가 미국의 경제성장에 기여했을 것이라는 평가가 많다.[8] 국제 에

너지 시장 구조에 큰 변화를 가져온 셰일가스는 관련 산업의 투자를 촉진한 것은 물론이고 미국의 에너지 가격과 생산 비용 절감을 통해 성장에 기여한 것으로 평가된다. 더욱 주목할 것은 미국이 가진 혁신 능력이다. 페이스북을 비롯한 소셜 네트워크 서비스(SNS)에서의 혁신뿐만 아니라 소위 4차 산업혁명을 주도하는 새로운 기술혁신 중 많은 부분이 미국에서 이루어지고 있다. 3D 프린터, 사물 인터넷(IoT), 로봇 산업, 무인 자동차, 드론, 우주산업 등에서 미국이 보여주고 있는 혁신 능력은 미국 경제의 잠재력을 세계에 다시 상기시키고 있다. 결국 금융위기 이후 미국 경제의 회복 과정은 미국이 가진 다양한 강점, 즉 기업의 혁신 역량, 대규모 R&D 투자, 우수하고 창의적인 인력의 흡입, 혁신을 뒷받침하는 금융 및 사업 서비스의 경쟁력 등을 다시 주목하도록 하고 있다.

4. 유로화의 취약성

글로벌 금융위기 이후 국제통화로서의 신인도에 가장 큰 타격을 받은 것은 유로화다. 이는 무엇보다도 장기간 지속되고 반복된 남유럽 국가들의 재정위기와 그로 인한 유럽 전체의 경기 부진 때문이었다. 이는 단순히 일부 국가의 재정위기나 불황의 문제가 아니라, 유로존 혹은 유럽연합 체제가 근본적 결함 혹은 취약성을 안고 있다는 불신의 문제라고 할 수 있다.

유럽 재정위기는 2010년 1월 그리스에서 시작되어 11월에는 아일랜드로,

---

8) 미국의 셰일가스 생산량은 2007년 7월 하루 평균 약 50억 입방피트였는데, 2015년 7월에는 400억 입방피트 이상으로 8배가량 증가했다. 그 결과 2012년 초 미국의 천연가스 가격은 일본(아시아)의 13%, 유럽의 20% 정도에 불과했다. 하지만 이런 셰일가스의 효과가 성장과 생산성에 미치는 효과는 매우 작을 것이라는 반론도 있다(Mathieu et al., 2014).

2011년 4월에는 포르투갈로 확대되었다. 그리고 같은 해 7월과 12월에는 이탈리아와 스페인으로 위기가 확산될 위험에 직면했다. 위기의 원인이나 심도는 국가마다 다소 차이가 있지만, 기본적으로는 글로벌 금융위기 이후 심각한 경기침체 및 부동산 시장의 침체로 정부의 재정 적자와 국가 채무 비중이 급증한 것이 원인이었다. 아일랜드를 제외한 남유럽 국가들은 위기 이전부터 만성적인 재정 적자를 기록하고 있었다. 그런 상황에서 금융위기 이후 경기침체로 세수가 급감했으며, 무엇보다 부동산 버블이 붕괴하면서 많은 은행이 부실화되었다. 은행에 대한 정부의 구제금융은 정부의 우발채무를 크게 증가시켰다. 위기 이전 50~60% 수준에 머물던 GDP 대비 국가 채무 비율은 단숨에 100% 이상으로 올라갔다. 국채의 정상적 상환에 대한 시장의 신뢰가 흔들리면서 국채금리가 급등하는 형태로 위기가 전개되었다.

이러한 위기에 대응해 IMF와 유럽연합은 그리스, 아일랜드, 포르투갈에 공동 구제금융을 제공했으며, 유럽중앙은행(ECB: European Central Bank)은 취약국의 국채매입프로그램(SMP: Security Market Program)을 실시했다. 이 세 나라가 유럽연합에서 차지하는 비중은 2% 미만이었지만, 뒤이은 스페인과 이탈리아의 경제 규모는 훨씬 컸기 때문에 구제금융 방식의 지원은 더 이상 불가능했다. 그리고 양국의 은행 부실화는 유럽 은행 시스템 전반의 위기를 야기할 수밖에 없었기 때문에 더욱 과감한 조치가 불가피했다. 결국 2011년 12월 말 ECB는 장기대출프로그램(LTRO: Long Term Refinancing Operation)을 통해 4890억 유로를 유로존 은행에 공급했다. 그리고 2012년 2월 말에는 5295억 유로 규모의 2차 LTRO를 실시했다. 이는 유럽판 양적 완화였다. 이런 양적 완화 덕분에 은행들은 유동성 부족을 해결했다. 자금의 일부로 취약국가의 국채를 매입하자 국채금리도 일시적으로 하락했다. 하지만 금융 불안은 곧 재발했으며 그리스 총선을 둘러싸고 그리스의 유로존 탈퇴 가능성이 고조되었다. 이에 대응해 ECB는 더욱 과감하고 직접적인 조치를 취할 수밖에 없었다. ECB는 2012년 9월 초, 위기 국가의 국채를 무제한 매입하는 무제한 국채매입프로그램(OMT: Outright Monetary Transaction)을 발표했다. 이는 기존 SMP의 확장된 형태라고 할 수 있다.[9] OMT로 유럽 재정위기는 일단 표면적으로는 진정되었다. 하지만 3년간 지속된 유럽의 재정위기는 한편으로는 세계 경제를 재침체(double dip)의 위험에 노출시켰다. 그리고 다른 한편으로는 유로 체제가 안고 있는 몇 가지 심각한 결함을 드러내고 유로화에 대한 신인도를 크게 손상시켰다.

우선 남유럽의 재정위기는 유로존 내에 심각한 구조적 불균형이 존재한다는 것을 드러냈다. 경제통합의 심화와 통화 통합을 위해 유로존 회원국들은 국가 간 경제적 격차 축소를 위한 소위 수렴 기준(convergence criteria)을 충족할 것을 요구받았다. 수렴 기준에는 재정수지, 인플레이션, 이자율, 환율 안정성 등이 포함되었다. 유로존은 이런 수렴 기준들을 충족한 국가들로 구성되어 있기 때문에 모든 회원국의 경제적 조건은 유사한 것으로 평가되었다. 혹은 유로존 전체가 동질적인 하나의 경제단위로 인식되었다. 이런 인식을 보여주는 대표적인 지표가 유로존 회원국의 국채금리의 수렴이다. 〈그림 2-10〉에 나타난 바와 같이 1999년 유로화가 도입되기 이전에 회원국간 국채금리에서는 상당한 스프레드가 있었지만 유로화 도입과 더불어 금리는 거의 단일화되었다. 하지만 재정위기를 거치면서 회원국 간 경제가 동질적이라는 인식은 착각이며 금융시장이 그 차이를 구별하지 못한 것은 일종의 시장실패라는 사실이 드러났다. 재정위기 이후 국채금리는 다시 큰 폭의 스프레드를 보였다.

---

9) 유럽 재정위기에 대응한 유럽중앙은행의 조치들에 대해서는 강유덕(2014)을 참조.

〈그림 2-10〉 유로존의 국채금리 추이

(단위 : %)

유로화 도입 이전 · 유로화 도입 이후 · 금융위기 이후

그리스
포르투갈
아일랜드
스페인
이탈리아
프랑스
독일

자료: 강유덕(2014: 49)에서 재인용.

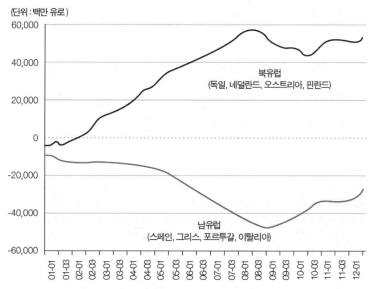

〈그림 2-11〉 유로존 지역별 경상수지 규모

(단위 : 백만 유로)

북유럽
(독일, 네덜란드, 오스트리아, 핀란드)

남유럽
(스페인, 그리스, 포르투갈, 이탈리아)

주: 가로축의 '01-01'은 2011년도 1분기를 뜻함.
자료: 강유덕(2013: 6).

그런데 더욱 심각한 문제는 이러한 국가 간 차이가 단순히 재정 관리 건전성의 차이에 국한되는 것이 아니라는 점이다. 근본적 원인은 남유럽과 북유럽 사이의 경쟁력의 차이에 있다는 것이 일반적인 평가다. 이는 두 지역 간의 경상수지 불균형을 통해서 확인할 수 있다. 〈그림 2-11〉과 같이 남유럽은 경상수지 적자, 북유럽은 흑자라는 구조적 불균형이 존재하며 그 격차는 통화 통합 이후 오히려 확대되었다. 따라서 남유럽의 재정위기는 경상수지 위기 혹은 경쟁력 위기의 다른 형태라고 할 수 있다.[10] 결국 유로존은 국가 간 혹은 지역 간 심각한 경제적 불균형을 내포하고 있으며 이 불균형을 조정하지 못할 경우 위기에 직면할 수 있음이 드러난 것이다.

그런데 통화동맹(monetary union)인 유로존은 이런 불균형을 조정하는 데 큰 한계를 지니고 있다. 일반적으로 경상수지 불균형을 조정하는 가장 유력한 변수는 환율이다. 유로존 전체는 다른 통화와 유로화의 환율을 통해 불균형을 조정할 수 있지만, 유로 지역 내부의 불균형은 환율을 통해 조정할 수 없다. 즉, 남유럽 국가들은 유로 가입과 동시에 경상수지 적자의 조정에 사용할 수 있는 변수를 하나 상실한 것이다. 남은 변수는 소득과 물가다. 즉, 국내 소비 및 재정지출의 축소, 그리고 물가 및 임금 하락을 통해서 경상수지 적자를 줄여야 하는 것이다. 그런데 이 과정은 경제의 긴축을 통해 균형을 달성하는 일종의 축소균형화로 경기침체를 불러올 수밖에 없다. 실제로

---

10) 어느 나라가 재정 적자와 국가 채무가 상당하다 하더라도, 국채가 국내에서 대부분 소화된다면 재정위기에 빠질 가능성은 매우 낮다. 하지만 국채가 자본 유입을 통해 외국인에 의해 소화될 수밖에 없으면 위기의 가능성은 그만큼 높아진다. 순자본 유입은 결국 경상수지 적자를 의미한다. 재정위기와 경상수지의 관계는 일본이 200%가 넘는 국가 채무 비율에도 재정위기를 겪지 않는 데서 확인할 수 있다. 옵스트펠드는 많은 위기에서 경상수지 적자가 갖는 중요성을 새삼 강조하고 있으며(Obstfeld, 2012), 박복영·송원호는 경상수지 적자가 재정위기의 중요한 결정 요인임을 실증분석을 통해 증명하고 있다(박복영·송원호, 2011). 한편 벨케와 드레거는 유로존의 경상수지 불균형이 일차적으로 경쟁력 차이에서 비롯되었음을 보여주고 있다(Belke and Dreger, 2013).

2010년 이후 남유럽 국가들은 심각한 경기침체를 겪었으며, 결국 그 여파는 다른 회원국으로 확산되었다. 유로존이 재정위기의 해법을 이런 축소균형으로 선택한 것은 유럽 경제의 장기 침체와 디플레이션 위험의 일차적 원인이 되었다.

유로 체제의 특징 중 하나는, 통화는 통합되었는데 재정은 통합되지 않았다는 것이다. 재정은 통화에 비해 훨씬 더 정치적인 영역이기 때문에 실질적인 정치 통합이 이루어지지 않는 한 재정 통합은 이루어지기 힘들다. 그런데 유로 체제에는 재정의 건전성을 규율할 수 있는 실질적 메커니즘이 존재하지 않는다. 회원국 간 조정과 분담의 방법은 없으며 유일한 메커니즘은 안정성장협약(SGP: Stability and Growth Pact)에 명시된 대로 재정 적자 비율이 3%를 초과하는 국가에 제재를 가하는 것이다. 그런데 이마저도 실제로 이루어진 경우가 없었다. 결국 다른 회원국의 재정 적자를 분담하겠다는 공동 의지의 형성, 즉 실질적인 정치 통합에 진전이 없는 한 이 문제는 해결되기 어려울 것이다.[11]

앞에서 설명한 바와 같이 미국 실물경제의 견조한 성장이 달러화의 가치를 뒷받침하는 기본적 힘이라고 한다면, 반대로 유럽 경제의 장기 침체는 유로화 가치 하락의 주된 요인 중 하나다. 국가가 발행한 채권의 상환 여부가 불분명한 국가 채무위기(sovereign debt crisis) 혹은 재정위기는 개도국에서는 빈발했지만, 선진국에서 발생한 것은 거의 한 세기 만의 일이었다. 라인하트와 로고프의 표현을 빌리면, 선진국 재정위기는 "잊힌 역사(forgotten history)" 같은 것이었다(Reinhart and Rogoff, 2011). 이 위기에 대해 유럽은 긴축으로

---

11) 유럽연합은 2011년 12월에 소위 신재정협약을 통해 재정 불건전 회원국에 대한 제재를 강화하기로 합의했지만 실효성은 여전히 의문이다. 좀 더 근본적인 처방으로 일각에서는 유럽연합이나 유로존 단위의 공동 국채 발행 필요성이 제기되기도 했지만 공식적으로 논의되지는 못했다.

대응했으며 축소균형을 통해 장기간의 경기침체로 이어지게 되었다. 위기 과정에서 독일을 비롯한 중부 및 북유럽의 과감한 재정 확대를 요구하는 목소리도 있었지만, 재정 건전성에 대한 시장의 우려와 국내의 정치적 반대 때문에 실현되지 못했다. 재정정책은 경기회복의 수단이 되기는커녕 위축의 원인이 되었다. 그 결과 유로존은 2012~2013년에 마이너스 성장률을 기록했고, 2014년에는 성장률이 1%에도 미치지 못하는 부진을 겪었다.

이런 상황에서 금융시장의 안정과 경기회복을 위해 사용할 수 있는 정책 수단은 통화정책뿐이었다. ECB는 2011년 이후 기준금리를 계속 단계적으로 인하했으며, 2014년 6월에는 시중은행의 예금에 대해 마이너스 금리를 적용하기 시작했다.[12] 즉, 기준금리의 정책 수단은 거의 소진되었다. 이와 더불어 앞서 설명한 양적 완화 정책을 실시했다. 이에 따라 〈그림 2-12〉와 같이 ECB의 본원통화가 증가했다. 그럼에도 경기회복의 기미는 미약했고, 인플레이션율은 오히려 계속 하락해 2014년부터는 1% 미만으로 떨어졌다 (〈그림 2-13〉 참조). 통화량은 증가했지만 경기와 물가 회복이 부진해서 향후 상당 기간 금리 인상을 기대하기 어려운 실정이다. 이런 상황에서 유로화의 약세는 불가피하다.

그런데 유로존은 정치적 측면에서 오히려 더 심각한 취약점을 갖고 있었다. 우선 위기 대응 과정에서 유럽연합 및 유로존 내부의 복잡하고 긴 정치적 의사 결정 과정이 지닌 문제점이 드러났다. 만장일치 또는 가중 다수결

---

12) 2014년 하반기 이후 ECB를 포함한 유럽의 몇몇 중앙은행들이 마이너스 예금금리를 적용하기 시작했는데, 이는 무엇보다 디플레이션 위험에 대비하기 위한 것이었다. 세계 경제의 침체 심화와 국제 유가의 급락으로 물가상승률이 0.5%에 근접하는 등 특히 유로존에서 디플레이션 위험이 고조되었다. 따라서 ECB의 양적 완화는 기본적으로 금융시장 안정을 목표로 한 것이며, 마이너스 금리는 디플레이션에 대한 대응이므로 소위 환율전쟁으로 해석하는 것은 균형 잡힌 평가라고 하기 어렵다.

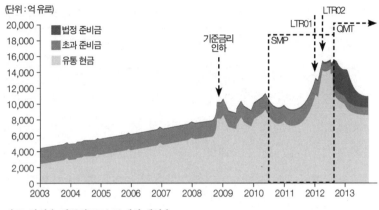

〈그림 2-12〉 ECB의 본원통화 규모 추이

(단위 : 억 유로)

자료: 박성욱·박종상(2014:16)에서 재인용.

〈그림 2-13〉 유로존의 인플레이션율

(단위 : %)

주: 유로존 18개국 기준, 에너지 및 식료품을 제외한 소비자물가지수.
자료: Eurostat.

원칙에 입각한 결정 때문에 대응 조치가 알맞은 시기에 이루어지지 않았다. 정상들이 합의를 했다고 해도 국내 의회에서 동의를 구하는 절차가 남아 있었다. 나아가 많은 유럽 국가들이 연립정부를 구성하고 있었기 때문에 연정에 참가한 정당 일부가 반대하면 다시 합의가 무산될 위기에 직면했다. 복잡한 정치적 과정은 유럽연합의 위기관리 능력에 의심을 갖게 했으며, 이는 앞으로도 유로화 가치의 안정을 위협하는 요인이 될 것이다.

다른 심각한 문제는 취약하고 불량한 국가를 국부적으로 구제하거나 통화동맹체제에서 배제하는 것이 거의 불가능하다는 점이다. 구제할 경우 무임승차 문제가 다른 나라로 확대되어 제어하기 어렵게 된다. 반대로 불량한 국가를 탈퇴시킬 경우, 사태는 거기에 그치지 않고 다른 취약국이 다시 투기적 공격에 노출될 가능성이 높다.

이런 사태는 결국 유로 체제 전반에 대한 신뢰의 위기로 발전할 것이다. 2015년 그리스의 급진좌파연합 시리자가 유로존의 탈퇴를 주장할 때, 유럽연합이 그것을 방치할 수도, 제재할 수도 없는 상황에서 유로 체제 전체가 위협을 받았던 사례가 이를 잘 증명한다.[13]

그리스와 같은 소위 '방탕한(undisciplined)' 국가의 무임승차 행위를 제어할 방법이 없는 상황에서는 국가 간 반목과 불신이 확대될 수밖에 없다. 금융위기 이후 독일과 남유럽 사이에 갈등과 불신은 계속 고조되었다. 심화된 통합의 정치적 기초라고 할 수 있는 유럽적 일체감은 오히려 크게 약화되고 국가적 이익이 더욱 우선시되었다. 때로는 국내의 정치적 이해관계 때문에 위기 극복과 통합에 필요한 조치들이 이루어지지 못하기도 했다.[14] 이것은 통합 정신의 급격한 후퇴라고 할 수 있다.[15] 위기 과정에서 드러난 유로존

---

13) 유로존이 안고 있는 이런 근본적 문제에 대해서는 Lane(2012)을 참조할 수 있다.
14) 독일 메르켈 총리가 총선을 앞둔 시점에서 국내 정치적 이해관계 때문에 그리스 구제금융 협상에서 결코 양보하지 않았던 것이 한 가지 예다.
15) 빌피샤우스카스는 유럽위기를 거치면서 통합에 대한 관대한 공감대는 약화되고 지역 간 간극이 확대되었으며, 이것이 위기 대응의 제약 요인이 되었다고 평가한다(Vilpišauskas,

의 구조적 문제점들을 극복하기 위해 유럽연합이 유럽 통합을 재정 동맹 (fiscal union)이나 은행 동맹(banking union)으로 더 확장할 것이라는 낙관론도 존재한다. 하지만 통합의 정신이 크게 약화된 상황에서, 또한 이번 위기 경험을 통해 위기 시 우량 국가가 지게 될 부담을 예상할 수 있게 된 상황에서, 통합의 심화가 실현될지는 의문이다.

결국 유로존이 재정위기를 겪고 그것을 극복하기 위해 통화를 증발했다는 것이 문제가 아니라, 유로 체제가 가진 제도적이고 구조적인 취약점이 노출되었다는 것이 더욱 근본적인 문제다. 이것은 앞으로 유로화가 대안적인 국제통화로서 성장하는 데 매우 심각한 제약 요인이 될 것이며 쉽게 해결하기 어려울 것이다.

5. 위안화의 도전

글로벌 금융위기 이후 국제 환율·통화체제의 측면에서 가장 큰 변화는 중국 위안화에서 나타났다고 할 수 있다. 이 기간에 중국 위안화의 가치와 위상은 크게 변화했고, 중국 정책 당국은 환율 및 통화체제와 관련해 다양한 제도적 변화를 꾀했다. 역시 가장 주목할 만한 정책은 위안화의 국제화, 즉 국제통화로서 위안화의 위상과 기능을 강화하기 위한 전략적 노력이었다.

먼저 위기 이후 위안화 환율의 변동을 살펴보면, 위기 이후 2013년까지 위안화의 안정적 절상, 그리고 2014년 이후 절하 추세로의 반전과 환율변동성 확대로 요약할 수 있다(〈그림 2-4〉 참조). 2008년 금융위기가 발생하자 중

2013).

국은 통화 바스켓에 기초한 기존의 관리변동환율제도를 달러화에 대한 고정환율제도로 전환했다. 즉, 위안화 환율은 달러당 6.83위안으로 고정되었는데, 이는 국제금융시장 불안정에 따른 환율 급변을 차단하기 위한 것이었다. 위기가 진정된 2010년 6월에는 기존의 관리변동환율제도로 복귀했다. 그후 3년 동안 점진적인 절상이 이루어졌는데 이는 2005년 이후의 위안화 절상 정책을 계속 이어간 것이다. 중국이 위안화 절상을 8년간 계속한 것은 결국 지속적인 대규모 경상수지 흑자와 외환보유고 확충에 따른 자신감의 반영이었다. 또한 대중 무역 적자 축소를 위한 미국의 위안화 절상 압력 요구를 수용하는 과정이기도 했다.[16] 이를 통해 중국은 세계 중추국의 하나로 책임을 다한다는 이미지를 구축하고 위안화의 국제적 위상도 높일 수 있었다. 한편 국내 물가 상승 압력도 강하게 존재했기 때문에 인플레이션 억제를 위해서도 환율절상이 필요했다. 또한 수출 주도형 경제에서 내수 중심 경제로 전환하겠다는 장기적 경제 전략에도 부합했다.[17]

하지만 2013년 말 미국의 양적 완화 축소, 즉 테이퍼링(tapering)이 시작되자 위안화 시장환율은 절하로 급속히 반전되었다.[18] 미국의 금리 인상은 가시화되는 반면, 중국의 경기는 예상보다 빠른 속도로 둔화되고 있었기 때문에 시장은 중국 당국이 위안화 절상을 더 이상 지속하기 어려울 것으로 판단했다고 볼 수 있다. 2014년 중국의 성장률은 목표한 7.5%보다 낮은 7.3%를

---

16) 이 시기 위안화의 절상에 대한 더욱 자세한 분석은 조종화 외(2010)를 참조할 수 있다.

17) 중국은 2010년 10월, 공산당 제17기 중앙위 5차 전체 회의에서 12차 5개년 계획(2011~2015년)을 확정했는데, 이 계획의 5대 핵심 원칙 중 하나가 내수 위주 경제로의 전환을 내용으로 하는 경제구조의 전략적 조정이었다. 이에 대한 자세한 내용은 지만수 외(2010)를 참조.

18) 2014년 1~2월 위안화 시장환율은 달러당 6.05위안에서 6.25위안으로 3% 이상 가파르게 절하되었다. 중국 외환 당국도 이를 반영해 고시환율을 절하했지만 그 폭은 시장환율보다 훨씬 완만해 1%에도 미치지 않았다.

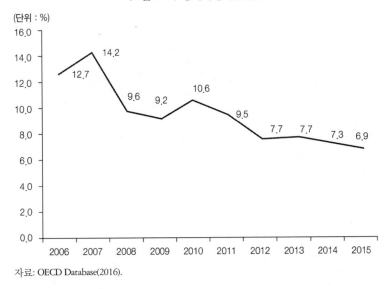

〈그림 2-14〉 중국의 경제성장률

(단위 : %)

자료: OECD Database(2016).

기록했으며, 이에 대응해 하반기부터는 인민은행의 기준 대출금리를 단계적
으로 인하하기 시작했다. 이는 곧 미국과 중국의 기준금리가 서로 반대 방향
으로 변화하기 시작했음을 의미했다. 양국의 경기가 탈동조화를 넘어 반대
로 움직이는 상황에서 달러화 대비 위안화의 절하는 불가피했다고 할 수 있
다. 〈그림 2-15〉에 나타난 바와 같이 시장환율은 이런 예상을 이미 반영하
고 있었다. 결국 중국 외환 당국은 2015년 8월 11~13일 고시환율을 4.4% 절
하하는 조치를 취했다.[19]

2015년 8월 위안화의 대폭적인 평가절하는 중국 외환 당국에 의한 시장
의 절하 압력 수용 이상을 의미했다. 왜냐하면 고시환율의 절하폭이 시장환
율과의 괴리를 넘어서는 수준이었기 때문이다. 이것은 무엇보다 과거 10여

<hr />

19) 위안화 고시환율은 8월 10일 달러당 6.162위안에서 13일에는 6.401위안으로 상승했다
(〈그림 2-17〉 참조).

〈그림 2-15〉 위안화 시장환율 및 고시환율 추이

(단위 : 위안/달러)

주: 역축으로 상승이 위안화 절상을 의미.
자료: Reuters.

〈그림 2-16〉 위안화의 실질실효환율

자료: BIS REER Database(2016).

년간 미국의 압력으로 지속된 위안화 절상 조치를 이제 중지하는 것을 의미했다. 위기 이후 위안화의 실질실효환율(REER: Real Effective Exchange Rate)은 약 30% 절상되었으므로 미국의 요구를 충분히 수용했다고 할 수 있다(〈그림 2-16〉 참조).[20] 또한 앞에서 언급한 바와 같이 경기변동과 금리 변화가 미국과 탈동조화된 상황에서, 달러화에 실질적으로 연계된 환율 수준을 유지할 수 없음을 의미했다. 그리고 중국은 급격한 수출 둔화를 고려했을 것이다.[21] 중국의 위안화 평가절하는 미국 경제와의 탈동조화에 따른 불가피한 측면이 강하지만, 환율절하를 통해 수출 회복을 꾀하려는 환율전쟁의 요소도 내포하고 있는 것으로 보인다. 8월의 대폭적 평가절하는 그 이후 위안화 환율의 불안을 야기한 결정적 계기가 되었다.

다음으로 중국의 외환 및 자본 이동과 관련된 제도 변화를 살펴볼 필요가 있다. 제도 변화는 크게 환율제도 변경, 자본자유화, 그리고 위안화 국제화의 세 측면에서 나타났다. 이 세 가지는 서로 연결된 문제인데, 모두 국제금융 시스템에서 중국의 영향력을 높이고 국제통화로서 위안화의 위상을 높이는 데 궁극적인 목적이 있다고 할 수 있다. 일반적으로 개도국이 산업화를 시작할 때는 국가 개입을 통해 실물 부문에 자원을 효과적으로 동원하고, 금융 부문의 교란 요인을 최소화하기 위해 금융에 다양한 통제와 규제를 부과한다. 소위 이런 금융 억압(financial repression)은 국내 금융뿐만 아니라 국제금융 분야에서도 이루어진다. 환율변동이나 자본 이동의 제한이 대표적이라고 할 수 있다. 지난 30여 년간 산업과 무역에서는 중국의 국제적 비중이 크게 증

---

20) 글로벌 불균형 억제를 위해 위안화 절상이 필요하다고 진단하는 미국의 연구들은 2008년을 전후해 위안화가 약 30% 저평가되어 있다고 주장했다. 이에 관해서는 Goldstein and Lardy(2009), Cline and Williamson(2010), Ahmed(2009)를 참조.

21) 중국의 수출증가율은 2013년 이후 계속 하락해 2015년 7월에는 결국 전년 동월 대비 8.6% 감소한 것으로 나타났다.

연도	환율제도	변경 내용
1988~1993	이중환율제도	대내 거래와 대외 거래에 차등 환율 적용
1994~2005	고정환율제도	환율 단일화, 달러당 8.28위안으로 고정
2005.7~2008.7	관리변동환율제도	복수통화바스켓제도, 1일 변동폭 ±0.3%
2007.5		1일 변동폭 ±0.5%로 확대
2008.7~2010.5	고정환율제도	달러당 6.83위안으로 고정
2010.6	관리변동환율제도	복수통화바스켓제도로 복귀, 1일 변동폭 ±0.5%
2012.4		1일 변동폭 ±1.0%로 확대
2014.3		1일 변동폭 ±2.0%로 확대
2015.8		대폭 평가절하(시장 상황 반영 확대 표명)
2015.12		실질적 복수통화바스켓제도 실시 발표

자료: 중국 당국의 발표 및 다양한 자료를 바탕으로 필자 정리.

대되었지만, 금융 억압으로 인해 국제금융 부문에서는 위상과 영향력이 낮은 상태였다. 글로벌 금융위기 이후 중국은 이런 비대칭성을 해소하는 데 역점을 두었으며, 앞에서 말한 제도 변화는 그런 정책적 시도를 의미한다.

우선 환율제도는 환율의 변동성을 확대하는 방향으로 이루어졌다. 위기 기간에 채택한 달러 페그제를 관리변동환율제로 변경한 것은 위기 이전으로 돌아가는 것을 의미했다. 하지만 〈표 2-1〉에 나타난 바와 같이 관리변동환율제하에서도 환율의 1일 변동폭은 계속 확대되었다. 이는 외환 당국이 환율의 대체적 수준을 관리하지만 시장 수급을 더 폭넓게 반영하겠다는 것을 의미한다. 이는 궁극적으로 변동환율제로 이행하기 위한 과도기적인 조치들이라고 할 수 있다. 하지만 관리변동환율제도의 근간에는 변화가 없으므로 획기적인 변화는 없었다고 해야 할 것이다.

자본자유화 진전을 위한 제도적 변화도 있었다. 중국은 1993년부터 위안화의 태환성을 실현한다는 목표 아래 자본자유화를 점진적으로 추진했다. 주목할 만한 변화는 2002년에 해외적격기관투자자(QFII: Qualified Foreign Institutional Investor)제도를 도입해 외국인의 국내 주식 투자를 매우 제한적으로 허용한 것이었다. 2006년에는 국내적격기관투자자(QDII: Qualified Domestic Institutional Investor)에게 해외 포트폴리오 투자를 제한적으로 허용했다. 도입 이후 중국은 양 제도의 쿼터를 점진적으로 확대하는 형태로 자본자유화를 진전시켰다. 금융위기 이후에도 이 쿼터들은 계속 확대되었다.[22] 그리고 2011년 말에는 외국인이 위안화로 중국 내 포트폴리오 투자를 할 수 있는 위안화역외적격외국인투자자(RQFII: Rinminbi Qualified Foreign Institutional Investor)제도를 도입하고 쿼터를 확대했다. 2014년 10월 홍콩과 상하이 간 상호 주식 투자를 허용하는 소위 후강통(滬港通)을 실시했다. 이러한 자본자유화 확대로 외국인이 보유한 위안화 금융자산의 규모가 증가했다.[23] 결국 자본자유화에서도 질적인 변화는 없었지만 양적으로는 자본 이동을 확대하는 방향으로 가고 있다.

금융위기 이후 국제금융 측면에서 중국의 가장 대표적인 정책은 위안화를 국제통화로 만들기 위한 소위 위안화 국제화 정책이다. 어느 통화가 국제통화가 되는 것은 시장의 자연스러운 선택 결과이지만, 그런 시장의 선택을 촉진하기 위한 정부의 정책적 노력도 이루어진다.[24] 통화는 국제적으로 크게 세 가지 용도로 사용될 수 있다. 첫째는 무역 결제 수단, 둘째는 금융자

---

22) 중국의 자본자유화 정책에 대해서는 박복영 외(2011)를 참조.

23) 2015년 4월 현재 외국인이 보유한 중국 내 위안화 금융자산은 약 3조 5300억 위안에 이르는데, 이는 16개월간 약 50% 증가한 것이다. 금융자산 중 주식이 18%, 채권이 21%, 예금이 61%를 차지한다(현대경제연구원, 2015: 5).

24) 통화 국제화를 위한 정책적 노력의 대표적인 예로는 1980년대의 일본 엔화 국제화, 1990년대 호주 달러화와 한국 원화 국제화의 노력 등을 들 수 있다.

<표 2-2> 글로벌 금융위기 이후 위안화 국제화 관련 중국의 주요 조치

주요 조치	시기	주요 내용
위안화 무역 결제 확대	2009.7	위안화 결제 시범 지역 지정 (중국 내 5개 지역 내 기업의 아시아 무역에 적용)
	2010.6	시범 지역 20개 도시로 확대, 무역 대상국 지역 제한 폐지
	2011.8	중국 내 지역 제한 폐지
위안화 표시 금융거래 확대	2004	홍콩 내 위안화 예금 허용
	2010	홍콩 내 위안화 표시 채권(딤섬본드) 발행 허용 (중국 본토 비금융기관 대상)
	2011.1	위안화 이용 해외 직접투자(outbound) 시범 허용 (중국 내 16개 성 내 기업의 투자에 적용)
	2011.10	위안화 이용 외국인 직접투자(inbound) 허용
	2011.10	중국 내 은행의 위안화 해외 대출 업무 허용
	2011.12	위안화 이용 중국 내 주식 및 채권 투자 제한적 허용(RQFII)
	2013.9	외국인의 중국 내 M&A 등에도 위안화 사용 허용
위안화 외환 보유 유도	2008~	외국 중앙은행과 통화 스왑 체결 [2015년 5월 현재 28개국(지역)과 3조 1132억 위안]
	2015.11	위안화의 SDR 바스켓 통화 편입
위안화 청산 및 거래 활성화	2003~2013	역외 위안화 청산 결제 은행 중화권 중심 지정
	2014~	역외 위안화 청산 결제 은행 유럽, 미주 등으로 확대 (2015년 5월, 총 16개국에 지정)
	2010~	달러화 외 통화와의 외환 직거래 확대 (2016년 1월, 14개 통화와 역내 외환 직거래)

자료: 중국인민은행 발표 등 다양한 자료를 참고해 필자 작성.

산의 표시 통화, 마지막으로는 외환보유고로 사용되는 것이다.[25] 중국 정부의 위안화 국제화 정책은 이런 세 가지 측면의 노력과 위안화 거래 시장 조성의 노력으로 정리할 수 있는데, 금융위기 이후 이루어진 주요 정책을 정리

[25] 화폐의 기능 측면에서 보면 특정 통화가 국제적 범위에서 각각 최종 결제 수단, 계산 단위, 가치 저장의 수단으로 사용된다고 할 수 있다.

하면 〈표 2-2〉와 같다.[26]

중국은 결제통화로서의 기능 확대를 위해 2009년부터 중국 기업들이 위안화로 무역 결제를 하는 것을 점진적으로 허용하고 나아가 장려했다. 그 결과 중국의 전체 무역 중 위안화 결제 비중은 2014년에 30% 수준으로 증가했다. 한편 위안화 표시 국제금융거래의 확대를 위해서 2010년 홍콩에서의 위안화 채권(딤섬본드)의 발행을 허용했다. 그리고 2011년에는 직접투자 시 위안화 결제를 전면 허용하고 중국 내 포트폴리오 투자 시에는 쿼터를 적용해 허용했다. 외국 중앙은행이 위안화를 외환보유고로 하는 것은 해당국의 선택에 달려 있다. 하지만 중국은 외국 중앙은행들과 통화 스왑을 체결해 필요시 위안화 유동성을 공급할 수 있도록 했다. 이것은 상시는 아니지만 위기 시에 위안화가 외환보유고로 기능할 수 있도록 유도한 것이라고 할 수 있다. 중국은 이런 통화 스왑을 현재 28개국과 체결한 상태다. 또한 위안화를 SDR 바스켓 통화로 편입시키기 위한 노력을 꾸준히 한 결과, 2015년 11월 결국 목표를 달성했다. 마지막으로 해외에서 이루어지는 위안화 표시 거래의 청산을 돕기 위해 역외 청산 결제 은행을 16개국으로 확대했다. 그리고 위안화와 직거래되는 외환도 14개로 확대해 달러화 매개 거래가 필요하지 않도록 했다.

위안화 국제화의 결과로 단기간에 위안화의 국제적 사용이 빠르게 증가한 것은 사실이지만, 다른 주요 국제통화와 비교할 때 그 비중은 여전히 매우 낮은 수준이다. 예를 들어 무역 결제 시 위안화의 비중은 2014년 현재 1.6% 수준으로, 달러화 43.5%와 유로화 29.4%에 비해 매우 낮다. 그리고 이 가운데 대부분이 중국과의 무역에 국한된 것이다. 국제채 중 위안화 표

---

26) 위안화 국제화를 위한 중국의 정책에 대해서는 박복영 외(2011), 이윤석(2012), Eichengreen and Kawai(2015) 등을 참조.

시 채권의 비중은 2015년 초 현재 0.6%에 불과하다. 공적 대외 자산과 세계 전체 외환 거래에서 위안화의 비중 역시 1% 남짓한 수준이다.[27]

결국 현재 위안화의 국제적 사용은 거의 대부분 중국의 무역 및 금융거래와 직접적으로 연관된 분야에서 매우 제한적으로 이루어지고 있는 수준에 불과하다. 2009년 이후 중국이 위안화의 국제화를 공식적으로 선언하고 다양한 제도적 조치들을 취했지만, 위안화에 대한 신뢰를 바탕으로 위안화가 국제적 거래에 사용되는 것은 아니다. 중국의 경제 규모 혹은 그 성장 속도가 가진 효과, 즉 규모 효과 때문에 사용이 확대된다고 볼 수 있다. 오히려 규모 효과가 통화 국제화에 영향을 줄 수 있는 잠재성도 아직 제대로 발휘되지 못하고 있는 수준이다.[28]

그럼에도 위안화 국제화에 주목하는 이유는 위안화가 국제통화로서 부상할 수 있는 잠재성을 지녔기 때문이다. 위안화가 국제적 통화가 되기 위해서는 무엇보다 자본계정의 태환성, 즉 중국의 자본 이동이 상당한 정도로 자유화되어야 한다. 대규모 무역 거래만으로는 해당국의 통화가 국제통화가될 수 없으며, 그 나라의 금융시장이 상당히 발달하고 외국인들이 금융자산을 자유롭게 거래할 수 있을 때만 통화의 보유 수요가 발생한다. 이런 점에서 자본자유화는 위안화 국제화의 전제 조건이다. 중국이 위안화 국제화에 강한 열망을 갖고 있음에도 과감한 조치를 취하지 못하는 이유는 자본 이동이 제한적이기 때문이다. 그런데 자본 이동 자유화를 위해서는 다시 환율의 변동이 확대되거나 자유로워져야 한다. 환율변동이 경직된 상황에서 자본

---

27) 국제통화로서의 위안화의 비중에 대해서는 임호열(2014), 현대증권(2015) 등을 참조.

28) 2015년 11월 말, 위안화는 SDR의 바스켓 통화 중 하나로 편입되었는데, 상징적 혹은 정치적 효과를 제외하면 실질적 의미는 거의 없다. 중국은 국제적 준비통화라는 상징적 의미를 얻었고 미국 등은 중국의 금융 및 외환 자유화를 촉구할 수 있는 지렛대를 마련한 것이다.

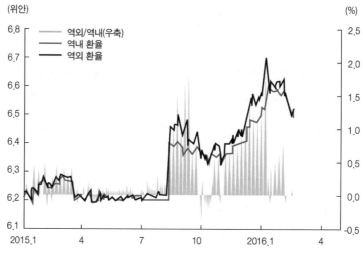

〈그림 2-17〉 역내 및 역외시장에서의 위안/달러 환율변동(2015.1~2016.2)

자료: KDB대우증권 리서치센터(2016)에서 재인용.

자유화를 하면 해당 통화는 외환시장에서 투기적 공격(speculative attack)에 노출되기 쉽다. 자유로운 자본 이동하에서 경직되거나 고정된 환율 수준을 유지하기 위해서는 미국과의 금리 동조화가 필요하므로 통화정책의 자율성을 상당 정도 포기해야 한다.[29] 경제 대국으로 통화정책의 자율성 확대가 필요한 중국의 경우 변동환율제를 우선 채택해야 자본자유화를 순조롭게 진전시킬 수 있을 것이다.[30]

2015년 8월부터 2016년 2월 사이에 나타난 위안화에 대한 투기적 공격과 환율의 불안정은 이를 잘 대변한다. 홍콩에 있는 위안/달러 역외시장(CNH)

---

29) 홍콩이나 사우디아라비아 등 아랍 산유국들이 이런 경우다. 환율 안정, 자본자유화, 통화정책의 자율성을 동시에 유지할 수 없다는 것이 소위 국제금융의 트릴레마(the trilemma) 혹은 삼위일체 불가능(impossible trinity)이다.

30) 중국이 환율변동성에 앞서 자본자유화를 하려는 시도를 비판하는 연구에 관해서는 Prasad, Rumbaugh and Wang(2005)을 참조.

은 외국인의 자유로운 참여가 가능하기 때문에 투기적 공격 위험에 노출되어 있다. 그럼에도 중국은 역내시장(CNY)에서 환율을 점진적인 속도로 절하하는 방식으로 관리하고자 한다. 하지만 2015년 8월의 대폭적 평가절하로 CNH 참가자들이 향후 추가 절하를 예상하고 투기적 공격을 했다. 그 결과 CNY와 CNH의 스프레드는 확대되었고, 중국 통화 당국은 공격을 막는 과정에서 막대한 외환보유고를 상실할 수밖에 없었다. 중국은 여전히 세계 최대의 경상수지 흑자와 외환보유고를 기록하는 나라이기 때문에 이번 공격을 버틸 수 있었다. 하지만 이번 사태는 자본자유화를 진전시키는 동시에 환율을 관리하기가 매우 어렵다는 것을 보여주었다.

중국이 자본자유화와 환율변동성 확대를 주저하는 이유는 금융위기의 발생을 두려워하기 때문이다. 이런 상황에서 금융위기를 예방하기 위한 전제조건은 국내 금융시장을 견고하고 투명하게 관리하는 것이다. 즉, 국내 금융시장의 건전성 및 투명성 확보, 금융규제 및 감독체제 정비 등과 같은 국내 금융 개혁이 자본자유화의 전제 조건이다.[31] 하지만 중국 국내 금융시장에는 여전히 과도한 금융규제가 존재하며 국유 은행의 건전성과 투명성에 대한 의심도 존재한다. 2016년 초, 중국 외환시장의 불안정은 현재와 같은 극히 제한적인 자본 이동 상태에서도 중국은행의 건전성에 대한 불신이 환율과 자본 이동에 상당한 교란을 야기할 수 있음을 보여주었다. 이는 다시 말해서 중국의 국내 금융 개혁 없이는 자본자유화, 나아가 위안화 국제화를 진전시키기가 매우 어렵다는 것을 시사한다.[32]

---

31) 1997년 아시아 금융위기 이후, 이런 자본자유화 순서(sequence)의 중요성에 대해서는 학계에서 대체로 의견 일치가 이루어진 상태다. 이에 대해서는 Mussa et al.(1998), Johnston, Darbar and Echeverria(1999), Eichengreen(2001) 등을 참조할 수 있다.

32) 사실 중국은 국내 금융 개혁, 자본자유화, 위안화 국제화를 점진적으로 병행해 추진한다는 전략을 채택했다. 이에 대해서는 Eichengreen(2014)을 참조할 수 있다. 아이컨그린과

6. 엔화의 딜레마

금융위기 이후 엔화 가치의 변동은 2012년 말을 기점으로 명확히 구분된다. 이전 시기에 엔화 가치는 상승 추세에 있었으며, 이후에는 급속한 하락 추세를 보였다. 이런 차이를 만든 것은 2012년 12월, 아베 정권의 등장과 그에 따른 소위 아베노믹스의 시작이다. 아베노믹스는 흔히 세 가지 화살로 구성되어 있다고 하는데, 첫째는 과감한 통화 완화, 둘째는 재정지출 확대, 마지막은 구조 개혁을 포함한 신성장 전략이다. 이 중 가장 대표적이면서 가시적인 효과를 나타낸 것이 통화정책이다. 2013년 1월 일본 은행은 인플레이션 2%를 목표로 하는 '가격 안정화 목표(price stability target)'를 도입했고, 구로다 신임 일본 은행 총재는 2013년 4월과 2014년 10월 두 차례에 걸쳐 소위 양적·질적 금융완화(QQE: Quantitative and Qualitative Easing)를 실시해 아베노믹스를 충실히 집행했다.[33] 그 결과 〈그림 2-18〉과 같이 일본 은행의 자산 규모는 급격히 증가했다.

아베노믹스 채택의 배경으로는 크게 세 가지를 들 수 있다. 우선 일본은 금융위기 이전부터 이미 오랫동안 디플레이션에 시달리고 있었고, 위기 이후 이 문제는 더욱 악화되었다. 〈그림 2-19〉에 나타난 바와 같이 근원소비자물가(Core CPI) 상승률은 2005년 이래로 대부분 마이너스를 기록했으며, 위기 이후에는 더욱 하락해 말 그대로 디플레이션 상태에 있었다. 아베 정권은 디플레이션과의 과감한 전쟁을 선택한 것이다.

둘째, 일본은 금융위기 이후 줄곧 절상된 엔화 환율을 역전시키고자 했

카와이는 한 걸음 더 나아가 일당 정치체제가 통화정책의 독립성을 저해하는 것이 위안화 국제화의 근본적 제약 요인이 될 수 있음을 시사한다(Eichengreen and Kawai, 2015).

33) 1차 QQE는 본원통화를 연간 60~70조 엔, 2차 QQE는 연간 80조 엔 확대를 목표로 했다.

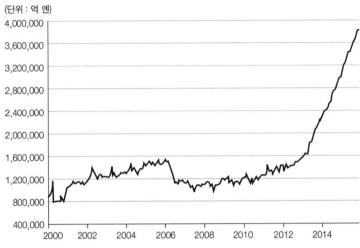

〈그림 2-18〉 일본 은행의 총자산 규모

(단위 : 억 엔)

자료: 일본 은행.

〈그림 2-19〉 일본 소비자물가 상승률

(단위: 전년 동기비 %)

헤드라인 물가　　근원소비자물가

자료: 일본 은행.

다. 엔화는 위기 이전 달러당 120엔을 기록했지만 2011년 말에는 70엔대까지 하락했다(〈그림 2-3〉 참조). 환율절하를 통한 수출 확대도 아베노믹스의 중요한 목표 중 하나였으므로 환율전쟁의 요소를 지니고 있었다.

마지막으로 아베 총리는 장기 불황으로 쇠락하는 일본의 분위기와 이미지를 역전시키고자 했다. 특히 금융위기 이후 일본과 중국의 대립 구도는 더욱 강화되었는데, 센카쿠 열도 분쟁이나 한중 FTA 체결 등은 일본에 위축감을 가져다주었다.

일본의 통화 완화는 적어도 2015년 중반까지 상당한 성과를 거둔 것으로 보였다. 엔화는 2년 만에 달러당 80엔에서 120엔대로 무려 50% 가까이 절하되었다. 수출 기업을 중심으로 기업의 수익성이 개선되고 주가도 상승했다. 기업의 설비투자도 회복되는 양상을 보였다.[34] 무엇보다도 인플레이션율이 플러스로 반전되었다. 2014년 소비세 인상 효과를 제외하더라도 물가상승률은 약 1%까지 증가했다. 하지만 2015년 후반 이후 이런 효과는 빠르게 소멸되었다. 물가수준은 다시 0%에 근접했고 엔화의 절하는 더 이상 나타나지 않았다.

일본 은행은 새로운 조치들을 내놓았다. 2015년 12월 QQE 보완 대책을 제시하고, 2016년 1월 말에는 기준금리를 -0.1%로 하는 마이너스 금리정책을 도입했다. 하지만 이들 정책의 효과는 가시화되고 있지 않으며, 엔화는 오히려 절상되었다. 추가적 정책에도 효과가 나타나지 않으면서 정책 수단이 고갈되었다는 불안감만 높아졌다. 그러나 2015년 하반기 이후 세계 전체의 불황과 디플레이션이 심화되고 중국 등에서 금융시장 불안이 고조되자 안전통화인 엔화의 수요가 다시 증가했다. 일본의 과감한 통화정책이 그 효

---

34) 아베노믹스의 효과에 대한 상세한 설명은 강내영(2015)을 참조.

과에 한계를 보이면서 역설적인 결과가 나타나고 있는 것이다.

7. 맺음말

2008년 글로벌 금융위기 이후 세계 경제는 장기 침체에 빠졌고 특히 2010~ 2012년의 유럽 재정위기와 그에 대응한 긴축재정은 침체를 장기화하는 데 결정적인 역할을 했다. 재정정책 수단이 상실된 상황에서 미국, 유럽연합, 일본 등은 양적 완화라는 비전통적 통화정책 수단에 의존할 수밖에 없었다. 각국의 통화팽창은 큰 환율변동을 초래했지만, 이런 변동을 환율전쟁의 프레임으로만 해석하는 것은 잘못이다. 다른 정책 수단이 없는 상황에서 통화팽창의 일차적 목적은 불황과 디플레이션 위험에서 벗어나는 것이지, 환율절하를 통해 수출을 확대하는 근린궁핍화가 아니었다.

미국의 양적 완화는 금융위기를 안정적이고 지속적으로 회복하기 위한 정책 처방이었으며, 유럽중앙은행의 다양한 유동성 공급 정책과 마이너스 금리는 신용 경색 해소와 디플레이션 억제를 위한 것이었다. 일본의 양적 완화의 일차적 목표는 역시 디플레이션 탈출이었지만 환율절하를 통한 수출 확대 목적도 있었다. 그리고 2015년 8월, 중국의 평가절하는 위안화 절상 추세의 반전과 수출 확대에 주된 목적이 있었다고 할 수 있다. 그럼에도 전반적으로 각국의 통화팽창은 무역전쟁으로 축소균형을 야기하는 것이 아니라 오히려 세계 경제의 침체와 디플레이션을 억제하는 기능을 했다.[35) 만약

---

35) 2007~2015년 미국, 유럽연합, 일본의 월별 주요 거시 변수를 이용한 VAR 분석 결과, 중앙은행의 자산 확대, 즉 양적 완화는 단기적으로 국내 물가 상승과 환율절하를 가져오지만 자국 수출을 늘리거나 다른 나라의 수출을 위축시키는 효과는 없는 것으로 나타났다.

이런 양적 완화가 없었다면 세계 경제는 더욱 심각한 침체와 디플레이션 위험에 직면했을 것이다. 각국이 제한된 정책 수단을 이용해서라도 국내 경제를 회복시키고 디플레이션을 억제하는 것이 세계 경제 전체에 이익이 되기 때문에, 주요국은 상대국의 양적 완화에 대해 별다른 문제를 제기하지 않고 있다. 1930년대 대공황의 경우에도 국제무역을 위축시킨 것은 무역 장벽을 통한 폐쇄적 블록화와 금융위기로 인한 신용 경색이지, 환율절하가 아니었다. 통화팽창과 환율절하는 오히려 불황에서 빠져나오는 가장 중요한 계기가 되었다.36)

글로벌 금융위기는 발생 직후의 일부 예상과 달리 국제통화체제에 큰 변화를 가져오지 않았다. 미국 달러화는 그 위상을 강화했으며, 달러화에 대한 대안적 국제통화로 관심을 모았던 유로화는 오히려 위상이 약화되었다. 이는 4차 산업혁명으로 미국 경제의 경쟁력이 다시 부각된 반면, 유럽 재정위기를 통해 유로 체제의 취약성은 가시화되었기 때문이다. 따라서 유로화가 달러화의 지위를 점진적으로 대체하면서 복수의 기축통화체제가 등장할 수 있다는 전망은 설득력을 잃었다.37) 금융위기 이전과 같은 달러화 중심의 국제통화체제는 앞으로 상당 기간 지속될 가능성이 높다. 달러화 이외의 통화 사이에서는 그 위상에 다소 변화가 있겠지만, 이것이 국제통화 질서의 근간을 흔들 가능성은 크지 않을 것이다. 다만 달러화 중심 통화체제의 지속 가능성과 관련해 몇 가지 의문을 제기할 수 있는데, 이에 대한 필자의 생각은 다음과 같다.

첫째, 미국의 경제적 비중 하락과 국제통화로서 달러화의 지위 유지가 양

---

36) 이런 해석이 대공황에 대한 학자들의 공통된 평가인데, 자세한 설명은 Temin(1989), 아이컨그린(2016), 파인스타인·테민·토니올로(2008) 등을 참조할 수 있다.

37) 다극적 통화체제를 전망한 대표적 연구로는 Eichengreen(2010)을 참조.

<표 2-3> 무역 및 국제금융에서 통화(지역)별 비중

(단위: %)

	미국	유로존	중국
무역 비중[1]	13.6	18.2	11.0
통화별 국제채 비중[2]	43.1	38.5	0.6
통화별 국제은행 부채 비중[3]	52.1	29.7	n.a.
통화별 무역 신용 비중[4]	85.6	7.2	3.9
통화별 무역 결제 비중[4]	41.6	36.6	1.0
통화별 외환 보유액 비중[5]	64.1	20.7	n.a.

주: 1) 2010~2014년 연평균 재화와 서비스 수출액 기준(SDR 단위), IMF.
   2) 2015년 1분기 기준, BIS.
   3) 2014년 4분기 기준, BIS.
   4) 2014년 3분기~2015년 1분기 합계 기준, SWIFT.
   5) 2015년 1분기 기준, IMF.

립할 수 있을까? 국제무역에서 미국의 비중은 2000년 이후 크게 감소한 반면, 중국의 비중은 급격히 증가해 상품 교역 규모에서는 이미 중국이 미국을 앞질렀다. 무역 규모의 효과 혹은 네트워크 효과의 측면에서 보면 달러화 비중도 감소해야 한다. 하지만 국제통화의 지위를 결정하는 데는 무역보다는 국제금융에서의 위상이 훨씬 중요하다. 〈표 2-3〉에 나타난 바와 같이 무역과 달리 국제금융에서 달러화 비중은 여전히 압도적인 반면, 위안화 비중은 매우 낮다. 국제채 발행이나 국제은행 대부에서 위안화 표시의 비중은 1%도 채 되지 않는다. 그리고 무역 결제나 외환보유고에서 통화별 비중은 교역 규모와는 거의 관련이 없고, 금융거래에서의 통화별 비중과 유사하다는 것을 알 수 있다. 즉, 국제금융에서 미국 혹은 달러화의 역할이 계속 유지되는 한, GDP 및 무역에서 미국의 비중이 감소해도 국제통화로서 달러화의 위상은 계속 유지될 수 있을 것이다.

둘째, 유로화나 위안화와 같은 경쟁적인 국제통화가 달러화의 지위를 빠르게 잠식할 수 있지 않을까? 이는 앞서 말한 문제와 같이 놓고 볼 때 동전의 다른 면이라고 할 수 있다. 우선 유럽 경제통합이 지닌 구조적 취약성, 경제통합의 후퇴 가능성, 유럽 경제의 장기 부진 등은 유로화의 역할 확대를 어렵게 할 것이다. 중국의 경우는 앞서 설명한 바와 같이 금융 산업 전반의 미발달이 위안화의 비중 확대를 제약할 것이다. 또한 환율제도 변경 및 자본자유화 과정에서 겪는 혼란이 위험 요인이 될 수 있다. 무엇보다 중국이 국제금융에서 의미 있는 역할을 할 때만 위안화도 국제통화로서의 위상을 높일 수 있을 것이다. 하지만 중국이 그런 지위까지 발전하기 위해서는 여러 단계의 개혁과 제도 변화가 필요할 것이며, 그 과정에서 다양한 위험에 직면할 가능성이 크다.

참고로 달러화가 영국 파운드화를 제치고 국제통화로 부상했던 역사적 경험도 이러한 전망을 뒷받침한다. 제1차 세계대전 이전만 하더라도 국제통화로서의 지위를 거의 갖지 못했던 달러화는, 1920년대 중반에 이르러서는 준비통화 비중에서 영국 파운드화와 거의 같거나 오히려 파운드화를 넘어섰다.[38] 제1차 세계대전을 거치면서 미국은 세계무역에서 달러화의 비중을 늘렸지만, 달러화가 국제통화로 부상한 더 결정적인 계기는 뉴욕이 무역 신용, 국제결제, 국제 대부, 채권 발행 등에서 런던과 대등한 정도로 급성장한 것이었다.[39]

---

38) 이에 대한 자세한 설명은 Eichengreen and Flandreau(2009)를 참조.

39) 제1차 세계대전 직전인 1913년 세계무역에서 미국의 비중은 16.5%로 압도적이지 않았으며, 독일의 21.4%보다 오히려 낮았다. 하지만 제1차 세계대전 동안 미국의 경상수지는 흑자로 전환되고, 미국은 순채무국에서 순채권국으로 바뀌었다. 이런 금융상의 변화로 이미 금융 산업이 발전해 있던 뉴욕은 해외 대부와 국제 채권 발행의 중심지로 변모했다. 1925년 미국의 해외 대부 규모는 10.7억 달러로 영국의 4.3억 달러를 이미 앞질렀다. 같은 해 미국의 해외 증권 발행 규모는 2.2억 달러로 런던의 4.6억 달러(1929년)에는 못 미쳤지만, 영국과 견줄 수 있는 수준으로 성장했다. 이와 관련한 수치들은 宮崎犀一·奥村茂次·森田桐郎(1981)에서 인용했으며 이 시기 국제금융 중심지로서 뉴욕의 성장과 그 파급효과에 대해서

결론적으로 2009년 이후 중국은 위안화를 국제통화로 만들기 위해 많은 노력을 기울였지만 그 성과는 크지 않았다. 위안화는 여전히 중국과 직접적인 관계가 있는 국제 거래에서만 매우 제한적으로 사용되고 있다. 중국 국내 금융시장에 대한 규제가 여전히 강하고 투명성이 약한 상태에서 위안화 국제화를 위해 자본시장을 점진적으로 개방한 것은 오히려 위안화 환율과 자본 이동의 불안정을 심화했다. 2016년 초 위안화를 대상으로 투기적 공격이 있었던 것은 위안화가 국제통화로 성장하기 위해서는 아직 가야 할 길이 매우 멀다는 것을 보여주었다. 따라서 국제통화체제에서 달러화의 확고한 위상은 상당 기간 지속될 것이며, 다극화된 국제통화체제로 인한 불안정이 야기될 가능성도 높지 않다.

마지막으로, 미국이 글로벌 경제가 필요로 하는 국제통화의 유동성을 적절히 공급하면서도 달러화의 가치를 유지할 수 있을까? 글로벌 금융위기 이전, 미국은 대규모 경상수지 적자로 막대한 유동성을 공급했고, 그 결과는 신흥국에서 외환보유고의 유례없는 증가로 나타났다.[40] 앞으로 세계 경제가 회복되면 미국의 경상수지가 다시 확대될 가능성이 높다. 하지만 신흥국과 미국의 국제수지 불균형 문제는 금융위기 이전만큼 심각하지 않을 것이다. 금융위기 이전에는 신흥국의 고속 성장이 대부분 중국 원자재 수요 급증에 따른 원자재 가격 상승에서 비롯되었다. 하지만 최근 신흥국의 심각한 침체는 신흥국들이 안정적 경제성장을 위한 제도를 아직 구축하지 못했음을 증명하고 있다. 즉, 1960~1970년대와 같이 2000년대 신흥국의 부상은 구조적 전환이 아닌 일시적 성장에 불과했다. 결국 미국의 경상수지 적자가 점진적으로 확대될 가능성이 있어 달러화의 국제적 공급에는 큰 문제가 없을 것이다.

는 Brown(1940: ch.17)을 참조할 수 있다.

40) 세계 전체 외환보유고는 2001년 2조 달러에서 2013년 11.7조 달러까지 증가했다.

그럼에도 달러화가 가치를 안정적으로 유지할 수 있는가 하는 소위 '트리핀 딜레마(Triffin's dilemma)'의 문제가 제기될 수 있다. 그런데 공급된 달러화가 자본 이동의 형태로 미국에 재유입된다면 이 딜레마는 해결이 된다.[41] 달러화의 재환류 여부는 결국 국채를 비롯한 미국 금융자산에 대한 신뢰와 수익성에 달려 있고, 근본적으로는 미국 경제에 대한 신뢰와 관련되어 있다. 미국 경제가 경쟁력을 계속 유지할 수 있을지는 속단하기 어렵지만 금융위기 이후 상대적 강점이 재부각된 것은 분명하다.

단기적으로는 미국의 금리정책이 자본 이동에 영향을 미칠 것이다. 미국 경기가 다른 선진국에 비해 양호한 이상, 금리 격차는 계속 유지되고 자본 유입은 계속될 것이다. 오히려 문제는 미국과 신흥국의 경기 탈동조화가 심화되어 신흥국의 자금 유출이 가속화되는 것이다. 이 경우 미국 FRB가 인플레이션 억제라는 국내 목표를 부분적으로 희생하면서 세계 경제의 혼란을 우려해 금리 인상을 늦출 것인지가 관건이다. 즉, 미국이 기축통화국으로서 세계 경제를 조율할 수 있는 능력과 의지를 갖고 있느냐 하는 문제다. 2015년 FRB는 신흥국 자본 유출을 우려해 금리 인상을 연기한 바 있지만, 이런 국제적 고려가 앞으로도 계속 이루어질지는 불확실하다. 중국의 부상이라는 위협 앞에 헤게모니 국가로서 미국과 미국 국민의 인내심은 줄어들고 있는 것으로 보인다. 이것이 안정적 국제통화 질서를 위협할 수 있는 요인이 될 것이다.[42]

---

41) 사실 트리핀 딜레마는 국제통화가 금이거나 금태환이 보장된 통화인 경우에 주로 나타나는 문제다. 20세기 초 국제 거래의 증대에도 세계 금 생산은 이에 비례해 증가하지 않았다. 브레튼우즈 체제하에서 금태환이 보장된 달러화의 경우, 금의 유입이 없는 상태에서 달러화의 국제적 공급이 증가하면서 태환성이 의심받게 되었다. 이런 배경에서 1960년대에 트리핀 딜레마가 제기되었다. 하지만 통화와 금의 연계가 없는 지금은 이 딜레마의 의미가 크게 줄어들었다.

42) 미국 국민 및 정치권의 고립주의적 성향 증대와 그에 따른 국제금융 질서의 위험에 대해서는 *Economist*(2015) 참조.

참고문헌

강내영. 2015.「일본 아베노믹스의 평가와 시사점」. 한국무역협회 국제무역연구원. 《Trade Focus》, 14-35.

강유덕. 2013.「최근 유로존 내 경상수지 격차 축소의 배경과 전망」. 《지역경제포커스》, 13-01.

_____. 2014.『유럽 재정위기에 대한 유럽중앙은행의 대응과 역할 변화』. 대외경제정책연구원.

박복영·송원호. 2011.「Determinants of Domestic Public Debt Crisis」. 한국재정학회. 《재정학연구》, 제4권 제4호, 87~116쪽.

박복영 외. 2011.「국제금융에서 중국의 위상 변화와 시사점」. 대외경제정책연구원. 《연구보고서》, 11-04.

박성욱·박종상. 2014.「비전통적 통화정책에 대한 고찰」. 한국금융연구원. 《금융 VIP시리즈》, 14-03.

아이컨그린, 배리(Barry Eichengreen). 2008.『글로벌 불균형: 세계 경제위기와 브레튼 우즈의 교훈』. 박복영 옮김. 미지북스.

_____. 2016.『황금족쇄: 금본위제의 역사』(근간). 박복영 옮김. 미지북스.

이윤석. 2012.「위안화 국제화 현황과 향후 전망」. 한국금융연구원. 《금융 VIP시리즈》, 12-06.

임호열. 2014.「위안화 국제화 어디까지 왔나?」. KB금융지주 경영연구소. 《KB 중국 금융시장정보》, 14-07.

조종화 외. 2010.「중국의 외환정책과 국제통화질서: 위안화의 절상과 국제화를 중심으로」. 대외경제정책연구원. 《연구보고서》, 10-09.

지만수 외. 2010.「17기 5중전회를 통해 본 중국 12차 5개년 계획의 주요 내용과 의미」. 대외경제정책연구원. 《오늘의 세계 경제》, 제10권 제33호.

파인스타인(Charles Feinstein)·테민(Peter Temin)·토니올로(Gianni Toniolo). 2008.『대공황 전후 세계 경제』. 양동휴·박복영·김영완 옮김. 동서문화사.

프리드먼(Milton Friedman)·슈워츠(Anna Jacobson Schwartz). 2010.『대공황, 1929~1933년』. 양동휴·나원준 옮김. 미지북스.

현대경제연구원. 2015.「위안화 국제화 정책 점검과 시사점」. 현대경제연구원. 《VIP리포트》, 15-26.

현대증권. 2015.12.3. "위안화 SDR 통화 바스켓 편입 영향 분석". 《띵슈의 호호(好好) 차이나》.

宮崎犀一・奥村茂次・森田桐郎 編. 1981. 『近代國濟經濟要覽』. 東京大學出版部.

Ahmed, Shaghil. 2009. "Are Chinese Exports Sensitive to Changes in the Exchange Rate?" *International Finance Discussion Papers*, No.987.

Belke, A. and C. Dreger. 2013. "Current account imbalances in the Euro area: Does catching up explain the development?" *Review of International Economics*, 21(1), pp.6~17.

BIS REER Database. http://stats.bis.org/statx/srs/table/i2(검색일: 2016.1.20).

Brown, Jr., W. A. 1940. "The International Gold Standard Reinterpreted, 1914-1934." National Bureau of Economic Research, Inc.

Celasun, Oya et al. 2014. "The U.S. Manufacturing Recovery: Uptick or Renaissance?" *IMF working paper*, No.14/28.

Cline, William R. and John Williamson. 2010. "Notes on Equilibrium Exchange Rates." *Policy Brief*, 10-2.

Economist. 2015.10.3. "Neither leading nor ceding."

Eichengreen, Barry. 2001. "Capital Account Liberalization: What Do Cross-Country Studies Tell Us?" *The world bank economic review*, 15(3), pp.341~365.

_____. 2010. *Global Imbalances and the Lessons of Bretton Woods*. MIT Press.

_____. 2014. "Pathways to Renminbi Internationalization." in B. Eichengreen, K. Walsh and G. Weir. *Internationalization of the Renminbi: Pathways, Implications and Opportunities*. Centre for International Finance and Regulation.

Eichengreen, B. and M. Flandreau. 2009. "The rise and fall of the dollar(or when did the dollar replace sterling as the leading reserve currency?" *European Review of Economic History*, 13(3), pp.377~411.

Eichengreen, B., Livia Chitu and Arnaud Mehl. 2014. "Stability or Upheaval? The Currency Composition of International Reserves in the Long Run." *European Central Bank working paper series*, No.1715.

Eichengreen, B. and Masahiro Kawai. 2015. "Introduction and Overview." in B. Eichengreen and M. Kawai(eds.). *Renminbi Internationalization: Achievements, Prospects, and Challenge*. Brookings Institution and Asian Development Bank.

Eurostat. http://ec.europa.eu/eurostat/data/database(검색일: 2016.1.10).

Friedman, Milton and Anna J. Schwartz. 1963. *A Monetary History of the United States, 1867-1960*. Princeton University Press.

Goldstein, Morris and Nicholas R. Lardy. 2009. "The Future of China's Exchange Rate Policy." *Policy Analysis in International Economics*, 87(July).

IMF COFER Database. http://data.imf.org/?sk=E6A5F467-C14B-4AA8-9F6D-5A09EC4E 62A4(검색일: 2016.2.15).

IMF World Economic Outlook. http://www.imf.org/external/pubs/ft/weo/2015/02/weodata/index.aspx(검색일: 2015.10.2).

Johnston, B., S. Darbar and C. Echeverria. 1999. "Sequencing capital account liberalization: Lessons from Chile, Indonesia, Korea and Thailand." in B. Johnston and V. Sundararajan(eds.). *Sequencing Financial Sector Reforms: Country Experiences and Issues*. International Monetary Fund.

Lane, P. R. 2012. "The European sovereign debt crisis." *The Journal of Economic Perspectives*, 26(3), pp.49~67.

Mathieu, Mathilde et al. 2014. "Economic analysis of the US unconventional oil and gas revolution." http://www.voxeu.org/article/limited-economic-impact-us-shale-gas-boom(검색일: 2016.2.6).

Mussa, M. et al. 1998. "Capital account liberalization: theoretical and practical aspects." *IMF Occasional Paper*, No.172.

Obstfeld, M. 2012. "Does the current account still matter?" *National Bureau of Economic Research*, No.w17877.

OECD Database. https://data.oecd.org/gdp/real-gdp-forecast.htm(검색일: 2016.2.5).

Prasad, Eswar, Thomas Rumbaugh and Qing Wang. 2005. "Putting the Cart Before the Horse? Capital Account Liberalization and Exchange Rate Flexibility in China." *Policy Discussion Paper*, PDP/05/1, International Monetary Fund.

Reinhart, Carmen M. and Kenneth Rogoff. 2011. "The Forgotten History of Domestic Debt." *The Economic Journal*, 121(552), pp.319~350.

Rosengren, Eric S. 2015. "Lessons from the U.S. Experience with Quantitative Easing." The Peterson Institute for International Economics and Moody's Investors Service's 8th Joint Event on Sovereign Risk and Macroeconomics, Frankfurt, Germany, February.

Temin, P. 1989. *Lessons from the Great Depression*. MIT Press.

Vilpišauskas, R. 2013. "Eurozone crisis and European integration: functional spillover, political spillback?" *Journal of European Integration*, 35(3), pp.361~373.

Zemanek, H., A. Belke and G. Schnabl. 2010. "Current account balances and structural adjustment in the euro area." *International Economics and Economic Policy*, 7(1), pp.83~127.

제2부 동아시아 경제: 중국 그리고 한반도

제3장

중국 경제개혁 과제와 한국의 대응

최필수 | 세종대학교 국제학부 조교수

1. 중국 경제 현황과 리스크 및 그 배경

1) 들어가며

중국은 1990년대 들어서 수출과 투자에 힘입은 고도성장을 지속했으나 1997년 아시아 외환위기 때 성장세가 잠시 주춤했다(〈그림 3-1〉 참조). 그러나 2001년 WTO 가입 이후 2006년까지 가입 조건의 이행을 완료하면서 외국인 투자의 폭증과 수출 호조에 힘입어 초고속 성장을 달성했다. 2005년 무렵부터는 이후 경기과열의 조짐이 보이면서 경착륙·연착륙 논란을 낳았지만, 2008년 글로벌 금융위기를 맞기 전까지 실제로 착륙을 하지 않은 채 성장률의 고공 행진을 이어갔다. 베이징 올림픽이 한창이던 2008년, 글로벌 금융위기를 감지한 중국 당국은 이를 방어하기 위해 대대적인 경기부양 정책을 집행했다. 이는 5년간의 프로젝트를 3년에 압축해 집행하는 것을 요점으로 하는 정책이었고, 이에 힘입어 2009년부터 2011년까지 3년간 외부 수

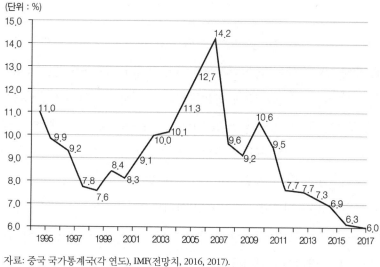

〈그림 3-1〉 1995년 이후 중국의 성장률 추이

(단위 : %)

자료: 중국 국가통계국(각 연도), IMF(전망치, 2016, 2017).

요의 감속 속에서도 투자 위주로 9% 이상의 성장을 계속할 수 있었다. 그러나 3년 프로젝트가 끝난 2012년부터 성장률의 둔화가 가시화되기 시작하면서 8% 이하의 성장률이 2년 연속 나타났다. 특히 2014년과 2015년에는 연초에 발표된 성장률의 목표치(7.5%, 7.0%) 달성에 실패(7.3%, 6.9%)하는 초유의 사태가 벌어지면서 중국 경제가 불안한 전망을 보이고 있다.

여기서 다음과 같은 질문을 던져볼 수 있다. '중국 경제는 과연 위험한가?' 이에 답하기 위해서는 중국 지도부가 생각하는 성장률의 마지노선이 어디인지, 중국 지도부가 지향하는 중국 경제의 모습은 무엇인지 판단해야 한다. 국가사회주의체제에서는 정부의 의지와 판단이 경제의 안정과 성장에 가장 중요한 요인이기 때문이다. 이러한 질문을 풀어나가기 위해 먼저 '영구 집정을 목표로 하는 집단 지도부는 어떻게 거시경제를 운영할까?'라는 질문에서부터 실마리를 찾아보자.

2) 중국의 경제정책 관련 조직

중국의 경제정책 관련 조직에는 보이는 조직과 보이지 않는 조직이 있는데, 이 중 보이지 않는 조직이 더 중요하다. 보이지 않는 조직이란 당의 '영도소조(領導小組)'들이다. 경제 전반을 다루는 '재경영도소조(財經領導小組)', 금융 부문을 다루는 '금융공작영도소조(金融工作領導小組)', 경제개혁의 전반을 책임지는 '전면심화개혁영도소조(全面深化改革領導小組)'가 가장 중요한 영도소조다. 이들 영도소조에는 시진핑(習近平)과 리커창(李克强)을 비롯한 중앙 정치국 상무위원 7명이 주 멤버로 참여하는데 경제개혁의 의제 설정과 이자율, 환율, 외환보유고 등 핵심 사항에 대한 결정이 이루어진다. 영도소조가 극히 중요함에도 보이지 않는 조직으로 간주되는 이유는 구성원이나 활동이 비공식적이기 때문이다. 물론 언론 보도로 그 윤곽을 잡을 수는 있다.

영도소조에서 결정된 사항을 집행하는 곳이 보이는 조직이다. 그중 가장 중요한 이른바 3대 경제 부처는 국가발전개혁위원회(國家發展改革委員會, NDRC), 인민은행(人民銀行, PBOC), 재정부(財政部, Ministry of Finance)다. 국가발전개혁위원회는 거시경제의 큰 그림을 그리고 기획을 담당하는데, 과거 우리나라의 경제기획원 같은 곳이다. 인민은행과 재정부는 각각 화폐정책과 재정정책을 집행한다. 여기서 인민은행, 즉 중앙은행을 경제 부처의 하나로 간주하는 것이 중앙은행의 독립성을 강조하는 일반적인 국가와의 차이점이다. 간단히 설명하자면, 보통 국가들은 정권이 바뀔 수 있기 때문에 물가와 거시 안정을 희생하면서까지 경기를 부양할 위험이 있기 때문에 중앙은행이 정권으로부터 독립되어야 한다. 반면, 정권 교체의 가능성이 없는 중국은 정부 자체가 물가에 매우 신경을 쓰고 있어서 독립된 중앙은행이 불필요하다.

3) 체제 비교

중국의 경제 운영체제 특징을 이해하기 위해 중국과 일반적인 국가를 비교해보자. 선거로 집정 정당성을 부여받는 일반 국가에서는 각 분야를 대변하는 부처 장관들이 모인 국무회의에서 가장 중요한 의사 결정이 이루어진다. 또한 여기서 결정된 사항이 각 지역의 대표로 구성된 국회의 비준을 받아야 하는 경우가 많다.

반면 중국은 중앙 정치국원이 결정한 사항을 부처에서 무조건적으로 집행하는 시스템이다. 중국의 최고위 정책 결정자들은 어떤 분야를 대변하는 사람들이 아니라 중국이라는 전체의 그림을 영구 집정이라는 장기적 관점에서 고민하는 사람들이다. 즉, 농업·과학·제조업 등의 특정 분야나 지역구의 이익을 대변하지 않는다.

'기업'의 운영 원리에 빗대어보면 이해하기 쉽다. 상장된 기업은 주주총회에서 주주들의 위임을 받은 이사회가 경영진을 통해 의사 결정을 한다. 기업에는 마케팅·전략·구매·관리 등 많은 분야가 있지만 이사진은 이런 분야에 구애받지 않고 회사 전체의 입장에서 토론하고 의사를 결정한다.

중국의 정책 결정 시스템은 특정 분야의 이익에 휘둘리지 않고 전체적인 틀에서 의사 결정을 할 수 있다는 면에서 대기업과 닮았다. 현재의 기업 지배 구조가 주주의 이익을 최우선시하기 위한 경쟁 속에서 태동된 시스템이라고 가정하면, 중국의 정책 결정 시스템이 이를 닮았다는 것은 중국의 효율성을 설명하는 하나의 요인이 된다. 물론 국무회의와 국회를 거치는 민주국가의 정책 결정은 공동체의 합의로 이루어지고 특정 세력의 독식을 막을 수 있다는 장점이 있으나, 방향성과 의제를 제대로 설정하고 집행하는 능력은 열등하다.

그런데 여기에서 문제는 민주국가는 선거를 통해, 기업은 주주총회를 통해 정당성을 지닌 운영 주체를 선발하는 반면, 중국에는 이런 제도가 없다는 것이다. '중국 공산당이 중국을 가장 잘 영도할 수 있다'는 암묵적인 믿음만 있을 뿐이다. 이는 1949년 신중국 성립 당시에는 누구도 의문을 제기할 수 없었던 강력한 명분이었지만, 그로부터 60년이 넘게 흐른 현재에도 그러한지는 의문을 가질 만하다.

4) 중국 공산당의 장기 과제와 단기 과제

이러한 의문에 대해 중국 공산당은 자기 자신을 증명해 보여야 한다. 즉, 정치적 경직성을 경제적 번영과 사회적 안정으로 무마해야 하는 것이다. 이를 위해 중국 공산당이 추구하고 있는 두 가지 과제를 단기와 장기로 분류해 살펴보자.

단기적으로 중국은 매년 900만 명의 고용을 창출해야 하고, 2020년까지 GDP를 2010년의 2배로 만들어야 한다. 매년 1000만 명 혹은 900만 명의 고용 창출은 사회적 안정을 가져올 수 있는 최소한의 조건이다. 중국은 이 과제를 무난히 달성해오고 있다. 최근 성장률이 하락했고 목표 성장률 달성에 실패했지만 일자리 창출은 큰 차질 없이 매년 1000만 명 이상씩 이뤄지고 있다(〈그림 3-2〉 참조). 고용 창출 효과가 큰 서비스업의 비중이 커졌기 때문이다. 중국은 그간 유달리 제조업의 비중이 컸는데, 2013년 이후 서비스업의 비중이 제조업을 추월했다. 여하튼 900만의 고용 창출을 위해서는 매년 일정하게 성장을 해야 하고, 이것이 6.5%라는 2016년 성장률 목표치로 표현되었다.

2020년까지 GDP를 2010년의 2배로 만든다는 것은 이른바 소강사회(小康社會) 건설로 표현된다. 2020년으로 설정한 것은 2021년이 공산당 창당

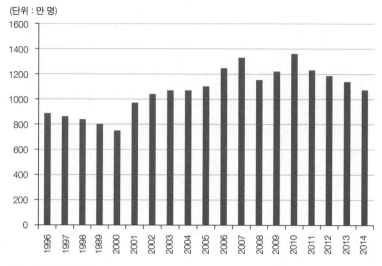

〈그림 3-2〉 도시 신규 일자리 추이

(단위 : 만 명)

자료: 중국 국가통계국.

100주년이기 때문이다. 또한 시진핑 지도부의 임기(2013~2022년)가 거의 끝
나갈 시점이기도 하다. 빈곤의 나락에 있던 중국이 공산당 덕분에 먹고살
걱정이 없어졌고, 이제 완전한 복지사회인 대동(大同)사회로 나아갈 것이라
는 장밋빛 청사진을 심어주는 것이다. 2010년부터 2020년까지 GDP를 2배
로 만들려면 매년 약 7%의 성장을 해야 한다. 그런데 2011년부터 2015년까
지 성장률이 평균 7.8%였으므로 2016년부터는 성장률이 그보다 약간 하회
하더라도 무방할 것이다.

한편 중국 공산당에 주어진 장기 과제로는 지속적인 성장을 위한 경제 체
질 강화, 도시화 연착륙과 인구위기 극복, 산업 경쟁력 강화를 꼽을 수 있다.
경제 체질 강화의 방법으로는 외부 수요(수출) 및 정부 주도(투자) 위주의 성
장에서 자체 수요(내수 소비) 위주의 지속 가능한 성장으로의 전환과 관치 금
융에서 시장 금융으로의 전환, 그리고 이러한 전환의 전제가 되는 위안화 국

제화를 들 수 있다. 도시화 연착륙이란 2억 9000만 명에 달하는 무호적 도시민에게 안정적으로 호적을 발급해주고 이에 따른 사회적 위기를 방지하는 것이다. 인구위기 극복이란 생산 가능 인구가 이미 감소세로 접어든 상황에서 급속한 고령화를 피하고 사회적 활력을 유지하는 것을 말한다. 산업 경쟁력 강화란 국유 독점을 배경으로 하는 덩치만 큰 글로벌 기업이 아닌 진정으로 경쟁력 있는 기업을 육성하는 것이다. 화웨이(華爲)나 샤오미(小米)의 예를 보면 앞으로 산업 경쟁력이 있는 기업이 중국에서 나타날 개연성은 매우 높아 보인다.

5) 장기 과제와 단기 과제의 충돌

그런데 문제는 장기 과제와 단기 과제가 충돌한다는 것이다. 장기 과제의 정책적 함의는 금리자유화, 환율 시장화, 임금 인상, 무분별한 투자 억제, 약한 정부와 강한 기업 구현 등이다. 단기 과제의 정책적 함의는 투자를 통한 경기부양, 강력한 정부 주도, 위안화 절하를 통한 수출 증대다.

장기적으로 관치 금융을 벗어나기 위해 금리를 자유화하면 민간자금 수요가 금리에 반영되어 시중금리가 인상될 수 있다. 이는 최근 경기를 방어하기 위해 기준금리를 인하하고 있는 중국 정부의 방침과 충돌한다. 또한 내수 촉진을 위해 임금을 인상하면 수출 경쟁력이 떨어지거나 기업 이윤이 줄어드는 수가 있다. 무엇보다 무분별한 투자를 억제하고 과잉설비를 도태해야 하는데 지방정부들은 자기 지역 경제성장을 저해할 이러한 정책에 극도로 반대한다.

결국 중국 정부는 단기 과제를 우선적으로 달성하면서 점진적인 장기 과제 실현을 추진할 것이다. 즉, 비록 단기적 경기부양을 위한 대증적(對症的)

조치를 취하겠지만 최소한의 성장을 할 수 있다면 남은 여력으로 장기적인 개혁 과제들을 추진할 것이라는 뜻이다.

6) 차이나 리스크

이러한 거시경제적 배경 속에서 최근 불거지는 차이나 리스크는 크게 두 가지로 볼 수 있다. 첫째는 저금리 과잉투자의 부작용에서 오는 거시적 리스크요, 둘째는 금융적 측면에서 발생하는 미시적 리스크다.

과잉투자의 부작용에서 비롯되는 리스크로는 크게 네 가지가 거론된다. 그림자 금융, 은행의 부실채권, 정부 부채, 부동산 가격 하락이다. 그림자 금융은 대개 국가들의 제2·제3 금융권을 일컫는다. 중국의 경우 은행이 거의 유일한 금융 창구였지만 글로벌 금융위기 이후 자생적으로 각종 지하자원 및 부동산 프로젝트를 기반으로 한 고금리 금융 상품들이 생겨났다. 이전에 없던 상품들이니만큼 이에 대한 규제가 없고 정확한 규모도 파악하기 어렵다는 것이 문제다. 그러나 각종 기관들이 넉넉잡아 추산한 그림자 금융의 규모는 은행 자산의 35%, 즉 GDP의 70% 수준인데 이 정도는 정부와 은행의 능력으로 관리가 가능할 것으로 평가된다.

상업은행의 부실채권도 2015년 전년 대비 51% 증가했을 정도로 빠르게 늘어나 우려가 되고 있다. 그러나 부실채권 비중은 공식적으로 전체 대출의 2% 미만으로 역시 결코 높다고 할 수 없다. 최근 중국 정부는 은행들의 대손충당금을 낮춰서 금융 운영에 숨통을 틔우려 하고 있다. 부실채권 증가를 인정하되, 은행이 이에 얽매이지 않도록 조치할 만큼 여유가 있다는 뜻이다.

한편 중앙과 지방을 합친 정부 부채는 GDP의 53% 수준이다. 이는 미국이나 일본보다 훨씬 낮은 수준이다. 문제가 될 법한 것은 지방정부들이 정당하게 채권 발행을 할 수 없는 상황에서 각종 불·편법을 동원한 융자 플랫폼을 활용했다는 것이다. 중앙정부도 이에 긴장하고 최근 몇 년간 전수조사를 하고 있는데, 일단 지방정부의 부채가 대부분 기간 내에 상환되고 있는 것으로 나타났다. 또한 지방정부 채권 발행을 점진적으로 허용할 방침이기 때문에 불투명한 자금 동원 현상은 점차 사라질 것이다.

일부 지역에 건설된 아파트들에 공실이 너무 많고 심지어 신도시 전체가 텅 빈 현상들이 보도되면서 부동산 자산 가격 하락에 대한 우려도 커지고 있다. 이는 분명히 위험한 일이고 국지적인 파국은 피할 수 없을 것이다. 그러나 중국 전체로 보면 도시화율이 56% 수준이므로 잠재적인 도시화 수요는 아직 매우 많다고 할 수 있다. 즉, 일본과 같은 전면적인 자산 가격 하락은 나타나지 않을 것이다.

한편 최근에 유행처럼 주목받고 있는 것은 증시와 자본 유출 관련 리스크다. 먼저 증시에서 2015년과 2016년 초 커다란 파동이 있었다. 중국 정부가 일시적인 주가 폭락을 막기 위해 대주주 매도 제한 등의 불합리한 규제를 가하고 공공자금으로 주식 매입에 나서자, 시장이 이에 역으로 반응해 결국 주가 폭락이 현실화된 사건이었다. 이는 개인투자자 보호를 위해 정부가 섣불리 개입해 시장의 잘못된 기대를 초래한 실패 사례로 기록될 것이다. 그러나 중국에서 이러한 증시의 등락이 자산 효과(wealth effect) 외에 실물경제에 미치는 효과는 제한적으로 나타나고 있다.

최근 환율 방어와 자본 유출도 이슈가 되고 있다. 2015년 하반기부터 매월 1000억 달러의 외화가 유출되어 외환보유고가 2015년 3.3조 달러에서 2016년 2.9조 달러까지 떨어질 전망이다. 이렇게 빠른 외환보유고 감소는 분명 충격적이지만, 그렇다 해도 이른바 필수 외환보유액 1.6조 달러(3개월 수입액+단기 외채+최근 10년 누적 FDI의 10%)보다는 아직 여유가 있다. 또한 중국의 대외 순자산은 약 1.5조 달러(GDP의 13.5%)로, 외채 상환위기 문제가 적은 편이기도 하다.

그러나 최근 조지 소로스와 같은 국제 투기 세력이 위안화 절하에 배팅하고 있는 상황에서 추가적인 자본 유출이 가속화되는 것을 중국 정부가 방조하지는 않을 것이다. 아직 정식으로 자본계정을 개방하지 않은 상태에서 부풀려진 수출입 실적, 해외 신용카드 사용, 기업의 해외 차입 등으로 외환의 출입을 경험하고 있는 중국은 이러한 부문을 통제해 사실상 자본 통제 상태에 들어갈 수 있다. 또한 지속적 평가절하에서 벗어나기 위해 2015년 여름과 같은 급진적인 평가절하를 시행할 수도 있다. 앞서 살펴본 거시적 리스크가 대체로 감내할 수 있는 수준이라면, 이러한 금융 측면의 미시적 리스크는 오히려 더 예측하기 힘든 분야다.

2. 중국의 개혁 과제

중국의 앞날은 미답지(未踏地)다. 중국의 경제 규모는 2020년 무렵 미국을 추월하겠지만 제도는 미국처럼 바뀌지 않을 것이다. 전 세계는 이제까지 존재하지 않았던 새로운 체제를 가진 국가가 세계 최대 경제 대국으로 부상하는 과정을 지켜보고 있다. 중국이 서구식 개혁 개방을 하지 않는 이유와, 그래도 개혁을 꼭 해야 하는 이유는 무엇인지 살펴보자.

1) 중국이 서구식 개혁 개방을 하지 않는 이유

우선 중국은 미국과 같은 개방된 금융체제를 가지지 않을 것이다. 중국은 자본계정의 완전 개방이 외부 충격에 취약하다는 교훈을 수차례 얻은 바 있다. 1997년 아시아 외환위기와 2008년 글로벌 금융위기가 그 예다. 이 두 차례의 위기에서 중국은 자본계정이 개방되어 있지 않아서 외부 충격을 한결 쉽게 받아넘겼다. 이미 제한된 개방만으로도 핫머니의 유출입에 몸살을 앓고 있는 중국이 전면 개방으로 해외 충격에 고스란히 노출되려 하지는 않을 것이다.

사실 선진국에서도 G20 등의 논의체에서 자본거래세 부과에 대한 논의를 진행하려 했지만 금융권의 로비 탓에 성사되지 못했다. 이렇듯 선진국에서조차 자본 이윤을 적절히 조절하려는 움직임이 있는데, 하물며 중국이 월스트리트의 이익을 대변하는 편에 서지는 않을 것이다. 즉, 중국은 자본 개방과 금융업 육성보다 정부의 거시경제 통제 유지에 우선순위를 둘 것이다.

또한 식량과 에너지라는 기본적인 생산요소를 선진국이 장악하고 있는 체제에 편입하려고 하지도 않을 것이다. 일본, 한국, 대만 등이 인상적인 발전을 이룩한 것 같지만 실은 식량과 에너지라는 핵심 자원을 선진국에 의존한 채 선진국 소비자를 위한 비핵심적인 물건을 만드는 후방 기지로 성공했을 뿐이다. 일본·한국·대만이 이러한 종속적 발전에 문제의식을 느끼지 못하는 이유는 미국 중심의 세계 체제가 자국의 체제와 안보 유지에 도움이 되기 때문이다. 그러나 중국은 이러한 종속적 발전이 자국의 체제와 안보를 위협한다고 느낀다. 중국이 적극적으로 기존 선진국의 통제를 덜 받는 아프리카 등지로 에너지 자원 수입 통로를 다원화하고, 농업 개방을 전제로 하는 TPP와 같은 높은 수준의 무역 협정과 거리를 두고 있는 것도 이런 차원에서 이해할 수 있다.

무엇보다 다당제 개혁이 공산당 치하의 중국에서 실현될 가능성은 없다. 서구식 다당제를 암시하는 그 어떤 움직임도 강력하게 통제하고 있는 중국

공산당은 '당내 민주(黨內民主)'의 확대를 대안으로 추진하고 있다. 이러한 공산당 정책에 반대하는 새로운 정치 세력은 현재 전무하다. 일부 지식인을 중심으로 서구식 민주주의 담론이 오가고 있지만 이들이 인민의 지지를 받는 어떤 세력으로 결집될 조짐은 보이지 않는다. 비록 기층 인민 대표나 당대표 선거에서 당선자 수보다 후보자 수가 더 많은 차액(差額) 선거 시스템을 도입하고 있고 매년 열리는 인민 대표 대회에서 반대표가 점점 많아지는 등의 움직임은 관찰되지만, 이것이 근본적인 변화를 초래할 만한 임계점에 도달하는 것은 아직 먼 일로 보인다.

2) 중국이 추가적인 개혁 개방을 해야 하는 이유

반면 중국이 현 상태에 머문다는 건 그 자체로 확정된 실패로 가는 길이다. 우선 중국은 경제 규모에 걸맞지 않게 경화(硬貨) 취급을 받지 못하는 위안화를 국제화해야 한다. 위안화 국제화로 무역 결제의 막대한 거래 비용을 줄일 수 있고 비효율적인 방대한 외환보유고를 줄일 수도 있다. 독일과 일본이 한때 중국과 비길 만한 경제 규모 순위에 있었으나 각국은 자국 통화가 기축통화가 되면 화폐가치가 올라가 무역에서 이득이 줄어드는 것을 꺼린 나머지, 마르크화나 엔화의 국제화를 적극적으로 추진하지 않았다. 중국은 적어도 명시적으로는 무역 흑자가 아닌 균형 무역을 표방하고 있으므로 독일과 일본의 전철을 밟지 않고 미국에 견줄 만한 기축통화를 보유하고자 하는 것으로 보인다. 단, 그 과정에서 여러 가지 복잡한 문제가 제기되는데 이는 다음 절에서 살펴본다.

효율적인 경제체제를 구축하기 위해서는 관치 금융체제를 탈피해야 한다. 중국은 정부의 권위적인 자원 배분이 국유 부문보다 우선적으로 이루어저왔다. 특히 최근 글로벌 금융위기에서 경기부양을 위해 쏟아부은 돈이 국유 부문에 대거 흘러들어가면서 민간 부문의 금융 소외는 더 심해졌고, 이것이 그림자 금융 현상의 배경 중 하나가 되었다. 은행이 정확한 대출 심사 능력을 갖추고 이를 시행해 투명한 금리로 공정하게 금융을 배분하는 효율적인 시스템을 갖춰야만 투자의 효율성이 높아지고 제조업과 서비스업에서의 창신(創新)이 원활히 이루어질 것이다.

제조업과 서비스업의 경쟁력 강화에는 높은 수준의 개방이 도움이 된다. 중국에서 해외시장에 개방한 전자 산업은 상당한 국제경쟁력을 갖춘 반면, 국유 체제에 묶여 있던 자동차 산업에서는 이렇다 할 국제적인 사례가 나오지 못했다. 중국의 서비스업, 특히 금융과 여가 부문이 갈수록 글로벌 수준에 근접해가는 것도 자국 내에 진출한 다국적기업으로부터 배웠기 때문이다. 강한 기업과 산업을 꿈꾸는 중국은 개방을 통해 자생력을 키우고 나아가 해외시장을 개척하고자 한다. 이러한 면에서 시장 친화적 개혁 추진은 불가피하다.

3) 금융 개혁의 딜레마와 위안화 국제화

개혁과 개방이 가져올 장단점이 가장 극명하게 드러나는 분야가 금융이다. 로버트 먼델이 정리한 이른바 '삼위일체 불가능(Impossible Trinity)' 이론은 중국의 금융 현황을 잘 설명해주는 도구다. 삼위일체 불가능이란 자주적 통화정책, 고정환율, 자본계정 개방을 동시에 달성할 수 없다는 것이다. 이를 응용하면 금리, 환율, 자본 흐름을 적절히 통제하든가 셋 모두 개방해 시장에 맡겨야 한다는 함의가 도출된다. 우리나라가 1997년 당시 자본계정을 개방한 상태에서 고정환율과 시장 고금리를 유지해 기업들의 무분별한 해외 차입을 야기했던 것이 외환위기의 직접적 원인이었던 것을 생각하면 이해하기 쉽다. 당시 우리나라가 환율마저 완전 개방을 했더라면 고정환율을 틈탄 자본 유입은 상당 부분 없었을 것이고 외환위기도 겪지 않았을 것이다.

현재 중국은 명목상 금리를 자유화했지만 시장금리가 활성화되었다고 하기 어려우며 국제금리보다 국내금리가 높은 상황이다. 환율은 2005년 이후 점진적인 평가절상이 이루어진 가운데 최근에는 시장체제의 도입이 역설적으로 급격한 평가절하를 가져왔다. 한편 자본계정은 명목상 개방하지 않았으나 앞서 살펴본 대로 부풀려진 무역 실적과 기업들의 해외 차입 등으로 핫머니 유출입의 통로가 뚫려 있다. 이런 상황에서 중국이 추가로 금리 인하를 할 것이 예상되면서 위안화 평가절하에 배팅하는 금융 투기 세력들과 중국 당국이 힘겨루기를 하고 있는 것이 현재의 상태다.

이런 상황에서 중국이 속 시원히 자본계정을 개방하고 환율 통제를 완전히 포기하고 금리도 시장에 완전히 맡겨버린다면 짧은 혼란기를 거쳐서 나름대로 개방적인 금융 시스템이 정착되긴 할 것이다. 위안화의 국제화를 위해서도 자본계정의 개방이 필요하다. 그러나 이러한 정책의 귀결이 앞서 살펴본 대로 외부 충격에 매우 취약한, 중국 지도부가 지향할 수 없는 곳으로 중국을 데려가는 것이기에 중국은 금융을 완전 개방하지는 않을 것이다. 일찍이 상하이 자유무역 시범 지역이 설립되면서 자본 태환 허용을 기대했으나, 현재까지 자유무역 지역이 톈진, 푸젠, 광둥으로 확대된 가운데 자본 태환 허용은 전혀 이루어지지 않고 있다. 상하이의 제도를 마련하는 과정에서 자본 개방을 원하는 리커창 총리 및 상하이 시정부 관계자들과 전 국가 통계국장을 비롯한 보수적인 중앙 관료 집단이 논쟁을 벌였다. 과연 한 지역의 자본 개방이 국내로 유입되는 것을 막을 방화벽이 있느냐는 것이 논쟁의 쟁점이었다.

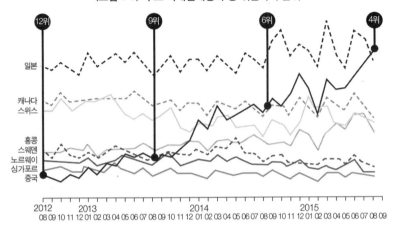

〈그림 3-3〉 주요 국제결제통화 중 위안화의 순위

자료: SWIFT RMB internationalization tracker.

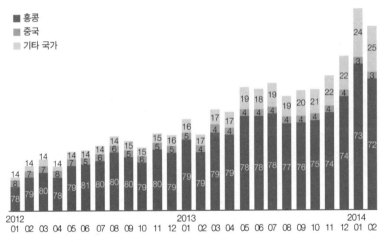

〈그림 3-4〉 지역별 위안화 국제결제 발생 비중(단위: %)

자료: SWIFT RMB internationalization tracker.

금리자유화가 실제로 초래할 금리 인상은 현재 부채 구조 속에서 치명적이다. 현재 중국의 저금리정책은 경기부양용인 동시에 리스크 관리용인 측면이 크다. 이런 상황에서 민간 부문 금융의 숨통은 틔워야겠기에 소규모 민간은행을 설립하고, 재테크 상품을 제도화하고, 지방정부의 채권 발행을 허용하는 등 부차적인 개혁부터 추진하고 있다. 특히 위안화 국제화는 국내 개혁이 아닌 '역외 사용 확대' 차원에서 추진하고 있다. 통화 국제화가 필수적으로 수반해야 하는 자본계정 개방을 미루고 다양한 금융 상품 개발을 가져올 금리 시장화도 미룬 상황에서 중국이 취할 수 있는 선택이란 위안화를 통한 무역 결제를 부지런히 확대하는 것뿐이다. 이에 따라 국제결제통화 중 위안화의 순위는 최근 엔화를 제치고 4위에 올랐다(〈그림 3-3〉 참조). 그러나 아직까지도 70% 이상의 해외결제는 홍콩에서 이루어지고 있는 상황이어서 진정한 국제화를 달성했다고 하기는 어렵다(〈그림 3-4〉 참조).

4) 기타 부문의 주요 개혁 과제

국유 기업 개혁은 본질적인 개혁 과제 중 하나다. 그러나 시진핑 지도부 들어서 '공유제를 근간으로 하는 혼합 소유제'가 재강조되면서 국유 기업에 대한 급진적 개혁은 멀어졌다. 보완적으로 발표된 국유 기업 개혁 방안을 요약하면 다음과 같다. ① 국유 기업의 재벌식 확장을 허용한다. ② 일반 상업형 국유 기업에는 시장 경쟁을 도입한다. ③ 핵심 상업형 국유 기업은 정부의 지분을 유지한다. ④ 공익형 국유 기업은 국유 독자(獨資)의 지위를 유지한다. 이러한 개혁을 통해 핵심 국유 기업은 더 강화되고, 일부 부문에서 국유 기업이 민영 부문을 잠식하는 일마저 나타날 것이다.

앞서 언급한 도시화 연착륙은 '신형 도시화'라는 이름으로 추진되고 있다. 2억 9000만 명(도시인구의 약 40%)의 무호적 도시민에게 안정적으로 호적을 부여하려는 이 정책은 큰 도시일수록 신규 유입 희망 인구가 많은 점을 고려해, 인구 규모에 따라 50만 명, 100만 명, 300만 명, 500만 명 이상과 같이 구분해 차등 개방정책을 실현하려 한다. 즉, 도시 재정 부담을 최소화하기 위해 큰 도시일수록 인구 유입을 통제하고 작은 도시는 완전히 개방한다는 방침이다.

인구 고령화 및 연금 시스템을 개혁하는 것도 중요하다. 노동인구는 이미 2015년부터 감소세로 돌아섰으나, 중국의 적정 농업인구가 3억 명으로 추산되고 아직까지 도시화율이 56% 정도인 것을 생각하면, 유휴노동력의 고갈을 의미하는 루이스 포인트(Lewis Point)에는 아직 도달하지 않았다. 그러나 동부 연해 지역을 중심으로 국지적인 노동력 부족과 연금 고갈 현상은 이미 나타나고 있다. 이미 2008년에 부부가 모두 독자일 경우 자녀 둘을 낳을 수 있도록 했고(雙獨二孩), 2013년에는 한쪽만 독자라도 둘을 낳을 수 있도록(單獨二孩) 한 데 이어, 2015년에는 누구나 둘을 낳을 수 있도록(全面二孩) 정책을 바꿨다. 그러나 교육비 부담 등의 이유로 실제로 둘째를 낳을 수 있는 부부 가운데 둘째를 낳으려는 비중은 10% 남짓에 불과했다. [1]

연금은 현재 젊은이가 낸 적립금을 퇴직자가 활용하는 방법(現收現付)에서, 본인이 젊었을 때 비축한 적립금을 퇴직한 후 활용하는 방법(積累)으로 서서히 전환되고 있다. 이같은 부분 적립 시스템은 2011년에 도입됐다.

5) 새로운 공급 창출 방안

지난 12차 5개년계획(2011~2015년)은 수요관리 위주의 정책으로 매우 필요한 개혁이었으나 이것만으로 성장률을 담보할 수 없었다. 이를 보완하고

---

[1] 1100만 커플 중 145만 커플 응답(京華時報, "国家卫计委: 全国145万对夫妇提再生育申请", ≪新浪≫, 2015年 7月 11日).

자 시진핑 지도부는 뉴 실크로드라는 이른바 일대일로(一帶一路)와 아시아인
프라투자은행(AIIB) 설립을 추진하고 있다. 이는 기존에 이루어진 과도한 인
프라 투자를 살리고, 계속해서 그러한 투자를 하겠다는 의지의 표현이다. 한
편 '제조업 2025'와 '인터넷+' 등 정부 주도의 산업정책을 연달아 발표했다.
그러나 산업을 민간에 맡기고 정부는 기업 정책이라는 큰 틀을 관리하는 경
제 운영 모델이 중국에서 자리 잡기는 시기상조인 듯하다.

3. 한국의 대응 방안

1) 근본적인 체질 개선

지금까지 중국의 변화 현황과 과제를 살펴봤다. 이에 따른 한국의 대응
방안으로는 우선 근본적인 체질 개선이 필요하다. 중국에 한국이 어떤 반응
을 해야 한다는 발상만으로는 현 상황을 타개할 수 없다. 문제는 중국이 냈
지만 답은 한국에 있다는 것이다.

중국 특수의 소멸은 중국만의 문제가 아니다. 글로벌 금융위기 이후 전
세계가 직면하고 있는 저성장과 교역 감소 현상의 일부일 뿐이다. 즉, 한국
이 직면한 문제는 중국 특수의 소멸이 아니라 전 세계적인 수요 감소다(〈그
림 3-5〉 참조). 이런 상황에서 대외 의존도가 세계 최고 수준인 한국이 계속
해서 수출 주도형 경제 운용을 고집한다면 실패를 자초하는 것과 다름없다.
한국은 외부 수요에 대한 의존을 줄이고 내수를 확대하는 정책을 펴야 한다.

이를 위한 과제 선정은 다양한 층차에서 논의할 수 있으나, 절반 넘는 국
민이 비정규직이라는 이름으로 삶의 한계에 몰려 있는 상황을 타개하고, 왜

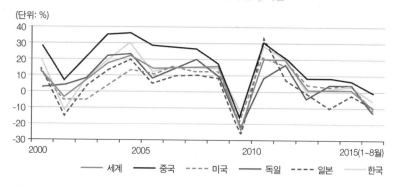

〈그림 3-5〉 세계 주요국의 수출 증가율

(단위: %)

세계 ── 중국 ---- 미국 ── 독일 ---- 일본 ── 한국

자료: 한국무역협회.

곡된 요소 가격, 즉 높은 토지 가격과 낮은 노동 가격을 시정하는 정책이 시
급하다.

2) 경쟁력 확보를 위한 산업정책

중국 기업의 경쟁력 상승에 직면한 한국으로서는 첨단산업에서 경쟁력을
강화하고 중국과의 격차를 유지하는 것이 중요하다. 전자·자동차·조선·철
강·석유화학 등 각 분야의 대기업들이 이를 위해 매진하고 있다. 아마 정부
가 무엇인가를 더 주문하거나 가르쳐주지 않아도 각 기업들은 중국 변수를
우선순위에 놓고 생존 전략을 그리고 있을 것이다.

그러나 발상을 달리하면 다양한 영역으로 부가가치 창출을 넓히는 것이
중요한데, 이것이 이른바 '지만수 매트릭스'라는 이름으로 제시된 바 있다
(〈표 3-1〉 참조). 즉, 농업이나 섬유, 단순 제조업과 같은 분야에서도 새로운
발상과 맞춤형 경쟁력을 확보하면 글로벌 밸류 체인 속에 충분히 자리매김
을 할 수 있다는 것이다. 이러한 전략은 비단 중국 변수 차원에서뿐 아니라

124   제2부 동아시아 경제: 중국 그리고 한반도

〈표 3-1〉 지만수 매트릭스

OUTPUT ▶

활동	경쟁 요소	농수산 식품업	경공업	중화학공업	첨단산업	서비스산업
시장 창조자	가치·문화 창조 시장 지배	웰빙 문화	레고 블록, 이케아	우주, 항공, 군수	애플	구글, 마이크로소프트, 알리바바
브랜드	전통·신뢰· 투명성	코카콜라, 정관장	나이키, 명품류	BMW, 3M	IBM	아이비리그, 매킨지
연구 개발	지식 응용의 체계화	종묘·유전자, 비료·농약	고어텍스 신소재·신기술, 응용 제품	에너지 절약 기술, 신소재, 자동화	반도체, 디스플레이, 신약 개발	투자은행, 미국 대학 교육, 3D 영화
디자인· 기획	창의력	생협, 귀농	패션 산업, 고급 도서	크루즈 선	아이폰	영화, 한류, 연예 산업, 올레길
프리미엄 제조	기술력 장인정신	명품 농수산물 유기농법, 유럽 와인, 맛집	이태리 의류산업, 스포츠용품	독일·일본의 기계 화학 산업, 고부가가치 선박	프리미엄 IT, 정밀 화학·기계, 의료기기	금융, 법률, 의료
조립 제조	규모의 경제 조달망 품질관리	원양어업, 기계화 영농, BBQ 치킨	일반 의류, 신발	전자, 기계, 조선	부품 조립	DHL, 인도 서비스산업
단순 가공	저임금	가족 농경작, 대중식당	섬유, 봉제, 플라스틱, 식품	철근, 시멘트 등 범용 소재	부품 가공	단순 서비스 자영업

INPUT ▲

주: 단선적 경쟁 공간을 입체화해 차별화 공간을 확보(샌드위치 방지).
자료: 중앙일보 중국연구소.

한국의 근본적인 산업정책의 방향으로도 진지하게 검토할 만하다.

3) 이슈별 대응

중국의 일대일로와 AIIB를 바라보는 한국의 심정은 복잡하다. 금융 자원
이 서쪽으로 나아가는 모양새기 때문이다. 한국은 국제적인 협력을 강조하
고 있는 중국의 이 두 가지 이니셔티브에 적극적으로 참여해 동쪽으로 자원
을 끌어올 필요가 있다. 따라서 한국과 이해관계가 같고 출해(出海) 통로에
관심이 많은 중국의 동북삼성(東北三省) 지방정부와 긴밀하게 협력해야 한

다. 중국 중앙정부도 이러한 움직임에 호응해서인지 2015년 10월 5중전회에서 전에 없이 "일대일로는 동서 양방향 개방 프로젝트"라고 천명한 바 있다. 우리는 이를 활용해 두만강 등의 지역에서 남북러중이 참여하는 다국적 프로젝트를 실행하는 방법으로 동북아 개발을 추진할 수 있다.

위안화 국제화도 한국이 신경 써야 할 중요한 도전이다. 위안화의 역외 사용 확대 정책에 따른 한국형 활용 모델 설정이 필요하다. 홍콩(풍부한 유동성, 중국 기업의 해외 진출 창구, 후강퉁), 싱가포르(채권 및 상품 거래), 런던(기존 금융허브) 등은 이미 각자의 특성을 살려 자리매김하고 있다. 한국은 대중 교역 흑자를 통한 위안화 유동성 축적에 유리한 입장이고, 최근 재정(裁定) 환율이 아닌 직거래 환율을 사용할 수 있을 정도로 원화-위안화 거래가 증가하고 있다. 그러나 '불태환 통화를 어디까지 보유해야 하는가'라는 새로운 문제의식을 진지하게 검토해야 한다. 만약 한국이 위안화 자산 및 현금을 지금보다 더 보유한 상태에서 2015년 8월과 같은 위안화 폭락 사태가 벌어진다면 어떻게 대처할 것인가?

4) 기타 틈새 전략

중국 소비 시장을 개척해야 한다는 것은 1992년 한중수교 이래 한국이 계속해서 붙잡고 있는 화두다. 그러나 아직까지도 한국의 대중 수출은 중간재 위주이고 소비재의 비중은 3% 남짓에 불과하다. 이는, 이 분야가 그만큼 어렵다는 뜻이자 단기간 내에 성장을 한다 해도 한국에 커다란 변화를 가져올 만한 이슈가 아니라는 뜻이기도 하다. 그러나 소비재 수출이 대중 수출의 3%라고 해도 40억 달러가 넘는 규모인 데다, 주요 중간재를 거의 모두 보호하다시피 한 한중 FTA에서 그나마 수혜가 가능한 분야이기 때문에 소비재 수출 확대는 무시할 수 없는 화두다. 현재 영유아용품, 식음료품, 한류 상품 등의 성장 가능성이 큰 것으로 평가된다.

중국이 앞서 설명한 방향으로 크게 움직이고 있지만 각 지역별로는 한국이 맞춤형 전략을 구사할 여지가 있다. 이를테면 자유무역 시범구(상하이, 광둥, 톈진, 푸젠)로의 금융업 및 물류업 진출, 국제 전자상거래 시범 도시(정저우)로의 진출 등이다. 또한 중국에서 가공무역 모델이 이미 끝났다고 속단하기 전에 여전히 가공무역 유치를 희망하는 내륙 거점 도시나 곳곳에 세워진 한국 전용 공단을 활용할 수 있다. 또한 새롭게 부상하는 일대일로 거점 도시를 활용해 중국 기업과 함께 중앙아시아 및 동남아로의 진출을 도모할 수 있다.

다음으로 중소기업 간 협력이다. 그동안 대기업의 중국 진출은 자생적으로 진행(삼성전자, 현대차, 하이닉스)되거나 이미 포화상태(두산, SK, LG)에 이르렀다. 그러나 한국의 실력 있는 중소기업과 외국과의 합작 기회를 찾는 중국 기업 간의 제휴는 아직 활성화되었다고 보기 어렵다. 이미 한중 중소기업 VC 포럼, 한중 기술이전 대회, 해외 수요처 연계 기술 개발 사업 등을 통한 기회 포착이 이루어지고 있는데, 이러한 분야에서 한국 중소기업의 새로운 활로를 모색할 수 있다.

제4장

동아시아 발전모델의 원형과 변형*
한중일 3국 모델의 공통점과 차이점

김형기 | 경북대학교 경제통상학부 교수

1. 머리말

일본, 한국, 중국 등 동아시아 국가의 경제 발전을 다른 서구의 경제 발전과 구분되는 독자적인 발전모델로 유형화할 수 있는가? 다른 발전모델과 구분되는 공통점이 한중일 3국에 있는가? 동아시아 발전모델을 독자적인 발전모델로 유형화할 수 있다면 동아시아 발전모델의 원형(prototype)은 무엇인가? 그리고 동아시아 발전모델의 변형(variants)으로서 한국 모델, 일본 모델, 중국 모델의 차이는 무엇인가?

발전경제학에서는 일본, 한국, 대만, 홍콩, 싱가포르 등의 경제 발전을 '동아시아 신흥공업경제(NIEs)', '동아시아 모델' 혹은 '아시아 모델'로 설정해 그 특성을 연구해왔다. 이는 일본, 한국, 대만, 중국, 싱가포르, 홍콩 등의 동아시아 경제가 하나의 독자적 경제 발전을 성취했음을 보여준다.[1] 그런데

---

*   이 글은 ≪경제발전연구≫ 제22권 제1호(2016)에 게재된 논문임을 밝힌다.
1)   동아시아 경제 발전 특성을 연구한 것으로는 World Bank(1993), Chowdhury and Islam

이 연구들은 대부분 동아시아 경제 발전의 특수성을 부각하고 있지만, 자본주의의 다양성 이론 혹은 자본주의 발전모델론의 관점에서 다른 모델과 구분되는 동아시아 발전모델의 특성을 비교제도적으로 해명하고 있지는 않다.

자본주의의 서로 다른 모델의 차이를 밝히려는 이론에는 자본주의 다양성론과 조절 이론의 발전모델론이 있다.[2] 자본주의 다양성론을 제시한 홀과 소스키스는 자본주의 시장경제를 자유 시장경제(LME: Liberal Market Economies)와 조정 시장경제(CMEs: Coordinated Market Economies) 두 유형으로 구분했다(Hall and Soskice, 2001). 여기서는 일본만이 조정 시장경제로 분류되어 연구되었다. 아마블은 제도경제학의 방법에 기초해 자본주의를 시장기반 모델, 사회민주주의 모델, 대륙 유럽 모델, 지중해 모델, 아시아 모델 등 다섯 가지로 유형화했다(Amable, 2003). 이 연구는 일본과 한국을 독자적인 아시아 모델로 선정해 비교제도적으로 다루었다. 하지만 한국과 일본의 차이는 다루지 않았다. 한편 보이어와 우에무라 그리고 이소가이는 조절 이론에 기초해 한중일 각국의 경제와 아시아 자본주의의 다양성을 분석했다(Boyer, Uemura and Isogai, 2012). 하지만 여기에서도 발전모델론에 기초해 한중일 3국이 동아시아 발전모델로서 공통성뿐만 아니라 차별성 또한 갖는다는 것을 비교제도적으로 분석하지는 못했다.

이 글에서는 기존의 동아시아 발전모델 논의를 조절 이론의 자본주의 발

(1993), Richter(2000), Chang(2006), Henderson(2011), Walter and Zhang(2012), Perkins (2013) 등이 있다.

2) 영미형, 라인형, 노르딕형, 지중해형, 동아시아형 등 자본주의 유형론으로서의 '자본주의 모델'과 조절 이론에서의 '자본주의 발전모델'은 서로 다르다. 다음 절에서 보는 것처럼 조절 이론에서의 발전모델 개념은 자본주의를 체계적으로 인식하려는 분석적 개념이다. 반면 자본주의 모델에서의 모델은 단순히 유형론일 뿐이다. 따라서 이 글은 서로 다른 자본주의 모델들을 발전모델 개념으로 접근해 '동아시아 자본주의 모델'을 '동아시아 발전모델'로 파악하고자 한다.

전모델 개념과 제도경제학의 제도적 보완성 개념에 기초해 재검토하고, 동아시아 발전모델의 원형과 한중일 3국에서의 변형을 제도적 위계 개념에 기초해 밝히고자 한다. 이를 위해 먼저 발전모델 분석의 이론적 틀을 마련해 이 틀에 따라 동아시아 발전모델의 원형을 제시하고, 나아가 한중일 3국에서의 변형을 제시하고자 한다. 이를 통해 동아시아 발전모델을 하나의 독자적 발전모델로 유형화할 수 있음을 보이고, 또한 동아시아 발전모델의 세 가지 변형인 일본 모델, 한국 모델, 중국 모델의 서로 다른 특징을 밝히고자 한다.[3]

2. 발전모델 분석의 이론적 틀

이 글에서는 서로 다른 자본주의 발전모델의 특성을 분석하기 위한 이론적 틀을 조절 이론의 통찰에 기초해 제시하고자 한다. 조절 이론이 자본주의의 시간적 다양성과 공간적 가변성을 밝히는 유용한 이론적 틀을 제공하기 때문이다. 조절 이론에 따르면, 발전모델은 축적체제(accumulation regime)와 조절 양식(mode of regulation)으로 구성되어 있다. 축적체제는 생산성체제와

---

[3] 중국 경제가 지속적인 고도성장에 성공하기 이전까지 동아시아 발전모델에는 보통 일본, 한국, 대만이 포함되었다. 하지만 중국이 개혁·개방에 성공해 중진국 수준의 발전도상국에 이르게 된 2000년대부터 중국을 동아시아 발전모델에 근사한 것으로 인식하는 연구들이 나타나기 시작했다. 예컨대 Baek(2005)과 Bolto and Weber(2009)에서는 중국이 대체로 동아시아 발전모델을 따르고 있다고 보고, Walter and Zhang(2012)에서는 중국을 동아시아 발전모델의 한 변형으로 규정했다. 반면 Hsu, Wu and Zhao(2011)에서는 중국이 중앙정부의 제도적 역량이 취약하므로 강력한 산업정책을 추진할 수 없다는 점에서 발전국가로 보기 어렵다는 이유로, 중국 모델을 동아시아 발전모델에 포함하는 데 유보적이다. 이처럼 중국 경제를 동아시아 발전모델의 한 변형으로 볼 수 있는가는 논쟁거리다. 이 글에서는 중국을 동아시아 발전모델의 한 변형으로 보고 있는데 그 이유는 이하의 논의에서 제시한다.

수요체제로 구성된다. 생산성체제는 생산성이 획득되는 체제이며 노동과정을 포함한다. 수요체제는 소비, 투자, 정부 지출, 순수출의 총합이다. 하나의 축적체제는 생산성체제(공급)와 수요체제(수요) 간의 연계로 완성되는 자체적인 거시경제적 회로를 가지고 있다. 또 축적체제에 규칙성을 부여하는 조절 양식은 일련의 제도 형태로 구성되어 있다(Boyer and Saillard, 2002).

조절 이론에 따르면 자본주의 경제는 통화체제, 임노동 관계, 경쟁 형태, 국가와 경제의 관계, 세계 경제에의 편입 형태 등 다섯 가지의 제도 형태를 가지고 있다. 이 제도 형태들의 총체가 하나의 특정한 조절 양식을 창출한다. 조절 이론에 따르면 하나의 발전모델의 특성은 이 다섯 가지 제도 형태로 분석할 수 있다. 동아시아 발전모델의 원형과 그 변형을 밝히는 데 이러한 조절 이론의 발전모델 분석 틀을 참고할 수 있다.

조절 이론의 다섯 가지 제도 형태를 이 글에서는 5대 부문으로 설정했다. 통화체제는 금융 시스템과 금융시장을 포함한 금융 부문으로, 임노동 관계는 노동 시스템과 노동시장을 포함한 노동 부문으로, 경쟁 형태는 기업 시스템과 제품시장을 포함한 기업 부문으로, 국가와 경제의 관계는 국가유형과 정책 패러다임을 포함한 국가 부문으로, 세계 경제에의 편입 형태는 무역체제와 세계시장을 포함한 해외 부문으로 설정했다.

이러한 설정은 분석적으로 다음과 같은 장점을 가지고 있다. 조절 이론에서는 제도 형태만 고려하지만 이 글에서는 제도로서의 시스템과 시장을 함께 고려한다. 이 글에서 설정한 '5대 부문 모형'은 제도와 시장을 동시에 포함하기 때문에 조절 이론의 다섯 가지 제도 형태를 확장한 것이라고 볼 수 있다. 제도와 시장의 상호작용을 분석할 수 있을 뿐만 아니라 각 발전모델의 제도와 시장을 더 체계적으로 비교·분석할 수 있는 장점이 있다.

5대 부문 모형으로 발전모델을 분석하는 방법이 〈그림 4-1〉에 제시되어 있다. 하나의 발전모델 내에는 3대 시장, 즉 금융시장, 제품시장, 노동시장이 존재한다. 3대 시장은 각각의 체제에 따라 작동하면서 상호작용한다. '금융시장-제품시장', '제품시장-노동시장', '금융시장-노동시장' 사이의 상호작용이 발전모델의 성장과 위기를 낳는 원천이다. 이 3대 시장은 세계시장의 변동에 영향을 받는다. 세계화 시대 개방경제에서 그 영향은 직접적이고 강력하다. 세계 금융시장이 국내 금융시장에, 세계 제품시장이 국내 제품시장에 미치는 영향이 특히 그러하다. 한편 글로벌 경쟁은 금융 부문, 기업 부문, 노동 부문에 깊숙이 작용하는데, 금융 시스템은 금융시장에, 기업 시스템은 제품시장에, 노동 시스템은 노동시장에 각각 영향을 미친다. 이처럼 금융 시스템, 기업 시스템, 노동 시스템은 상호작용하며, 이는 한 기업 내에서도 마찬가지다.

기업 시스템은 기업 지배 구조, 경영 방식, 기업 간 관계를 포함한다. 금융 시스템은 통화제도, 은행제도, 신용제도를 포함한다. 노동 시스템은 노동 과정, 고용 시스템, 노사 관계를 포함한다. 무역체제는 외환 시스템, 무역협정, 국제 자본 이동 등을 포함한다. 무역체제가 자유화되는 정도에 따라서 세계시장이 제품시장, 금융시장, 노동시장에 미치는 영향이 달라진다. 국가 유형은 헌법, 법률 체계, 사회 협약 등의 제도에 따라 결정된다. 정책 패러다임은 국가가 네 가지 부문, 특히 제품시장, 금융시장, 노동시장에 개입하는 형태를 나타낸다.

하나의 발전모델의 성격은 상호작용하는 이 5대 부문의 총체에 따라 결정된다. 여기에 더해 시민사회의 지배적 가치관인 사회 패러다임(societal paradigm)이 하나의 발전모델의 응집력에 영향을 미친다.

발전모델이 일관성과 응집력을 가지려면 이 5대 부문이 제도적 보완성(institutional complementarity)을 가져야 한다. 제도적 보완성 가설에 따르면

〈그림 4-1〉 발전모델 분석의 이론적 틀: 5대 부문 모형

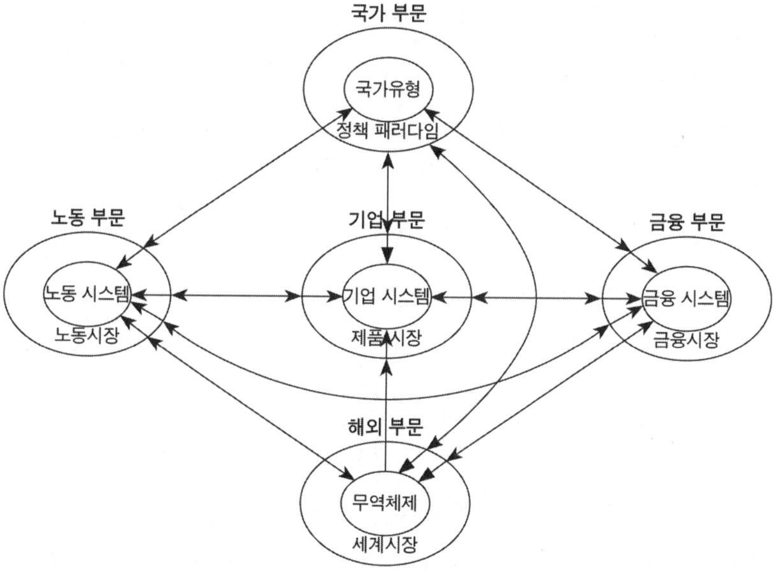

국가 부문

국가유형
정책 패러다임

노동 부문

노동 시스템
노동시장

기업 부문

기업 시스템
제품시장

금융 부문

금융 시스템
금융시장

해외 부문

무역체제
세계시장

하나의 발전모델 내의 제도들 사이에는 상호 의존성 혹은 상호 보완성이 존재한다. 하나의 제도가 다른 제도의 효율성을 증가시킬 때 두 제도는 상호 보완적이다(Aoki, 1994; Hall and Soskice, 2001; Amable, 2003).[4] 제도적 보완성은 발전모델의 일관성과 응집력을 보증한다. 하나의 발전모델은 상호 보완적인 제도의 집합으로 구성되고, 다른 발전모델은 또 다른 상호 보완적인 제도의 집합으로 구성되며, 서로 다른 발전모델은 서로 다른 상호 보완적인 제도의 집합으로 구분된다. 따라서 제도적 보완성 가설은 자본주의의 다양성을 밝히는 데 유용하다.

---

4) 예컨대 금융시장은 자유화되어 있으나 노동시장이 경직적인 경우에는 금융시장이 자유화되고 노동시장이 유연할 때에 비해 국민경제의 성과가 떨어진다는 것이다. 역으로 노동시장이 경직적이고 금융시장이 규제를 받는 경우에는 금융시장이 자유화되고 노동시장은 경직적인 경우보다 성과가 높다.

제도적 보완성 가설에 따르면 제도 간에 근본적 불일치가 존재할 때는 근본적 일치가 존재할 때에 비해 성과가 떨어진다. 상호 보완적인 제도들로 구성된 하나의 발전모델에 다른 발전모델에서 작동하던 이질적인 제도들이 도입되는 하이브리드화는 제도적 보완성의 결여를 초래해 경제적 성과를 떨어뜨린다.

제도적 보완성 가설은 외부 충격으로 발전모델이 갑자기 붕괴할 수는 있지만 하나의 발전모델이 다른 발전모델로 점진적으로 이행한다고 보지는 않는다. 왜냐하면 주어진 발전모델 내부에서 오직 한계적 변화만이 일어난다고 보기 때문이다. 따라서 제도적 보완성 가설은 하나의 발전모델 구조가 재생산되는 것을 밝히는 데 유용하지만 발전모델의 전환을 설명하기 어렵다.

다른 한편, 제도적 위계(institutional hierarchy) 개념은 하나의 발전모델 내부에서 어떤 제도가 다른 제도에 비해 우월한 지위에 있는 상황을 나타낸다. 제도들이 상호 보완성을 가지고 하나의 발전모델로 결합되어 있지만 그 제도들의 상대적 중요성이 다르다는 것이다. 이 개념은 하나의 발전모델의 변형을 설명하는 데 유용하다. 제도적 위계의 서로 다른 형태가 하나의 발전모델의 서로 다른 변형을 창출한다. 즉, 〈그림 4-1〉에서 제시된 발전모델을 구성하는 5대 부문 간 제도적 위계의 차이가 동일한 발전모델 내부에서 서로 다른 변형을 낳는다는 것이다.

이 글이 다루는 동아시아 발전모델의 원형을 제시할 때는 제도적 보완성 가설이 유용하다. 동아시아 발전모델과 다른 발전모델, 예컨대 영미형 발전모델, 라인형 발전모델, 노르딕형 발전모델과 구분되는 특성을 밝힐 때, 제도적 보완성 가설에 따라 상호 보완적인 5대 부문 제도들의 집합을 제시하는 방법을 택할 것이다.

한편, 동아시아 발전모델의 변형, 즉 한국 모델, 일본 모델, 중국 모델의 차이를 밝힐 때는 제도적 위계 개념이 유용할 것이다. 동일한 동아시아 발전모델 내에서도 한중일 3국 모델은 각각 서로 다른 제도적 위계를 가질 수 있다. 예컨대 기업 부문, 금융 부문, 노동 부문 간의 제도적 위계가 한중일 3국에서 상이할 수 있다. 이 서로 다른 제도적 위계가 동아시아 발전모델의 세 가지 변형을 창출한다고 볼 수 있다.

3. 동아시아 발전모델의 원형

한중일 3국 모델을 포함한 동아시아 발전모델에 관해서 쓴 책과 논문은 아주 많다. 첫 절에서 소개한 대표적인 연구들을 검토해보면 동아시아 발전모델에 관해 잘 알려진 정형화된 사실이 있음을 알 수 있다. 여기서는 앞에서 제시한 분석 틀을 적용해 이처럼 정형화된 사실을 정리함으로써 동아시아 발전모델의 원형을 밝히고자 한다. 동아시아 발전모델의 원형은 영미형 모델, 라인형 모델, 노르딕형 모델 등 다른 발전모델의 제도·형태와 구분되는, 한중일 3국 경제에 공통적인 기본적 제도·형태에서 도출할 수 있다. 〈표 4-1〉에 동아시아 발전모델의 원형이 제시되어 있다.

1) 국가유형과 정책 패러다임

동아시아 발전모델이 다른 발전모델과 구분되는 가장 현저한 특징은 산업화를 달성하기 위해 국가가 경제에 넓게 개입해왔다는 것이다(Johnson, 1982). 이러한 국가유형은 발전국가(developmental state)라 불린다. 발전국가는 약탈국가(predatory state), 복지국가, 신자유주의국가와 다음과 같은 점

〈표 4-1〉 동아시아 발전모델의 원형

제도 형태	핵심 내용
국가유형 정책 패러다임	- 발전국가 - 권위주의 정치체제 - 산업정책
기업 시스템 제품시장	- 기업집단의 지배 - 내부자 지향 기업 지배 구조 - 관계 기반 계약
금융 시스템 금융시장	- 은행 기반 시스템 - 금융 억압 - 인내자본
노동 시스템 노동시장	- 장기고용 - 연공임금제도 - 기업별 노조
무역체제 세계시장	- 전략적 개방 - 수출 촉진 - 자본 통제

에서 구분된다. 발전국가는 기업 부문의 자본축적을 적극적으로 지원하는데 비해 약탈국가의 권력층은 기업 부문에서 부를 약탈한다.[5] 발전국가는 사회정책을 경제정책에 종속시키지만 복지국가는 사회정책이 경제정책보다 우위를 점한다. 발전국가는 국가가 시장에 강력하게 개입한다는 점에서 탈규제를 통해 자유 시장을 지향하는 신자유주의국가와 구분된다. 발전국가는 한중일 3국의 동아시아 발전모델에 공통적인 국가유형이다.

발전국가는 기업 부문, 금융 부문, 노동 부문에서 상대적 자율성을 가진

---

5) 아제모을루와 로빈슨은 정치제도를 추출적 제도(extractive institutions)와 포용적 제도(inclusive institutions)라는 두 가지 유형으로 나눈 바 있다(Acemoglu and Robinson, 2012). 추출적 제도는 소수의 권력층이 나머지 다수 인구의 자원을 수탈하는 제도이며, 포용적 제도는 통치 과정에서 폭넓은 사람들의 이해가 실현되는 제도다. 추출국가는 추출적 제도를 가지며 발전국가는 포용적 제도를 가진다. 아제모을루와 로빈슨의 추출국가 개념은 여기서 약탈국가에 해당된다.

다.[6] 그래서 경제성장에 유해한 이익집단의 지대 추구 행위를 효과적으로 억압할 수 있었다. 발전국가에서 정책을 설계하고 집행하는 관료들은 권력을 가진 사적 이익집단의 방해를 받지 않고 경제정책을 추진할 수 있었다. 그 결과 발전국가는 높은 경제적 성과를 거두었다.

한중일 3국에서 공통적으로 출현한 발전국가의 정책 패러다임은 산업정책이었다. 경제에 대한 국가 개입의 주요한 경로인 산업정책은 국가가 전략산업을 육성하기 위해 직접적으로 자원을 통제하고 배분하는 것을 말한다. 투자 조정, 유치산업 보호, 수출 촉진, 투자친화적 거시경제정책, 국내 금융 흐름과 환율 통제 등이 산업정책의 핵심 내용이었다(Chang, 2006).

전략산업 보호를 위한 가격 왜곡은 산업정책의 주된 수단 중 하나였다. 보조금 지급, 저금리 정책금융, 임금 억제, 환율 통제 등이 그 예다. 동아시아 발전모델 내에서 "가격 정상화(getting the prices right)가 있었는가", "가격 왜곡(getting the prices wrong)이 있었는가"가 논쟁이 되었는데, 특히 한국 모델에서는 후자가 사실에 가까웠다(Amsden, 1989; Perkins, 2013).

산업정책의 핵심은 정부가 기업의 투자를 조정하는 것이었다. 산업정책 조정 기관은 일본의 통상산업성(MITI), 한국의 경제기획원(EPB), 중국의 국가발전계획위원회(SDPC)였다. 동아시아 발전모델의 정책 패러다임인 산업정책은 유럽 사회 모델(독일 등 라인형 모델과 스웨덴 등 노르딕형 모델)의 사회정책과 영미형 모델의 신자유주의 정책과 구분됐다. 그뿐만 아니라 선진국의 개입주의 모델에서 총수요 관리에 초점을 맞추는 케인스주의적 거시경제정책과도 구분됐다.

---

6) 리피에츠는 발전국가가 3중의 자율성, 즉 외국 지배의 전통적 형태로부터의 자율성, 기존 축적체제와 결합되어 있는 지배계급에 대한 정치체제의 자율성, 국민 대중에 대한 자율성을 가졌음을 지적한 바 있다(Lipietz, 1985).

발전국가의 정치체제는 권위주의적이었다. 중앙정부로의 권력 집중, 관료제에 따른 상명하복의 통제, 일당 지배, 그리고 경우에 따라서는 독재체제가 동아시아 발전국가 권위주의의 특징이었다. 예를 들어, 자민당이 50년 동안 사실상 일당독재로 지배해온 일본의 55년 체제, 군부 권력 엘리트가 30년 동안 독재해온 한국의 개발독재 체제, 공산당이 60년 동안 유일하게 지배해온 중국 정치체제는 모두 권위주의의 서로 다른 형태들이었다.

권위주의 정치제제는 산업정책을 실행할 수 있게 해서 고도 경제성장에 기여했다. 민주주의보다는 권위주의가 동아시아 지역에서 경제성장을 촉진했다는 불편한 진실은 민주주의와 경제 발전의 관계에 대한 하나의 복잡한 퍼즐을 제공한다. 서구 자본주의 역사에서 절대왕정의 독재가 본원적 축적과 초기 산업화를 촉진했듯이 동아시아 국가에서는 권위주의 체제가 후기 산업화를 촉진한 것이다. 여하튼 계몽된 관료제를 가진 권위주의 체제가 산업정책을 통해 경제성장을 위한 장기적 목표를 추구할 수 있었다(Yusuf, 2001).

요컨대 발전국가, 권위주의 정치체제, 산업정책은 한중일 3국에서 공통적인 동아시아 발전모델의 국가유형과 정책 패러다임이다.[7] 이 세 가지 특징은 동아시아 발전모델을 다른 발전모델과 구분하는 가장 핵심적 요소들이다. 중국이 공식적으로는 스스로를 사회주의 시장경제 혹은 중국 특색 사회주의라고 천명하고 있지만, 바로 이 세 가지 요소를 가지고 있기 때문에 일본 및 한국과 함께 동아시아 발전모델에 포함될 수 있는 것이다.

---

7) 중국의 국가유형을 발전국가로 규정할 수 있는 근거는 중국이 핵심적인 측면에서 일본, 한국, 대만과 유사한 발전 전략을 추구했기 때문이다. 즉, 외국무역에 대한 의존, 공산품 수출, 중공업 육성 프로그램, 경제활동을 방향 짓는 데 정부의 적극적 역할이 그 발전 전략의 특징이다(Perkins, 2013: 148). 시장 사회주의는 동아시아 권위주의 체제의 중국적 표현이다(Chen, 2009: 71). 이 점에서 중국의 국가유형은 발전국가의 한 종류라 할 수 있다.

2) 기업 시스템과 제품시장

동아시아 발전모델의 기업 부문에서는 기업집단(conglomerates)의 지배, 관계 기반 계약(relation-based contracting), 내부자 지향 기업 지배 구조가 널리 퍼져 있었다(Walter and Zhang, 2012; Richter, 2000). 일본의 게이레쓰(系列), 한국의 재벌, 중국의 국영기업(SOEs) 등 기업집단이 독점력을 가지고 국민경제를 지배해 제품시장의 구조는 고도로 독점적이었다. 기업집단의 소유권은 주로 일본에서는 주거래은행(main-bank), 한국에서는 재벌 가족, 중국에서는 국가가 갖고 있었다. 그것이 동아시아 발전모델 소유 구조의 서로 다른 특징이었다.

일본의 게이레쓰와 한국의 재벌 기업들 간 상호 출자에 따른 교차 소유는 소유 구조의 또 다른 중요한 특징이었다. 일본의 게이레쓰는 가족 소유 구조인 전전 자이바쓰(財閥)의 후신이기 때문에, 한국의 재벌은 여전히 재벌 가족의 소유 구조라는 점만 제외하고는 일본의 게이레쓰와 유사한 특징을 가진다. 중국의 국영기업은 일본의 게이레쓰와 한국의 재벌처럼 기업집단으로 서서히 진화하고 있다. 중국 정부는 1997년에 120개 국영기업에 기업집단 지위를 부여했다. 그 국영기업들에는 주식시장 상장과 은행 대출에서 우선권이 주어졌고, 그중 상위 6개 국영기업은 더 우대되었다(Richter, 2000: 325).[8]

이러한 소유 구조가 기업집단의 지배 구조 유형을 내부자 통제형으로 만들었다. 내부자 통제형 기업 지배 구조에서는 주거래은행(일본), 재벌(한국), 국가(중국)가 대주주로서 의사 결정권을 가지고 있었다. 이는 외부 주주가 주주를 대표하는 이사회를 통해 경영을 통제하는 영미형 기업 지배 구조와

---

8) 상위 6대 국영기업은 베이다팡정(소프트웨어 기업), 바오강(철강 기업), 지난(조선 기업), 환베이(제약 기업), 창훙(TV 제조 기업), 하이얼(백색 가전 기업)이다.

다르다. 기업의 소유와 경영이 분리된 영미형 기업 지배 구조는 주식시장과 주가수익률(PER)의 극대화를 추구하는 기관투자자를 포함한 외부 주주의 압력을 받는다. 따라서 이는 주주 자본주의형 기업 지배 구조라 할 수 있다. 주주 자본주의형 기업 지배 구조를 가진 기업은 주주의 가치를 극대화하기 위해 단기 수익성과 유연성을 추구하는 경영 방식을 선택한다.

이와는 대조적으로 라인형 모델이나 노르딕형 모델에서 이해관계자 자본주의형 기업 지배 구조를 가진 기업들은 주주만이 아니라 노동자를 포함한 기업 이해관계자들의 상호 이익을 실현하기 위한 경영 방식을 선택할 것이다. 동아시아 발전모델은 내부자 통제형 기업 지배 구조를 가지고 있기 때문에 이해관계자 자본주의형 기업 지배 구조에 근접하는 경향이 있다. 실제 독일과 일본은 외부자 통제형 주주 자본주의가 아니라 서로 유사한 내부자 통제형 이해관계자 자본주의 기업 지배 구조를 가지고 있다. 이해관계자 자본주의형 기업 지배 구조를 가진 기업은 장기고용과 같은 안정적 고용 관계를 유지하는 경향이 있다. 하지만 내부자 통제형 기업 지배 구조는 폐쇄된 시스템이기 때문에 내부자-외부자 문제(insider-outsider problems)와 투명성 문제를 불러온다.

동아시아 발전모델의 기업 간 관계는 '관계 기반 계약'(relation-based con-tracting)을 특징으로 한다(Chang, 2006). 제품시장에서 기업들 간 관계 기반 계약은 경제주체들 간의 신뢰에 기초를 두고 있다. 여기서 기업 간 거래는 단기 시장 관계가 아니라 주로 장기 네트워크 관계에 의해 수행된다. 관계 기반 계약은 거래자들이 서로 독립적이고 지속적 관계가 없는 독립 기업 간 거래(arm's-length transaction)와 구분된다. 관계 기반 계약은 일본에서 가장 널리 이루어져왔고 독립 기업 간 거래는 서구 모델, 특히 영미형 모델에서 널리 이루어져왔다.

대기업과 중소기업 간에 관계 기반 계약이 이루어질 경우 대기업-중소기업 간 동반 성장을 실현할 수 있는 협력적 관계가 존재할 수 있다. 파트너십을 가진 관계 기반 계약에서는 지대 혹은 성과 공유가 가능하다. 관계 기반 계약은 법률이 빈약하게 입안되고 계약이 잘 이행되지 않는 미성숙한 시장 시스템을 보완하는 역할도 하지만(Chen, 2009; Lu et al., 2013), 다른 한편 시장에서 경제주체의 기회주의적 행동과 근시안적 행동과 같은 시장실패를 교정할 수도 있다. 사람들 간의 관계에서 신의(信義)를 행동 규범으로 강조하는 유교는 한중일 3국의 동아시아 발전모델에서 관계 기반 계약이 널리 행해지는 데 기여했다.

3) 금융 시스템과 금융시장

동아시아 발전모델에서는 주식시장 기반 금융 시스템보다 은행 기반 금융 시스템이, 금융자유화보다 금융 억압이, 투기자본보다 인내자본이 우세했다(Stiglitz and Yusuf, 2001; Perkins, 2013; Chang, 2006; Richter, 2000). 은행은 생산적 투자를 고무하기 위해 기업에 장기자본을 공급했고, 기업들은 주로 간접금융 혹은 은행 부문으로부터 부채 금융에 의존했다. 주식시장으로부터의 직접금융은 기업금융에서 부차적 역할을 했다. 그래서 동아시아 발전모델에서 주식시장 자본화의 정도는 주식시장에 기업금융을 크게 의존한 영미형 모델에서보다 훨씬 낮았다. 일본의 주거래은행, 한국 주대출은행, 중국 국유 은행들은 은행 기반 금융 시스템의 기축이었다. 은행 기반 금융 시스템은 은행과 기업 간의 장기 관계를 지원하고 기업의 장기 투자를 촉진했다. 개발 금융 혹은 장기 투자를 위한 대출이 기업에 제공되었고 금융정책은 산업정책의 보완물로 실행되었다. 금융자본은 산업자본에 종속되었다.

은행의 활동은 산업자본에 화폐를 공급하는 고유한 역할을 수행하도록 규제되었다. 금융 억압(financial repression) 체제가 존재한 것이다. 금융 억압은 순자본 가치(equity) 기반의 강화뿐만 아니라 경제성장 촉진에도 기여했다(Stiglitz, 2001: 515). 정부는 금융시장을 엄격히 통제했다. 은행 활동과 이자율이 규제되었고, 금융산업에 대한 진입 장벽이 존재했으며 은행대출은 정부 감독하에 있었다. 한국과 중국에서는 은행이 국유로 되어 있어 정부가 금융 부문을 쉽게 통제할 수 있었다. 정부의 은행통제하에서 인내자본 혹은 장기자본이 은행을 통해 기업에 제공되었다. 비생산적 부문으로 흘러들어가는 투기자본은 효과적으로 금지되었고 대규모 인내자본이 산업으로 흘러들어갔다. 그래서 동아시아 발전모델 내에서 높은 수준의 생산적 투자가 가능했다. 은행 기반 시스템, 금융 억압, 인내자본을 포함하는 금융 시스템이 고도의 경제성장을 가져왔다.

이러한 금융 시스템을 매개로 해서 동아시아 발전모델에서는 국가, 기업집단, 은행 간에 강한 협력 관계가 형성되었다. 이것이 고도의 경제성장을 지탱한 연합뿐만 아니라 국민경제에 독점력을 행사한 일종의 금융과두제도 창출했다.

4) 노동 시스템과 노동시장

동아시아 발전모델에서 노동 부문의 특징은 장기고용제도, 연공임금제도, 그리고 기업별 노조로 요약할 수 있다(Walter and Zhang, 2012). 이 중 장기고용은 가장 두드러진 노동시장 관행이다. 일본 특유의 종신고용제도는 최선의 실천 사례로 간주되었다. 전형적인 종신고용제도에서는 신규 학위 졸업자가 최하위직에 채용되고 난 뒤 승진 사다리를 따라 상위 직급으로 승진한다. 이들은 보통 한 기업에서 정년 때까지 고용된다. 기업 내에는 관리 규칙에 따라 노동자들이 배치전환되고 승진하는 구조화된 내부 노동시장이 존재한다. 내부 노동시장은 외부 노동시장으로부터 효과적으로 보호된다. 내부 노동시장의 존재는 종신고용의 전제 조건 중 하나다.

현장 훈련(OJT)으로 형성되는 기업 특수 숙련은 종신고용을 촉진하는 다른 중요한 요인이다. 노사의 기업 특수 숙련에 대한 공동투자가 사용자의 노동자 해고를 억제하고 노동자의 기업 장기 정착을 촉진한다. 그래서 현장 훈련이 있는 내부 노동시장으로 인해 직무 안정성이 실현된다. 내부 노동시장과 현장 훈련을 기초로 한 장기고용 관행은 일본과 한국의 대기업에 널리 퍼져 있다.

연공임금제도 또한 동아시아 발전모델 노동시장의 특징이다. 연공임금제도는 근속 연수가 증가할수록 임금이 증가하는 제도로 서구 모델, 특히 영미형 모델 임금 시스템의 특징인 성과급제와는 다르다. 연공임금제도는 근속 연수가 긴 노동자의 생산성이 근속 연수가 짧은 노동자의 생산성보다 높다면 사용자에게 득이 된다. 달리 말하자면, 입사 후 일정 기간이 지난 후 노동자의 생산성 곡선이 임금 곡선의 위쪽에 있으면서 서로 평행하고 상향의 기울기를 보인다면 연공임금제도는 노사 양쪽에 이익이 될 것이다. 노동자의 생산성 상승은 현장 훈련의 실시로 노동자의 숙련 수준이 향상될 때 가능하다. 그래서 장기고용, 연공임금제도, 현장 훈련, 기업 특수 숙련은 상호 보완물이다. 이것이 노동 시스템 내부에서 제도적 보완성을 보여주는 하나의 예다.

기업 수준에서 조직된 기업별 노조는 동아시아 발전모델 노동 시스템의 중요한 요소다. 일본과 한국에서 전형적으로 나타난 기업별 노조는 영미형 모델, 라인형 모델, 노르딕형 모델을 포함한 서구 모델에 보급되어 있는 산업별 노조와 구별된다(Amable, 2003). 여기서 단체교섭은 사용자와 기업별 노조 간에 이루어진다. 그래서 노사 관계는 중범위 수준(산업 수준)과 거시 수준(전국 수준)보다는 미시 수준(기업 수준)에서 주로 형성된다. 기업별 노조의 주된 목표 가운데 하나는 장기근속을 확보하는 것이기 때문에 기업별 노조 또한 장기고용을 뒷받침한다.

앞서 언급한 것처럼, 하나의 발전모델 내에서 기업 부문, 금융 부문, 노동 부문 간에는 상호 보완성이 존재한다. 동아시아 발전모델 내에서는 내부자 통제형 기업 지배 구조와 은행 기반 금융 시스템이 장기고용을 촉진했다. 이는 동아시아 발전모델 내에서 기업 부문, 금융 부문, 노동 부문 사이에 제도적 보완성이 존재했다는 것을 말해준다.

5) 무역체제와 세계시장

동아시아 발전모델이 고도의 경제성장을 달성하는 데 국제무역을 최대한 이용했다는 것은 두말할 필요가 없다. 먼저, 수출 촉진 정책이 일본, 한국, 중국에서 경제성장의 주된 엔진으로 채택되었다. 대량 수출에 의한 규모의 경제 실현으로 총요소 생산성을 높여 경제성장을 달성할 수 있었다(Chang, 2006). 더욱이 대량 수출이 대량생산을 지탱해 경제성장을 위한 선순환을 만들었다.

경제 발전의 초기 단계에서 유치산업 보호가 산업화에 기여했다. 1960년대와 1970년대의 한국처럼 기계, 조선, 자동차 산업과 같은 핵심 중공업에서 수입 대체를 지원하기 위해 계획적인 가격 조작이 이루어졌다. 이들 산업 제품은 공식 환율이 구매력평가(PPP) 환율보다 낮은 수준으로 책정되었다(Perkins, 2013: 77). 자유무역이 아니라 보호무역이 동아시아 발전모델 초기 단계의 무역체제였다.

후기 단계에서는 단순한 보호무역주의보다 전략적 개방정책이 선택되었다. 전략적 개방의 주된 목표는 전략산업의 강화였다. 무역정책은 산업정책에 종속되어 있었다. 환율 통제는 전략산업을 강화하기 위한 주요 수단이었으며 환율 저평가는 수출을 촉진하기 위한 계획적 정책이었다. 더욱이 수출을 촉진하기 위해 주요 수출산업 제품의 공식 환율이 구매력평가 환율보다 높은 수준으로 책정되었다. 기술 수입(일본, 한국, 중국)과 해외 차관 도입(한국) 혹은 외국인 직접투자(FDI) 유치(중국)가 경제성장에 강한 자극을 주었다.

자본 통제는 동아시아 발전모델의 가장 현저한 특징 중 하나였다. 외환통제법, 외국 증권 구입 규제, FDI 유입 규제, 국제 투기자본 유입 금지, 자본계정 규제, 외환 보유 관리 등이 실행되었다. 자본 통제는 국민경제의 변동성을 줄이는 데 기여했다. 장기 생산적 투자를 촉진한 거시경제적 안정성은 주로 자본 통제를 통해 달성되었다. 자본 통제는 동아시아 발전모델에서 가장 중요한 거시경제적 안전망이었다. 자본 통제가 세계시장의 심각한 요동으로부터 국민경제를 효과적으로 보호했기 때문이다(Stiglitz, 2001; Chang, 2006).

4. 동아시아 발전모델의 변형: 일본·한국·중국 모델

이제 동아시아 발전모델의 원형이 한중일 3국에서 어떻게 서로 다른 변형으로 나타났는지 보기로 하자. 이 세 변형을 일본 모델, 한국 모델, 중국 모델이라고 부르고자 한다. 1960년대 이후 순차적으로 정립된 일본 모델, 한국 모델, 중국 모델의 특징은 〈표 4-2〉에 요약되어 있다.9)

---

9) 다음에 서술되는 일본 모델, 한국 모델, 중국 모델은 각각 1960~1970년대(일본), 1970~1980년대(한국), 1980~1990년대(중국)에 성립한 모델이다. 이 3국 모델은 각각 그 시기

	일본 모델 1960~1970년대	한국 모델 1970~1980년대	중국 모델 1980~1990년대
국가유형 정책 패러다임	온건한 발전국가 '철의 삼각형' 성장 연합 '일본 주식회사'	강한 발전국가 개발독재 '한국 주식회사'	아주 강한 발전국가 지역 국가 코포라티즘 '중국 주식회사'
산업정책	통상산업성에 의한 집중적 조정	경제기획원에 의한 유도적 계획	국가발전계획위원회에 의한 명령적 계획
기업체제 제품시장	J형 기업 게이레쓰의 지배 주거래은행 소유	K형 기업 재벌의 지배 가족 소유	C형 기업 국영기업의 지배 국가 소유
금융 시스템 금융시장	주거래은행 체제 관계 금융	국유 은행 정책금융	국유 은행 국가 금융
노동체제 노동시장	반테일러주의 노동과정 종신고용 연공임금제도	테일러주의 노동과정 장기고용 연공임금제도	테일러주의 노동과정 계약노동제도 저임금
무역체제 세계시장	온건한 자본 통제 외국 기술 수입	엄격한 자본 통제 외국 차관과 기술 도입	아주 엄격한 자본 통제 FDI 유입
조절 양식	기업주의 조정시장경제(CME)	국가주의 규제시장경제(RME)	국가주의 사회주의시장경제(SME)

1) 일본 모델

1960~1970년대에 출현한 일본 모델은 동아시아 발전모델의 표준이 되었다. 발전국가의 강도는 상대적으로 온건했지만 정부 관료, 정치인, 게이레쓰 경영자 간에 '철의 삼각형(iron-triangle)' 성장 연합이 존재했다. 일본은 사실상 '일본 주식회사'였다. 산업정책은 통상산업성의 집중적 조정에 의해 주도되었다. 사실 동아시아 발전모델의 원형은 통상산업성이 제공한 것이다. 통

이후 대전환을 겪었다. 따라서 이는 현재 3국 모델의 특성이 아님을 주의해야 한다.

상산업성은 경제가 지향해야 할 전략적 방향에 대한 국민적 합의를 창출하는 데 주된 역할을 했다(Richter, 2000: 5~6).

그리고 기업집단인 게이레쓰가 일본 경제를 지배했다. 게이레쓰는 기업 지배 구조에서 선도적 역할을 한 주거래은행과 장기적인 안정적 관계를 유지했다. 주거래은행제도는 기업의 성장을 지원한 독특한 은행 기반 금융 시스템이었고 일본의 경제 시스템을 안정화했다. 주거래은행제도는 인내자본을 공급해 기업 특수 기술의 형성과 종신고용을 촉진했다.[10]

게이레쓰는 주거래은행 소유와 반테일러주의 노동과정(Toyotism),[11] 종신고용, 연공임금, 기업별 노조 등이 특징인 J형 기업이었다(Yamada, 2000; Isogai, 2012). 일본 기업체제는 전통적으로 장기고용 관계를 크게 강조해왔는데, 이는 수익성 증대보다는 노동자들의 고용 안정을 제공하기 위한 주된 기업 전략이었다. 한편 기업 내외의 경제주체들 간에 장기적 관계가 형성되어 있었다. 즉, 종신고용에서 노동과 자본 간에, 장기 자본조달에서 기업과 은행 간에, 부품 소재 공급에서 대기업과 중소기업 간에 장기적 관계가 맺어진 것이다(Boyer and Yamada, 2000: 27). 춘투(春鬪) 임금 교섭이 임금 상승을 균등화하는 역할을 했다.

일본의 시장경제 유형은 경제주체들 간의 관계적 조정이 자원 배분에서 주된 역할을 하는 조정 시장경제에 속한다(Hall and Soskice, 2001). 특히 대기업은 전체 경제 시스템의 제도적 조직화의 중추적 지위를 가지며 일본 사회의 사회 통합을 강력하게 촉진했다. 이 점에서 일본 모델은 "기업주의 조

---

10) 주거래 금융은 일본에서 종신고용 규범을 지원한 일종의 인내자본이었다(Jackson, 2009: 606~629).

11) 도요티즘(Toyotism)은 구상과 실행이 상당 정도 통일되어 있고 노동자가 기업 특수 숙련을 거치는 노동과정으로 일종의 반테일러주의(Anti-Tayorism)다. 테일러주의는 구상과 실행이 분리되고 단순 반복 노동이 특징인 노동과정을 말한다.

절 양식"(Yamada, 2000)을 가졌다. 달리 말하면 기업 수준에서 노사 합의가 이루어진다는 점에서 일본 모델은 미시 코포라티즘(micro corporatism)으로 정의할 수 있다.

2) 한국 모델

한국 모델은 1970~1980년대에 정립된 전형적인 동아시아 발전모델이다. 정치체제가 개발독재였기 때문에 한국은 강한 발전국가 모델이었다. 개발독재는 경제개발을 추구한 독재였다. 독재를 통해 국가가 시장에 강하게 개입했으며 제품시장, 금융시장, 노동시장에 대한 광범한 행정적 개입이 이루어졌다. 금융 시스템에 대한 국가 통제, 국가가 조정한 기업체제, 국가가 개입한 노동시장 시스템 등이 한국 발전국가의 특징이었다. 국가는 산업정책을 통해 기업 투자 결정에 강한 영향을 미쳤다.

산업정책은 경제기획원에 의해 설계된 유도적 계획(indicative planning)을 통해 추진되었다. 한국 또한 '한국 주식회사'였다. 한국은 정치·경제적으로 고도로 중앙집권화된 체제를 가지고 있으며 이런 측면에서 한국 자본주의는 일종의 강한 국가 자본주의였다. 한국의 시장경제 유형은 국가가 시장에 광범하고도 집중적으로 개입했다는 점에서 '규제 시장경제(RME: Regulated Market Economy)'로 분류할 수 있다(김형기, 2007). 규제 시장경제는 홀과 소스키스가 분류한 자유 시장경제나 조정 시장경제(Hall and Soskice, 2001)와 구분된다. 규제 시장경제가 조정 시장경제와 구별되는 점은 후자가 경제주체들 간에 수평적 조정이 이루어지는 네트워크 경제라고 한다면 전자는 국가가 시장에 체계적으로 강력하게 개입하는 위계적 경제라는 것이다.

한국에서는 정부의 지원을 받는 재벌이 국민경제를 지배했다. 재벌 기업은 가족 소유, 위계적 기업 간 관계,[12] 테일러주의적 노동과정, 장기고용, 저임금 장시간 노동체제, 연공임금제도, 기업별 노조 등이 특징인데 이를 'K형 기업'이라 명명할 수 있다. 은행이 국유화되어 있었기 때문에 금융 시스템을 정부가 지배했다는 것이 특징이다. 금융정책이 산업정책에 종속되었고 금리생활자 계급의 이해가 산업자본가의 이해를 위해 억압된 금융 억압체제가 존재했다. 한편 정부는 다양한 정책 목표를 위해 신용을 제공하는 정책금융체제를 도입하기도 했다. 이처럼 한국 모델의 금융 시스템은 은행 기반 금융 시스템에 더해진 정부 지배 금융 시스템이라 할 수 있다(Chang, 2006: 263). 환율 통제, 자본 통제, 대규모 외채 도입 등이 무역체제의 특징이었다.

3) 중국 모델

1980~1990년대에 출현한 중국 모델은 공식적으로 '중국 특색 사회주의' 혹은 '사회주의 시장경제(SME: Socialist Market Economy)'로 불린다. 중국 모델은 중앙 계획경제에서 시장경제로 점진적으로 이행하는 과정에서 형성되었기 때문에 계획경제 유산이 강하게 남아 있었다. 중국의 발전국가 모델은 중국공산당의 단일체적 권력이 경제에 광범하고도 강력하게 개입했기 때문에 매우 강했다.

하지만 정치적 집권화와 경제적 분권화가 결합되어 있고(Lu et al., 2013) 지방정부와 지방 기업 간에 경제성장 연합이 이루어져 있기 때문에 중국 모델은 "지역-국가 코포라티즘(local-state corporatism)"이라 할 수 있다(Boyer, Uemura and Isogai, 2012: 339). 이러한 시스템을 통해 중국에서는 국가와 인

---

12) 재벌 기업이 하청 중소기업을 지배하고 수탈하는 관계를 말한다.

민 사이에 급속하고 지속적인 경제성장을 통한 생활수준의 항구적 향상이 정치 영역에서 공산당의 권력 독점 수용과 교환되는 암묵적인 사회·정치적 타협이 이루어지고 있다고 할 수 있다(Boyer, Uemura and Isogai, 2012: 339). 국영기업에 대한 국가 보증과 국가보조금 규모가 상당했고 농업 부문에서는 지방정부, 개별 농민과 집단이 공동투자하는 향진기업이 지역 코포라티즘 형태를 취하고 있었다(Henderson, 2011: 34). 이렇게 해서 중국도 '중국 주식회사'가 되었다. 조세 공유 시스템을 가진 재정 분권이 성급(省級) 수준의 지역 경제에 상당한 자율성을 부여했으며 산업정책은 중국공산당의 지도 아래 국가발전계획위원회가 설계한 명령적 계획을 통해 실행되었다. 또 기업 활동에서 많은 특권을 가진 국영기업이 국민경제를 지배했다.

국영기업은 국가 소유, 상명하복의 경영 시스템, 약한 기업 간 관계, 테일러주의적 노동과정, 종신고용보다 계약노동제도, 저임금체제와 독립적 노조의 부재 등을 포함하는 'C형 기업'을 특징으로 한다. 국영기업과 향진 기업에서 사영 기업에 이르기까지 기업 간에 밀접한 상호작용이 결여되어 있었다. 중국은 국가 소유 은행을 가지고 있었고 이것이 중앙정부와 지방정부의 산업정책을 기초로 해서 국영기업에 안정적 대출을 제공했다. 아울러 매우 엄격한 자본 통제가 이루어졌다. 이처럼 국가 금융(state banking)은 중국의 두드러진 특징이다. 대규모 외국인 직접투자를 적극적으로 도입한 것 또한 일본, 한국과는 구분되는 중국의 특징이다.

4) 한중일 3국의 모델 비교: 제도적 위계의 차이

일본 모델, 한국 모델, 중국 모델 등 동아시아 3국 모델에 차이를 가져오는 것은 앞에서 지적한 것처럼 5대 부문 간의 제도적 위계다. 국가 부문의 상대적 우위는 중국, 한국, 일본 순으로 높았는데, 이는 발전국가의 강도가 중국, 한국, 일본 순으로 높았기 때문이다.[13] 또 이러한 발전국가의 강도의 차이는 정치체제에서 권위주의의 정도에 비례한다. 산업정책의 강도 면에서 일본의 집중적 조정보다는 한국의 유도적 계획이, 한국의 유도적 계획보다는 중국의 명령적 계획이 더 강도가 높다. 이는 산업정책 주체의 권력 면에서 볼 때 중국의 국가발전계획위원회, 한국의 경제기획원, 일본의 통상산업성 순으로 권력이 강했기 때문이다.

역으로 국가 부문에 대한 기업 부문의 상대적 지위는 일본, 한국, 중국 순으로 높았다고 할 수 있다. 중국의 국영기업보다는 한국의 재벌이, 한국의 재벌보다는 일본의 게이레쓰가 국가에 대해 상대적으로 더 높은 자율성을 가지고 있다. 일본의 '철의 삼각형' 성장 연합 내에서 국가와 게이레쓰 간의 관계와 한국의 개발독재 체제에서 국가와 재벌 간의 관계를 비교해볼 때, 국가에 대한 상대적 지위는 게이레쓰가 재벌보다 더 높았다고 할 수 있다. 일본에서 국가와 게이레쓰는 수평적 파트너십을 형성했지만 한국에서 국가와 재벌은 수직적 위계 관계를 형성했던 것이 차이점이다.

국가 부문 및 기업 부문에 대한 금융 부문의 상대적 지위도 일본, 한국, 중국 순으로 높다. 일본의 주거래은행은 한국과 중국에서 국가의 직접 통제를 받는 국유 은행에 비해 국가와 기업에 대해 높은 자율성을 가지고 있었다. 기업 부문에 대한 노동 부문의 지위도 미시 코포라티즘 체제인 일본이 한국이나 중국보다 상대적으로 높았다. 독립 노조가 없고 계약노동제도를 가진 중국이 노동 부문의 지위가 상대적으로 가장 낮았다. 그리고 조절 양

---

13) 국가가 경제에 개입하는 강도가 한국 모델과 중국 모델 중 어느 것이 강했는지는 논란의 여지가 있지만, 중국 모델은 사회주의 시장경제라는 체제적 특성 때문에 개발독재 유형인 한국 모델보다 더 강한 발전국가 모델이었다고 할 수 있다.

식 면에서는 일본은 기업주의, 한국과 중국은 국가주의로 서로 달리 규정되는데, 이는 일본이 기업 부문에서 상대적 우위를 지니고 있음을 나타낸다. 이처럼 동아시아 발전모델 내에서 5대 부문 간의 상대적 지위의 차이에 따라 일본 모델, 한국 모델, 중국 모델로 서로 다른 변형이 나타났다.

5. 맺음말

이 장은 동아시아 발전모델의 원형과 그 변형인 일본 모델, 한국 모델, 중국 모델의 특징을 밝히고자 했다. 동아시아 발전모델의 원형과 일본·한국·중국 모델 변형들의 특성을 발전모델 분석을 위한 이론적 틀에 따라 정리했다.

동아시아 3국에서 나타난 경제 발전 패턴을 하나의 독자적 발전모델로 유형화할 수 있다는 점을 밝히고, 이를 통해 동아시아 발전모델을 다른 발전모델과 비교·고찰할 수 있는 토대를 제시하고자 했다. 아울러 일본 모델, 한국 모델, 중국 모델의 공통점과 차이점을 밝혀 3국 모델을 비교·연구할 수 있는 기초를 제공하고자 했다. 이러한 비교 제도 분석이 의미가 있다면 여기서 제시한 동아시아 발전모델론은 자본주의 다양성론을 확장하는 데 기여할 것이다.

하지만 이 장은 비교제도론적 시각에서 동아시아 발전모델의 원형과 변형의 특성을 밝히는 데 국한했기 때문에 다음과 같은 한계를 가진다. 우선, 동아시아 발전모델의 원형과 변형들이 가지고 있던 고유한 문제점을 체계적으로 밝히지 못했다. 예컨대 내부자 지향 기업 지배 구조의 문제점, 일본의 게이레쓰와 한국의 재벌과 중국의 국영기업이 가지고 있는 문제점, 금융 억압체제의 문제점 등에 관해 논의하지 못했다. 아울러 동아시아 발전모델이

지난 20~30년간 어떻게 변화해왔는지 그 전환 과정을 분석하지 못했다.

동아시아 발전모델은 1980년대 이후 글로벌 신자유주의의 외압을 받아 원형 그대로 유지될 수 없었다. 세계시장의 외압과 자체의 선택에 따라 동아시아 발전모델은 큰 전환을 맞게 된 것이다. 시장화, 민영화, 자유화, 유연화가 진전되면서, 이 글에서 제시한 동아시아 발전모델의 5대 부문(국가, 기업, 노동, 금융, 해외)에 큰 변화가 나타났다. 그 전환 과정에서 일본은 '잃어버린 20년'이라는 장기 침체를, 한국은 1997년 파국적 외환위기를 겪게 되었다.

동아시아 발전모델의 전환 과정에 대한 분석은 차후의 연구 과제로 남겨둔다. 이 글에서 제시한 동아시아 발전모델의 원형과 변형에 대한 분석이 그 기초가 될 것이다.

참고문헌

김형기. 2007. 「글로벌화·정보화 시대와 자본주의의 다양성」. 김형기 엮음. 『현대자본주의 분석』. 한울.

Amable, Bruno. 2003. *The Diversity of Modern Capitalism*. New York: Oxford University Press.

Acemoglu, Daron and James Robinson. 2012. *Why Nations Fails: The Origins of Power, Prosperity and Poverty*. New York: Crown.

Amsden, Alice. 1989. *Asia's Next Giant: South Korea and Late Industrialization*. Oxford University Press.

Aoki, Masahiko. 1994. "The Contingent Governance of Teams: Analysis of Institutional Complementarity." *International Economic Review*, 35, pp.657~676.

Baek, Sung-Wook. 2005. "Does China Follow 'the East Asian Development Model?'" *Journal of Contemporary Asia*, Vol.35, Issue.4, pp.485~498.

Bolto, Anrea and Maria Weber. 2009. "Did China Follow the East Asian Development Model?" *European Journal of Comparative Economics*, Vol.6, No.2, pp.267~286.

Boyer, Robert and Toshio Yamada(eds.). 2000. *Japanese Capitalism in Crisis: A Regulationist Interpretation*. Routledge.

Boyer, Robert, Hiroyasu Uemura and Akinori Isogai(eds.). 2012. *Diversity and Transformations of Asian Capitalisms*. Routledge.

Boyer, Robert and Yves Saillard(eds.). 2002. *Regulation Theory: The State of the Art*. Routledge.

Chang, Ha-Joon. 2006. *The East Asian Development Experience: The Miracle, the Crisis and the Future*. New York and Penang: Zed Books and TWN.

Chen, Yun. 2009. *Transition and Development in China: Towards Shared Growth*. Burlington: Ashgate.

Chowdhury Anis and Iyanatul Islam. 1993. *The Newly Industrializing Economies of East Asia*. Routledge.

Hall, Peter A. and David Soskice(eds.). 2001. *Varieties of Capitalism: The Institutional Foundations of Comparative Advantage*. New York: Oxford University Press.

Henderson, Jeffrey. 2011. *East Asian Transformation: On the Political Economy of Dynamism, Governance and Crisis*. Abingdon and New York: Routledge.

Hsu, S. Philip, Yu-Shan Wu and Suisheng Zhao(eds.). 2011. *In Search of China's Development*

Model: Beyond the Beijing Consensus. New York: Routledge.

Isogai, Akinori. 2012. "The Transformation of the Japanese Corporate System and the Hierarchical nexus of Institutions." in Robert Boyer, Hiroyasu Uemura and Akinori Isogai(eds.). *Diversity and Transformations of Asian Capitalisms*. Routledge.

Jackson, Gregory. 2009. "The Japanese firm and its diversity." *Economy and Society*, Vol.38, No.4, pp.606~629.

Johnson, Chalmers. 1982. *MITI and the Japanese Miracle*. Stanford University Press.

Lipietz, Alian. 1985. *Towards a New Economic order: Postfordism, Ecology and Democracy*. Cambridge: Polity Press.

Lu, Ming et al. 2013. *China's Economic Development: Institutions, Growth and Imbalances*. Northampton: Edward Elger.

Perkins, Dwight. 2013. *East Asian Development: Foundations and Strategies*. Cambridge and London: Harvard University Press.

Richter, Frank-Urgen(ed.). 2000. *The East Asian Development Model: Economic Growth, Institutional Failure and the Aftermath of the Crisis*. New York: St. Martin's Press.

Stiglitz, Joseph. 2001. "From Miracle to Crisis to Recovery: Lessons from Four Decades of East Asian Experience." in Joseph E. Stiglitz and Shahid Yusuf(eds.). *Rethinking the East Asian miracle*. Oxford University Press.

Stiglitz, Joseph and Shahid Yusuf(eds.). 2001. *Rethinking the East Asian Miracle*. New York: Oxford University Press.

Walter, Andrew and Xiaoke Zhang(eds.). 2012. *East Asian Capitalism: Diversity, Continuity, and Change*. Oxford: Oxford University Press.

World Bank. 1993. *The East Asian Miracle: Economic Growth and Public Policy*. Oxford University Press.

Yamada, Toshio. 2000. "Japanese Capitalism and the Companyist Compromise." in Robert Boyer and Toshio Yamada(eds.). *Japanese Capitalism in Crisis: A Regulationist Interpretation*. Routledge.

Yusuf, Shahid. 2001. "The East Asian Miracle at the Millennium." in Joseph E. Stiglitz and Shahid Yusuf(eds.). *Rethinking the East Asian miracle*. Oxford University Press.

제5장

개성 공단 폐쇄 이후의 한반도 경제*

이일영 | 한신대학교 글로벌협력대학 교수

1. 문제 제기

박근혜 정부는 2016년 2월 10일 개성 공단 폐쇄를 발표했다. 이로써 이명박 정부가 천안함 사건에 대한 대응으로 내놓은 2010년 5·24 제재 조치 이후 남아 있던 남북 간 경제 교류의 유일한 창구도 완전히 차단되었다. 이제 남북 관계는 노태우 정부 시기의 기본 합의서 체결 이전, 심지어 박정희 정부의 남북대화 이전으로 돌아갔다고 할 수 있다.

2015년 말 내외적으로 경제위기의 징후가 나타나자 박근혜 정부는 경제적 성과를 내세우는 것을 포기하고, 경제위기론에는 4대 개혁과 경제활성화법 추진으로 돌파를 시도했다. 그럼에도 경제 상황이 악화되었고 정책적 무능에 관한 논란을 차단하는 데 근본적인 어려움이 있었다. 이런 상황에서 북한이 4차 핵실험과 로켓 발사 실험을 강행하자, 정부는 북한에 강력한 제

---

* 이 글은 서울사회경제연구소 심포지엄(2016.3.11)에서 발표한 논문을 수정·보완한 것이며, ≪민주사회와 정책연구≫ 30호에 게재한 바 있다.

156 제2부 동아시아 경제: 중국 그리고 한반도

재로 대응한다는 기조로 전환했다.

2016년 총선에서는 경제위기 대책과 민생 경제 비전을 논쟁한다는 선거 프레임이 일거에 실종되면서 야당은 북풍론을 제기했다. 정부·여당이 북한의 위협을 빌미로 정권 심판 요구를 누르려 한다는 의문을 제기한 것이다. 이에 대해 정부·여당은 야당이 당리당략에 눈이 어두워 국가 안보에 대한 위협을 외면한다는 종북론으로 대응했다.

남북 관계를 둘러싼 여권과 야권, 보수 진영과 진보 진영의 대립 구도는 뿌리 깊다. 개성 공단을 폐쇄한 박근혜 정부의 조치는 단순한 선거 전술 차원을 넘어서는 근본적 문제를 포함하고 있는 것이다. 한반도 분단체제는 뿌리 깊은 근원을 가지고 있으며, 세계 냉전의 역사와 관계를 맺고 있다. 세계 체제의 변동이 동아시아 질서와 남북 관계에 영향을 미치고 있고, 한국에서 형성된 87년 체제는 남북 관계의 틀을 만들기도 했다. 그러나 그 속에서 남북한 사이의 부정적 상호작용이 축적되었고 이러한 압력이 개성 공단 폐쇄로 나타났다.

남북 경제협력과 관련해서는 크게 보아 두 가지 접근 방법이 대립해왔다. 그중 하나는 철저한 상호주의(reciprocity) 원칙에 입각한 접근이다. 이는 국제정치 이론 분파 가운데 현실주의가 중시하는 상대적 이익에 기반을 두어 경제협력을 추진해야 한다는 입장이다. 또 다른 하나는 평화 우선 관점에서 평화와 경제적 이익의 상호 관계를 기대하는 접근이다. 이는 유럽의 사례에 입각한 기능주의(functionalism) 통합 이론을 참고하고 있으며, 비정치적 부문의 교류·협력을 선행하고자 한다. 이러한 두 가지 접근법은 현실에서 김대중-노무현 정부, 이명박-박근혜 정부의 대북 정책 대립으로 나타났다.

그러나 동아시아 및 한반도의 정치·경제적 조건은 상호주의나 기능주의 원칙을 적용하기 어려운 실정이다. 경제 분야에 고유한 원리가 작동하기보다는 정치·군사 분야의 원리가 그대로 투사되는 것이 현실이다. 남북 경제 협력에서는 시장적 관계보다는 남북한의 국가 또는 정부 간 관계가 본질적 요소로 작용했다. 남북 관계에서는 정치 영역과 경제 영역이 확연히 구분되고, 경제협력은 정치·군사 문제에 딸린 하위 요소로 취급되는 경향이 있다. 남북 경제협력을 규정하는 환경은 북핵 문제와 미중 간의 정치·군사적 갈등 구조다.[1]

정치 영역과 경제 영역을 구분하고, 북핵 문제는 정치 영역에 속하는 것으로 보는 것이 일반적인 인식이다. 그래서 북핵 문제의 경제적 근원은 논의되지 않고 남북 경협은 정치·군사적 갈등의 종속변수로 여겨지는 경향이 있다. 남북 관계 전반은 물론이고 경제협력에서조차 경제적 접근은 현실적으로 거의 영향력이 없다. 또한 국가 단위로 행위자를 상정할 때 한국이 북핵 문제나 미중 관계에 미칠 수 있는 영향력도 크게 제한된다.

이와 관련해 이 장에서는 새로운 관점을 제안하고자 한다. 첫째, 북핵 문제와 경협 문제를 통일적으로 보자는 것이다. 둘째, 남북 관계를 동아시아-한반도 경제 문제로 보자는 것이다.[2] 셋째, 국가 간 관계 이외에 지역 차원에서

---

[1] 동북아에서는 미중 간, 국가 간 관계가 압도적인 비중을 차지하고 있다. 근대 세계는 국민 국가의 대두, 국민국가를 단위로 한 국가 간 체제 속에서 국내 영역·국외 영역으로 조직되고 구분된 세계의 형성을 주요한 특징으로 한다. 이러한 측면에서, 동북아는 국가 간 관계의 비대칭성이 남아 있다는 근대 이전의 특징을 지닌다. 또 한편으로는 세계화의 영향으로 국가권력의 재구성(약화와 팽창의 동시 진행)과 다중적인 권력 중심지들의 중첩이 동시에 일어나고 있다(헬드 외, 2002: 686~688).

[2] 필자는 '한반도 경제'를 '체제'와 '국토 공간'으로 정의한 바 있다. 대안 모델로서의 '한반도 경제'는 남북한 각각을 개혁·통합하며 세계와 공존하는 새로운 체제다. 이를 구성하는 요소는 민주적이고 공공적인 국가, 국가 단위 아래의 지역, 국가를 가로지르고 넘어서는 지역, 시장과 기업의 중간에 다양한 형태로 존재하는 조직 등이다(이일영, 2009). '한반도 경제'는 다층화되고 다원적인 요소를 포함한 '국토 공간' 시스템인데, 여기에서 핵심은 여러 요소들 간 연결로서의 '네트워크'다. 이러한 '네트워크'는 국경으로 국한되는 국토 공간뿐만이 아니라 국토 공간의 안팎을 유기적으로 연결하는 것까지 포함하는 개념이다(이

도 행할 수 있는 접근법을 강구하자는 것이다. 이러한 관점에서 개성 공단과 북핵 문제의 성격을 재검토하고자 한다. 그리고 이에 기초해 새로운 경제 모델을 구상하고 이를 실현하기 위한 정책적·운동적 실험 방안을 제시하고자 한다.

결론부터 말하면, 동아시아-한반도 경제를 형성하는 다자주의적 국제 협력체제를 추진하고, 그러한 틀 속에서 남북한 도시 네트워크를 진전시켜야 한다. 이로써 동아시아 생산 네트워크의 구조적 공백을 채우는 네트워크 방식의 '사회 혁신'을 추진해야 한다.[3]

2. 개성 공단은 왜 무너졌을까: 개성 공단의 딜레마

개성 공단에 관한 기존 연구는 크게 보면, 경협 사업으로서의 의의와 세부 기능과 관련된 것들로 구분할 수 있다. 세부 기능에 대해서는 법제, 노동, 무역 등과 관련된 연구들이 많고, 지역적으로는 인접 지역인 경기 북부와의 관련성을 반영한 연구들이 있다. 개성 공단과 경제협력의 의의는 대부분 남북한 간 '통일' 또는 '통합'의 관점을 전제로 하고 있다.[4] 이 때문에 개성 공

일영·김석현·장기복, 2013). 따라서 '한반도 경제'는 '동아시아-한반도 경제'라고 표현할 수도 있다.

3) 사회 혁신의 개념이 아직 확고하게 확립된 것은 아니지만, 필자는 마이크로 혁신을 추진하면서도 이를 이끌어주는 매크로 혁신의 돌파가 필요하다는 점, 사회적 관계에 초점을 두는 폴라니적 의미의 시스템 혁신과 시장·기업을 포함한 경제적 조직 관계를 재배열하는 것을 중시하는 슘페터적 의미의 시스템 혁신을 동시에 포괄한다는 점에 유의하고 싶다(이일영, 2015c).

4) 개성 공단에 관한 여러 측면에서의 분석을 종합한 최근의 뛰어난 연구 성과로 김병로 외(2015)를 들 수 있다. 이는 서울대 통일평화연구원의 연구 프로젝트 결과인데, 부제에서 '평화'와 '통일'을 제시하고 있다. 주요 필자인 김병로는 개성 공단을 작은 통일의 시작으

단 사업이 추진되고 유지된 현실의 토대인 국가들 간의 관계의 성격을 인식하는 데는 큰 관심이 없었다. 그러다 보니 개성 공단의 폐쇄도 분석되지 않는 외생적 변수의 힘에 의한 것으로 볼 수밖에 없다.[5]

개성 공단 폐쇄를 강행한 측이나 반대하는 측 모두 개성 공단이 남북 경협 차원에서 추진되었다는 공통적인 인식을 갖고 있다. 통일부의 정의에 따르면 남북 경제협력은 두 가지를 기본 요소로 포함한다. 첫째는 남북한 정부 차원에서 양자가 협력해 평화의 조건을 조성하고 통일을 대비하는 실천 과정이고, 둘째는 남북한 주민 차원에서(법인, 단체 포함) 경제적 이익을 목적으로 수행하는 제반 활동(투자, 고용, 용역 제공, 행사 개최, 조사 연구 활동 등)이다. 그런데 현실적으로 남북 경제협력은 정부 차원의 행위가 주민 차원의 활동을 압도하고 있다. 또 제3국과의 합작 투자를 배제하지 않으나 실제로는 남북 양측이 행위 주체가 되었다.

남북 경제협력의 본질은 남북 국가 간 관계에 있고, 개성 공단도 그 일환이다. 따라서 개성 공단을 포함한 남북 경제협력 사업은 남북 관계의 진행에 크게 영향을 받는다. 남북 경제협력의 주요 과정은 크게 두 단계로 구분할 수 있다. 첫 단계는 노태우-노무현 정부에 해당하는 시기로 경협을 확대하는 과정이며, 두 번째 단계는 이명박-박근혜 정부 시기로 경협이 축소 또는 단절에 이르는 과정이다(〈표 5-1〉 참조). 보수 정권의 등장이 남북 경제협력의 진전에 영향을 미치는 요소로 일부 작용했을 것이나, 박정희 정부의

로 평가하고 있으며, 김병연은 개성 공단이 북한의 시장화와 남북 통합에 미친 영향을 분석했다. 전체적으로 남북한 관계와 통일·통합의 관점에 입각해 있다. 더 열린 관점을 보여주는 것은 박명규인데, 개성 공단 실험을 평화와 통일을 조합한 한반도형 통일 모델이라고 평가하면서 작은 통로와 큰 정치의 결합, 즉 복합적 통일 전략의 일환이라는 점도 강조했다.

5) 이는 정부의 대북 강경 조치에 대한 강력한 반발로 나타나거나, 어쩔 수 없다는 무력감으로 귀결하게 된다.

<표 5-1> 남북 경협 주요 일정

시기	주요 내용
1988년 7월	민족자존과 통일 번영을 위한 특별 선언(7·7선언, 남북 간 교역 문호 개방)
1992년 2월	남북 사이의 화해와 불가침 및 교류 협력에 관한 합의서
1994년 11월	대북 경협 활성화 조치
1998년 6월, 10월	정주영 명예회장의 방북과 남북 경협 합의
2000년 6월	제1차 남북정상회담과 6·15 선언
2003년 6월	개성 공단 1단계 건설 착공
2007년 10월	제2차 남북정상회담
2008년 7월	금강산 관광 중단
2010년 5월	천안함 관련 조치로 개성 공단을 제외한 남북 교역과 교류 중단
2013년 4~9월	개성 공단 일시 중단
2015년 2월	개성 공단 중단

자료: 이규석(2011)을 참조해 필자 정리.

7·4 공동성명, 노태우 정부의 기본 합의서 등의 사례도 있기 때문에 그 밖의 원인도 복합적으로 살펴보아야 한다. 경협의 추세 전환이 이루어지는 또 하나의 중요한 계기는 2006년 북핵 실험과 이에 따른 남한의 안보 불안감 지형의 변화다(<표 5-2> 참조).

개성 공단을 포함한 남북 경협 사업의 확대를 제약하는 구조적 요인으로는 북한의 군사화 경향과 사업을 둘러싼 행위자-네트워크의 취약성을 들 수 있다. 시기별로 보면, 김대중-노무현 정부 시기에는 경협 확대 기조를 취했지만 김대중 정부 말 이후 경협의 추진력이 약화하기 시작했다. 이명박-박근혜 정부 모두 정권 초기에는 교류의 움직임을 보이기도 했으나 시간이 지나면서 교류 축소의 압력이 커졌다. 정권의 성격도 작용했겠지만, 정권에 영향을 미치는 국제적·국내적 환경의 변화도 중요하게 고려해야 할 요인이다.

〈표 5-2〉 북핵 문제의 진전 과정

시기	주요 내용
1985년 12월	북한 핵무기비확산조약(NPT) 가입
1993년 3월	북한 NPT 탈퇴 선언
1994년 11월	북한 핵 활동 동결 선언
2002년 12월	북한 핵 동결 해제 발표
2005년 2월	북한 핵무기 보유 선언
2005년 9월	모든 핵무기, 현존 핵 계획 포기 등 9·19 공동성명(6자회담)
2006년 10월	북한 제1차 핵실험 실시
2007년 2월	영변 원자로 폐쇄 및 불능화 합의(6자회담)
2009년 5월	북한 제2차 핵실험 실시
2013년 2월	북한 제3차 핵실험 실시
2016년 1월	북한 "첫 수소탄 시험" 발표

자료: 차재훈(2011)을 참조해 필자 정리.

북한의 2006년 제1차 핵실험은 한미·한중·남북 관계의 성격을 변화시키는 중요한 계기가 되었다. 이후 한국 단독으로 남북 관계를 진전시킬 수 있는 영향력은 크게 축소되었다. 북핵 문제의 전개와 함께 동북아 국제 정세에서 미국과 중국의 영향력이 커지는 동시에 한국의 유권자 지형도 남북 관계 진전에 제약을 늘리는 방향으로 변화했다. 한국 국민들의 안보 불안감은 북핵 실험과 천안함·연평도 사태를 거치면서 이전과는 다른 단계로 변화했다(〈표 5-3〉 참조).

개성 공단은 남북 정상 간 합의에 의해 추진된 사업이었다. 이에 따라 군사적 긴장과 충돌에도 개성 공단의 완전 폐쇄를 결정하기 어려운 정치적 부담이 존재했다(양문수, 2013; 엄상윤, 2013). 또한 진화하는 행위자로서의 네트워크가 작용하기도 했다(김치욱, 2014). 그러나 북핵 문제의 성격이 점점

〈표 5-3〉 여론조사에 나타난 안보 불안 심리의 추이

(단위: %)

여론조사 시점	조사 전후의 사건	'안보가 불안하다'는 답변 비율
2000년 9월	제1차 남북정상회담 후	18.9
2006년 10월	제1차 북핵 실험 후	63.8
2009년 6월	제2차 북핵 실험 후	59.2
2010년 4월	천안함 침몰 후	66.7
2010년 5월	천안함 조사 결과 발표	75.4
2010년 11월	연평도 포격 4일 후	81.5
2010년 12월	연평도 포격 23~31일 후	69.6
2011년 3월	연평도 포격 4개월 후	52.0

자료: 양동안 외(2011)에서 정리.

더 국제화하면서 한국 유권자 지형의 안보 불안을 자극해, 개성 공단의 발전을 제약하고 안정성의 토대를 잠식했다.

개성 공단 폐쇄에 정권의 독단이 중요한 변수로 작용한 것은 사실이다. 그러나 이에 대한 대응으로 개성 공단 폐쇄 조치를 비판하거나 개성 공단부흥법 제정 등으로 개성 공단 사업에 집중하는 것은 한계가 있는 접근법이다. 더 큰 틀에서 북핵 문제와 경제 네트워크의 진전이 어떻게 연관되어 있는지를 고찰하고, 이들 과제에 동시적으로 접근할 필요가 있다.

3. 북은 왜 핵의 길로 갔을까: 북핵과 동아시아 발전모델

개성 공단 사업은 남북 모두에게 이익을 가져다줬지만, 북한의 4차 핵실험 이후 남북 모두 경제적 이익을 버리는 쪽으로 사태가 전개되었다. 북핵

문제는 개성 공단 폐쇄에 이어 사드 배치 문제까지 연쇄적으로 확대되었다. 사드 배치와 북한에 대한 제재를 둘러싼 한중·한미·미중 간 논의 과정은 동아시아 지역이 군사적·경제적으로 복잡한 연계를 지닌 체제임을 시사한다.

동아시아체제에 관한 경제적 차원의 논의는 국제정치 차원의 논의와 구분된 영역에서 전개되었다. 동아시아 모델에 관한 기존 연구는 신고전파 경제학과 수정주의 또는 국가주의 간의 대립에서 출발했다. 신고전파는 동아시아 경제의 발전 요인을 시장체제의 도입으로 파악하는 반면, 수정주의 입장에서는 '강한 국가'의 적극적 역할을 높이 평가하는 편이었다.[6]

동아시아 모델에 대한 관심이 높아진 것은 동아시아의 경제적 성장을 해명하려는 문제의식과 관련이 깊다. 그런데 동아시아 모델 논의는 1980년대까지는 주로 일본의 경제성장과 그 특유의 제도·조직에 대한 관심에 기초한 것이었다. 한편 중국이 뚜렷하게 부상하기 시작한 1990년대 중반 이후에는 중국을 중심으로 한 논의들이 등장했다.[7] 더 균형적인 동아시아 경제론을 전개하기 위해서는 동아시아 경제 내에서 모델을 세부적으로 유형화하고, 일본이나 중국 외 소국의 관점도 유의할 필요가 있다.[8]

---

[6] 수에히로 아키라에 따르면, 수정주의 또는 국가주의자들 사이에서도 강조점에 따라 다양한 논의가 존재한다(末廣昭, 2000). 웨이드는 정부-시장 관계에 주목하나, 필즈는 정부-기업 관계를 중시한다. 암스덴이 주로 관심을 둔 것은 생산관리와 직장의 틀이었다. 정치학 쪽에서 이루어진 논의들은 관료 조직과 그 조정 기능, 노동단체와의 관계에 주목하거나(해거드, 드요, 보겔), 압력단체에 대해 국가가 보유하고 있는 자율성을 강조하기도 했다(로빈슨, 휴이슨).

[7] 국내 제도·조직의 역할과 생산체제, 기업 시스템에 관심을 두는 논의는 다분히 일본형 시스템을 염두에 둔 것이라 할 수 있고(Aoki, 1994), 자본주의의 서로 다른 발전모델이 존재한다는 자본주의 다양성론과 조절 이론의 발전모델론에서도 동아시아 모델을 대표하는 것은 일본이다(Hall and Soskice, 2001; Amable, 2003; Boyer, Uemura and Isogai, 2012). 캘리포니아 학파의 신세계사(new world history), 프랑크와 아리기 등의 새로운 세계체계론은 동아시아의 경제적 성장을 역사적으로 해명하려는 흐름에 있지만, 중국 중심적인 시각이라는 편향성도 지니고 있다(강진아, 2013).

동아시아 모델을 세분화해 인식하려는 시도로는 이일영 외(2002)와 김형기(2016)가 있다. 이일영 외의 경우, 산업정책을 중심으로 볼 때 일본은 교과서적 형태의 동아시아 모델에 해당하고 한국은 '강성' 모델, 중국·대만은 '연성' 모델에 해당한다고 유형화했다(이일영 외, 2002). 김형기는 동아시아 발전모델을 일본 모델(1960~1970년대), 한국 모델(1970~1980년대), 중국 모델(1980~1990년대)로 유형화했다(김형기, 2016). 이와 같은 논의는 동아시아 모델의 특징을 더 구체화한다는 장점이 있지만, 각국의 유형론이 기본적으로 한 나라의 관점에 입각해 있고 각 모델을 병렬적으로 전개·비교해 동아시아 경제 모델의 형성·발전·전환의 계기를 포착하지 못한다는 한계가 있다.

이렇게 각국의 유형론을 전개하면, 북핵 문제는 북한 내부에서 형성된 것으로만 보게 되고, 동아시아 전체 수준의 상호작용이나 체제 형성은 파악하기 어렵다. 따라서 동아시아 각국의 유형을 인식하되, 각국 모델이 발전하게 된 계기를 국가 단위를 넘어서는 동아시아 차원에서 찾아보는 노력이 필요하다.

냉전이라는 개념은 미국과 유럽 중심의 냉전 이면에 한반도를 포함한 동아시아 공간에서의 충돌을 전제하고 있다(권헌익, 2013). 이와 마찬가지로 동아시아 경제성장이라는 역사적 현상은 미국과 유럽의 냉전, 그리고 동아시아에서 전개된 국제 전쟁의 토대 위에서 진행되었다. 한국전쟁은 일본 모델을 만들어냈고, 베트남전쟁은 한국 모델의 토양이 되었다. 미중 간 데탕트와 WTO 체제가 중국 모델을 형성했으며, 중국이 세계 경제에 참여하면서 동아시아 생산체제가 형성되었다.

동아시아 발전모델과 지역 분업체제 형성은 서로 연동하면서 발전했고,

---

8) 예를 들면 최원식의 경우, 소국주의와 대국주의가 내적 긴장을 이루는 더 평등한 세계체제 지향을 추구하고 있으며(최원식, 2008, 2009), 백영서는 동아시아의 대표적 핵심 현장으로 진먼 섬, 오키나와, 개성 등을 들었다(백영서, 2013).

지역체제 안에서 각국 모델이 작동·운영되었다. 따라서 다음과 같은 가설의 체제 그림을 그려볼 수 있다. 첫 번째 시기는 1950~1980년대 중반까지인데, 이때 '동아시아 발전모델/분업체제 1.0'이 형성되었다. 이는 냉전시대의 동아시아 모델이다. 이 모델 1.0의 자본주의 버전을 '동아시아 모델 1.1'이라고 한다면 일본, 한국, 대만이 여기에 해당한다. 모델 1.0의 사회주의 버전을 '동아시아 모델 1.2'라고 하면 중국, 북한의 경우를 포함한다.

두 번째 시기는 1980년대 말~1990년대 초 이후다. 이때 '동아시아 발전모델/분업체제 2.0'이 만들어지는데, 이는 냉전 이후의 동아시아 모델이다. 동아시아 모델의 연속적 전환에 중심적인 역할을 한 것은 아세안(ASEAN)과 중국이다. 아세안의 선도적 개방과 뒤이은 중국의 세계 경제 참여, 한국과 대만의 호응 등이 결합해 거대한 동아시아 생산 네트워크가 진전되었다. 이 생산 네트워크에 연결된 중국, 아세안, 대만, 한국, 일본을 '동아시아 모델 2.1'이라고 할 수 있다.[9]

1990년대 초 북한은 동아시아 생산 네트워크에 연결되지 못했다. 북한은 세계체제 속에서 고립된 채 중국과의 관계를 중심에 놓고 남북 관계를 보조로 삼았다. 동아시아 분업체제에 부분적으로 연결되었다는 점에서는 '동아시아 모델 2.2'라고 할 수 있다. 1990년대 초 사회주의 분업체제가 붕괴하면서 북한은 '고난의 행군'을 겪었다. 이 과정에서 시장화와 군사화가 동시에 진행되었고, 생산·투자·무역의 격심한 변동이 구조화되었다.[10] 현재 북한

---

9) 한국 경제가 새로운 동아시아 모델로 전환하는 데 중요한 계기가 된 것은 1987년 민주화 체제의 형성, 1992년 한중 수교다.

10) 국내체제의 측면에서 북한은 1970년대 중국 모델과 유사하다. 1970년대 초 중국은 문혁 시기(1967~1969년)에 진행된 제도 및 조직의 전복, 투자 축소, 중소 분쟁 등의 결과로 불안정이 극심했다. 이에 따라 1970년에 질서 유지를 위해 군대를 투입해 문혁을 진압하고 새로운 약진을 시도했다. 1972년 닉슨독트린이 제안되는 가운데 중국은 체제 정비를 시도했지만 마오쩌둥이 사망하는 1976년까지 저우언라이와 4인방 사이의 갈등과 혼선은

은 대외무역의 90% 정도와 원유 공급을 중국에 의존하고 있는 불안정한 개방경제다.[11] 즉, 낮은 수준의 발전 단계와 높은 수준의 개방 정도를 지닌 '동아시아 모델 2.2'라고 할 수 있다.

현 단계 북한 모델의 특징은 크게 두 가지로 압축해볼 수 있다. 첫째, 사회주의가 남긴 유산이 근본 문제로 존재한다. 농업의 제약, 소비 억제, 고용 문제, 투자의 비효율, 사회화된 소비 문제 등이다. 둘째, 개방형 분업 구조 속에서 극심한 불균형과 재래식 군사력의 취약성을 보완하기 위한 비대칭 전력으로서 핵개발에 집착한다.

이러한 점에서 보면, 북핵 문제는 동아시아 모델 형성의 또 다른 모습이다. 동아시아 발전모델/지역체제의 구조적 공백이 곧 북한이고 북핵이다.[12] 이 공백을 장악하려는 노력이 개성 공단 사업이라고 평가할 수 있지만, 이는 동아시아 차원이 아닌 남북한 차원에서 설계된 것이다. 동아시아 지역체제의 구조적 공백을 메우려는 사업에 중국과 미국의 협조체제가 함께 배치되지 않았기 때문에 항상 불안정한 상태에 놓여 있다.

동아시아 모델/체제의 구조적 공백을 장악하기 위해서는, 한편으로는 북핵 문제를 해결하고 다른 한편으로는 개성 공단을 국제화한 형태로 재구성하는 것이 필요하다. 이를 통해 북한이 동아시아 네트워크에 참가할 수 있도록 유도하는 것이다. 국가 간 차원에서 북핵 문제에는 미국과 중국의 협

계속되었다. 1977년 화궈펑 체제가 성립하면서 대외 개방을 통한 양약진(洋躍進)을 시도했고, 1978년 덩샤오핑 복귀와 함께 과거와의 단절을 통한 개혁·개방을 시도했다.

11) 북한의 무역의존도는 50% 이상으로 추정된다. 북한의 1인당 GDP를 750달러로 보고, 이에 북한 인구를 곱하면 북한의 GDP는 19조 원 정도다. 교역 상대국의 통계로 2014년 무역 규모는 10조 원가량이다(김병연, 2016).

12) 구조적 공백(structural hole)은 네트워크상에서 서로 직접적으로 연결되지 않은 행위자나 집단들 사이에 존재하면서, 각자와 연결 관계를 갖고 있는 위치를 의미한다. 로널드 버트는 네트워크상에서 구조적 공백을 장악하는 것의 이점을 강조한 바 있다.

조적 관여가 중요하고, 개성 공단 사업에는 중국과 일본의 참여가 필요하다. 비국가 간 차원에서는 비핵화와 경제·문화 교류를 위한 도시 네트워크를 추진해야 한다. 13)

4. 어떻게 할 것인가(1): 동아시아 다자적 평화체제

개성 공단 폐쇄는 남북 국가 간 관계의 취약성이 작용한 것으로 주로 남북 양측에 손실을 입히는 일이지만, 사드 배치는 그 이상의 국제 관계 구조를 위협하는 중대한 문제다. 현재 동아시아 모델/체제의 형성은 기본적으로 베트남전과 관련이 깊다. 미국은 베트남전 패배로 동아시아에서 일부 후퇴하고, 그 대안으로 중국과의 협조체제를 구축하고자 했다. 이는 1970년대 초 닉슨독트린으로 나타났는데, 이것이 현재까지 미중 관계의 기본 골격을 형성했다.

미중 관계는 미중 협조체제에서 상호 견제와 갈등이 존재하는 구조라 할 수 있다. 중국은 국력이 증대되자 동아시아 지역 질서에 영향력을 강화하려 했다. 중국이 주로 영향력을 확대하려는 공간은 남중국해이고, 동북아에서는 현상 유지를 원하고 있는 것으로 판단된다. 14) 중국은 북한의 반복적인 강압 외교에 대한 피로감이 높아지고 있다. 그러나 북한 정권에 대한 중국

---

13) 이기호는 평화를 꿈꾸고 실천하는 과정에서 천천히 성장하는 유기적 도시인 평화 도시 개념을 제안했다(이기호, 2016). 자치체와 대학 간 협업 등으로 평화 도시 네트워크를 결성하는 도시 외교 전략을 펴서, 국가권력의 절대적 위치를 상대화하고 생명과 평화의 가치를 실현하자는 것이다.

14) 최근의 미중 관계는 중국이 말하는 '신형 대국 관계', 미국이 말하는 '아시아로의 회귀'가 구체적인 의제·공간에서 재조정되는 과정에 있다.

의 비호감에도 미중 관계에서 북한이 차지하고 있는 지정학적 가치 때문에 중국이 북한을 적대시할 수는 없는 형편이다.

중국은 한국 사드 배치를 미국 군사력이 황해와 동중국해를 장악하려는 것으로 간주한다.[15] 한국이 중국의 핵심 이익을 침해하는 조치를 취하면 한중 우호 관계가 붕괴되고, 중국은 김정은 정권의 전략적 가치를 증가시킬 수밖에 없다. 실제로 중국은 북한의 4차 핵실험 이후 한국의 강경 대응, 특히 사드 배치 논의에 대해 격렬하게 반응했다.[16]

국가 간 차원에서는 돌출 행동을 제어하고 현실주의적 접근에 기초해야 한다. 동아시아에서 한국의 독자적 영향력은 일정한 한계가 있기 때문에 국가 간 협조체제를 구축하는 것이 중요하다는 점을 인식해야 한다. 일국 차원에서 이루어지는 일방 조치들을 조율하고, UN 안보리 차원의 논의에 집중해야 한다. 결국 새로운 동북아 질서에 합의해야 하기 때문에 동북아 평화 협력 구상과 한반도 핵문제 해결을 위한 6자회담을 연계해 추진해야 한다. 당장은 북핵 문제와 관련해 제재 등을 함께 논의하면서 6자회담으로의 진전을 모색하는 5자회담을 추진해볼 수도 있다.

국제적 협의와 함께 남북·국내 차원에서도 기반 조성이 진행되어야 한다. 남북은 기능주의적 협력과 정치·군사적 협력을 함께하는 병행 노선을 수립하고, 동북아 다자 안보 협력과 한반도 평화체제 구축을 위한 국내 정치적 합의 기반도 마련해야 한다(이일영·김양희·구갑우, 2014). 개성 공단 폐쇄나

---

15) 중국은 특히 사드 배치 문제를 북한의 위협에 대한 대응의 범위를 벗어난, 중국의 미사일 능력을 견제하려는 위협 행태로 간주하고 있다.

16) 2016년 1월 13일 박근혜 대통령의 회견에 대해 중국 외교부는 즉각 "한 국가가 자신의 안전을 도모하려 할 때는 필히 여타 국가의 안전을 고려해야 한다"라고 비판했다. 2월 7일 한미 양국이 사드 배치를 협의하기로 하자 중국은 주중 한국 대사를 초치해 항의했고, 2월 12일 왕이 외교부장은 미국에 중국의 안보 이익을 침해하지 말 것을 요구하면서, "항장이 칼춤을 추는데 그 뜻은 패공에게 있다"라는 중국 고사를 인용하기도 했다(신경진, 2016).

사드 배치 문제는 국가 또는 중앙 정치 차원에서 결정되어왔으나, 시장경제나 지역 경제 차원에서도 논의를 열어갈 필요가 있다.

당장 개성 공단에 남은 재산권 문제를 놓고 안보 보수와 시장 보수 간에 균열이 발생할 수 있다. 기존 보수 세력 안에서도 개성 공단 기업인의 이익을 대변하는 입장이 표명되었다(최보식, 2016; 양선희, 2016). 북한 붕괴 또는 급진 통일은 심각한 재정위기를 수반하며 급격한 금리·환율 인상으로 생산·고용에 충격을 줄 수 있다는 점은 시장 지지 세력과도 공유할 수 있다. 사드 배치 후보지로 거론된 평택, 대구, 칠곡, 예천, 군산, 원주 등에서 강력한 반대 여론이 형성된 것도 유의할 점이다. 지역 차원의 움직임이 님비로 고립되지 않도록 '평화 균형성장'의 담론과 모델을 정립·발전시킬 필요가 있다.[17]

5. 어떻게 할 것인가(2): 동아시아 균형성장 네트워크

'평화 균형성장' 모델의 요소는 북한의 인력 개발, 남한의 중소기업과 농업·서비스업의 활로 모색, 한반도와 중국·러시아를 연결하는 시장 확대 등이다. 이는 기존의 동아시아 모델/체제에 지역 성장 네트워크를 연결하는 프로젝트이기도 하다. 동아시아 생산 네트워크는 1980년대 말에서 20여 년간 세계에서 가장 선진적이고 정교한 형태로 발전했지만, 이 네트워크는 매우 편중된 형태다. 동아시아 생산 네트워크는 전자·기계 부문을 중심으로 전개되었으며 중국으로 집중이 강화되는 추세다.

---

17) 사드 배치는 기존 동아시아 모델/체제의 안정성을 위협하는 것으로, 미국으로서도 쉽게 강행하기 어려운 사안이다. 사드 강행은 중국과 러시아의 반발은 물론 한국 내에서도 오키나와, 제주 강정마을에서와 같은 저항운동에 부딪힐 가능성이 높다.

한국의 경우에도 1990년대 이후 동아시아 생산 네트워크에 연결되면서 산업과 국토 공간이 새롭게 조직되었으며 생산 네트워크에 연결된 정도를 반영해 지역 간 생산력 격차가 나타났다. 대기업이 주도한 전기·전자, 자동차, 반도체, 석유화학, 조선 산업 등 가공·조립 및 기초 소재 산업이 동아시아 생산 네트워크에 연결되었고, 이는 수도권－충청권－영남권 성장축을 강화했다. 그런데 현재 동아시아 모델/체제는 새로운 전환기에 들어섰고, 한국의 성장 구조도 더 이상 유지하기 어려운 압력을 받고 있다.

전환의 압력은 중국에서 나오고 있다. 첫째, 중국 산업구조의 고도화에 따라 기존의 동아시아 분업체제가 변동하고 있다. 중국이 중간재를 수입해 최종재를 조립 생산하는 네트워크 구조에 변동이 일어나고, 중국 국내적으로는 전자·기계 산업 수출의 증가, 무역의존도의 감소가 동시 진행으로 나타나고 있다(〈표 5-4〉, 〈그림 5-1〉 참조). 둘째, 중국이 과잉투자 조정 및 성장률 저하 국면에 들어섰다. 중국은 2008년 세계 경제위기에 대응하면서 중앙정부, 지방정부, 국유 기업을 중심으로 투자율을 증대해온 것으로 보인다. 이러한 가운데 부동산 시장과 주식시장에 버블이 생겼다. 그리고 지방정부와 국유 기업의 재정 운용이 방만해져서 금융시장의 안정성을 심각하게 위협할 정도에 이른 것으로 추측된다.[18)

기존의 동아시아 모델/체제는 더 이상 그대로 유지되기 어렵다. 그렇다고 전혀 다른 새로운 모델을 당장 만들어내기도 어렵다. 적응과 혁신을 동시에 진행해 전환 모델을 만들어갈 수밖에 없다. 우선 기존의 동아시아 생산 네트워크는 중국으로 집중이 가속화될 것이므로 이 안에서 치열한 혁신이 필

---

18) 중국의 전(全) 사회 고정자산 투자액이 GDP에서 차지하는 비중은 1995~1999년에 31~33% 수준이었는데, 2003년에는 40%를 넘어섰다. 이러한 투자액 비중은 세계 경제위기 직후인 2009년에는 65%를, 2014년에는 80%를 넘는 엄청난 수준에 이르렀다(이일영, 2016).

(단위: 100만 달러)

연도	기계 전자 제품	첨단 기술 제품	자동 수치 처리 설비
1996	48203.0		
2004	323370.2	165535.6	59911.3
2005	426729.1	218243.8	76299.3
2006	549401.7	281425.3	93017.4
2007	701170.9	347825.5	123714.7
2008	822929.7	415611.1	135019.1
2009	713113.1	376909.2	122360.4
2010	933434.1	492413.9	163953.0
2011	1085589.3	548788.3	176284.8
2012	1179337.6	601163.9	185321.0
2013	1264662.5	660081.3	182169.2
2014	1310757.4	660490.4	181717.0

자료: 중국통계연감.

〈그림 5-1〉 중국의 무역의존도

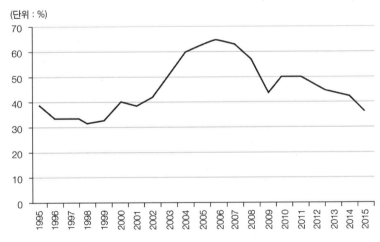

(단위 : %)

자료: 중국통계연감.

요하다. 다른 한편으로는 기존 네트워크와 덜 중첩된 지역과 산업에서 성장 요소를 이끌어낼 필요가 있다. 한반도 전체 공간 차원에서 보면, 수도권-충청권-영남권 축을 보완하는 새로운 '네트워크 국토 공간'을 성장 모델의 요소로 삼아야 한다.[19]

지역 성장을 위한 실험을 위해 서남권과 같이 기존의 조립형 제조업 비중이 높지 않은 비수도권 광역 지역을 거점으로 생태적 성장 모델의 가능성을 탐색해볼 수 있다. 실험의 축은 중앙정부와 광역 지역, 대기업과 중소기업이 협력해 만드는 친환경 제조업 생산 시스템과 식품 클러스터, 농촌과 도시를 잇는 어메니티(amenity) 공간, 다양한 수준에서 정부 기구와 경제주체가 함께 참여하는 광역경제권 거버넌스를 형성하는 것이다.[20] 현재 제주도는 중국 이주민이나 관광객으로 인해 동아시아 네트워크에 연결되는 정도가 강화되고 있지만, 제주도 규모만으로는 균형성장 모델을 만들기 어려울 수 있다.

개성 공단은 기존의 가공 조립라인을 복원하는 데서 나아가 평화 균형성장의 새로운 모델을 만들고, 국가 간 관계를 보완·극복하는 글로벌 신수도권 지역을 형성하는 비전을 수립하는 것이 좋다. 프로젝트의 크기는 세 가지 차원으로 생각해볼 수 있다. 가장 큰 규모에서는 서울-인천-개성의 대삼각 도

---

19) '네트워크 국토 공간' 형성은 새로운 시스템을 만들어내는 '사회 혁신' 실험이라 할 수 있다. 종래 '국토'는 한 덩어리의 물리적 개념으로 주로 변형과 개발의 대상으로 간주되었다. '지역'은 그 덩어리를 쪼개 여러 개의 개별화된 사회적 존재를 만들어냈으나 전체적인 시스템은 만들어내지 못했다. '네트워크 국토 공간'은 다원적인 지역들이 단순한 집합이 아닌 시스템적 상호 연계를 통해서 '국토 공간'이라는 새로운 가치 형성을 지향하는 것이다. 이러한 '네트워크'는 국경으로 국한되는 국토 공간뿐이 아니라 국토 공간의 안팎을 유기적으로 연결하는 것까지 포함하는 개념이기도 하다(이일영·김석현·장기복, 2013).

20) 이와 관련해서 활용한 기존의 자원은 '5+2 광역경제권' 전략에서 추진한 친환경 자동차 산업 및 광산업, 중앙정부가 추진한 '국가 식품 클러스터', 지자체 차원에서 추진한 어메니티 형성 사업 및 커뮤니티 비즈니스, 새만금 간척지와 '새만금개발청' 등이다(이일영 2015b).

시 네트워크를 형성하는 비전을 갖고 문화적·인도적 프로젝트를 추진할 수 있다. 경제적 차원에서는 파주-김포-개풍의 소삼각 도시 네트워크 차원에서 제조업과 서비스업 프로젝트를 만들 수 있다. 도시 건설 차원에서는 한강·임진강 수변 지역에 개성과 연결되는 수변 도시를 구상해볼 수 있다.

동아시아 모델/체제 차원에서는 개성 배후 지역을 동아시아 생산 네트워크와 연결해 한반도상의 구조적 공백과 비대칭을 개선하는 방식을 취하되, 도농 균형, 산업균형, 생산-소비 간 균형, 중앙지방 간 균형을 고려할 필요가 있다.[21] 먼저 파주의 한강·임진강 수변 지역을 새로운 생태 평화 도시 네트워크의 거점으로 발전시킬 수 있다. 이는 1·2·3차산업이 융합된 6차산업을 창출하는 프로젝트로 설정할 수 있으며, 다른 한편으로는 새로운 도농 복합공간을 창출하는 시도가 될 수 있다. 수변 지역을 활용하는 것은 바다로 열린 교통망을 형성하는 한편, 부동산 투기를 막고 공공 자산을 확충하는 효과를 의식한 것이다.

동아시아 모델/체제의 변방이자 공백에 해당하지만 네트워크에 의한 성장 잠재력이 큰 곳이 환동해 지역이다. 남북의 동해안, 중국 동북부, 러시아 극동 연해 지방, 일본 서쪽 지역을 포함한 환동해 지역은 각국의 변방이 중첩되어 있는 공간이다. 환동해 네트워크를 촉진할 수 있는 사업으로 두만강 하구 신도시 개발을 상정해볼 수 있다. 환동해권은 국가 간 경쟁과 갈등 속

---

21) 최근 일본에서는 '지방 소멸'을 목전에 두고 있다는 논의가 나오고 있다. 2014년 5월 「마스다 보고서」에서는 현재의 인구 감소 추세대로라면 일본의 절반, 896개 지방자치단체가 소멸한다고 주장해 일본 전체에 큰 파장을 일으켰다(마스다 히로야, 2015). 이후 인구 유출과 출생률 저하로 지방 소멸 현상에 대한 해결책이 절박하다는 논의가 이어지고 있다. 이와 관련해 이제는 생산 사회에서 소비사회로 전환이 불가피하고, 지방도시를 그 선단적 장소로 기능하게 해야 한다는 주장도 제기되었다(貞包英之, 2015). 이제는 20세기형 생산 도시가 재생산되는 것이 어려워지고 있으나, 한국의 경우 생산 없는 소비도시로 전면 전환할 단계는 아니라고 여겨지므로, 생산과 소비가 균형을 이루는 광역 차원의 생활 도시 개념을 모색할 필요가 있다.

에서 항구도시 간 네트워크가 발달하지 못한 곳이지만, 중국과 러시아의 지방정부, 몽골 등은 적극성을 지니고 있다. 일본의 서쪽 지방 도시들도 관심이 있을 것이다. 부산은 동아시아의 허브 항구이지만, 두만강 도시와 연결될 수 있다면 상하이 양산항에 필적하는 존재로 떠오를 수 있다.[22)23)]

그러면 이러한 사업들을 어떻게 추진할 것인가? 동아시아 모델/체제의 전환은 제도와 조직을 재배열하는 '사회 혁신' 실험으로 이루어져야 한다. 사업에 따라 다양한 방식으로 실험할 수 있겠지만, 기본 방향은 다음과 같이 논의해볼 수 있다. 첫째, 중앙정부가 주도하는 방식에서 중앙·지방정부, 전문가·시민에 따라함께 참여하는 방식으로 전환해야 한다. 둘째, 지역 특색에 맞고 권역 내 하위 경제권 사이의 협력적 발전의 방향이 확립된 경우부터 광역 지역개발청 설립을 추진해 중앙정부의 권한을 이양해야 한다.

6. 요약 및 결론

남북 경제협력과 관련해서는 지금까지 크게 두 가지 접근 방법이 대립해

---

22) 두만강 하구 도시는 관광과 물류 두 가지 핵심 기능을 보유할 수 있을 것으로 기대된다. 중국의 백두산(창바이산) 관광객은 2014년 연 200만 명을 넘어섰으며, 옌볜 자치주는 3국 변경 지역을 국제 자유 관광구로 개발하기 위해 노력하고 있다(강태호 외, 2014: 384~416). 또 두만강 하구는 시베리아 횡단철도로 유라시아 대륙과 한반도를 연결하는 물류 기지가 될 수 있고, 천연가스 저장 기지로 한국과 일본에 천연가스를 공급하는 기항지 기능을 수행할 수 있다(김석철, 2012; 강태호 외, 2014: 58~63).

23) 박근혜 정부는 2016년 3월 8일 대북 해운 제재로 남북러 3각 물류 협력 사업인 '나진-하산 프로젝트'를 중단했다. 나진-하산 프로젝트는 러시아 국경역 하산과 북한 나진항을 철도로, 나진항과 국내 항구를 해로로 연결하려는 것이다. 정부가 이날 제3국 선박이 북한에 기항하고서 180일 내에 국내에 입항하는 것을 전면 불허했기 때문에 당분간 나진항과 국내 항구와의 연결은 어렵게 되었다.

왔다. 하나는 철저한 상호주의(reciprocity) 원칙에 입각한 접근이고, 다른 하나는 평화와 경제적 이익의 상호 관계를 기대하는 기능주의(functionalism) 접근이다. 이러한 두 가지 접근법은 현실에서는 김대중-노무현 정부, 이명박-박근혜 정부의 대북 정책 대립으로 나타났다.

그런데 박근혜 정부는 2016년 2월 10일 개성 공단 폐쇄를 발표해 남북 관계는 노태우 정부 시기의 기본 합의서 체결 이전으로 돌아갔다. 그리고 그 이전부터 이미 동아시아 및 한반도의 정치·경제적 환경조건은 상호주의나 기능주의 원칙이 적용되기 어려운 상황이었다. 상호주의가 작동할 수 없는 동아시아 지역체제가 북핵 문제의 배경이 되었으며, 북핵 문제가 기능주의적 접근의 작동을 막고 있다.

이에 따라 남북 경제협력에 관한 제3의 새로운 접근법이 필요하다. 이 장에서는 다음과 같은 새로운 관점을 제안했다. 첫째, 북핵 문제와 경협 문제를 통일적으로 보자는 것이다. 둘째, 남북 관계를 동아시아-한반도 경제의 문제로 보자는 것이다. 셋째, 국가 간 관계 외에 지역 차원에서도 행할 수 있는 접근법을 강구하자는 것이다. 이러한 관점에서 개성 공단과 북핵 문제의 성격을 재검토하고, 이에 기초해 새로운 경제 모델을 구상하고, 이를 실현하기 위한 정책적·운동적 실험 방안을 제시했다.

이 장에서 주장하는 바는 동아시아-한반도 경제를 형성하는 다자주의적 국제 협력체제를 추진하고, 그러한 틀 속에서 남북한 도시 네트워크를 진전시키자는 것이다. 즉, 동아시아 생산 네트워크의 구조적 공백을 채우는 네트워크 방식의 '사회 혁신' 방안을 추진하자는 것이다. 이러한 실험이 이루어질 만한 공간의 사례로 한강-임진강 수변 지역, 서남권 광역 해안 지역, 두만강 하구 지역 등을 들 수 있다. 실험의 주체·과정·방식은 중앙정부, 광역적 자치체, 기업, 민간단체 등의 네트워크를 통해 만들어지도록 해야 한다.

참고문헌

강진아. 2013. 「역사적 관점에서 본 중국의 개혁개방」. 세교연구소 심포지엄 발표.

강태호 외. 2014. 『북방 루트 리포트: 환동해 네트워크와 대륙철도』. 돌베개.

권헌익. 2013. 『또 하나의 냉전: 인류학으로 본 냉전의 역사』. 민음사.

김병로 외. 2015. 『개성 공단: 공간평화의 기획과 한반도형 통일프로젝트』. 진인진.

김병연. 2016.1.7. "로또 같은 외화 벌어 기고만장 돈 갈 데 없어 '건설'로 몰려". ≪신동아≫.

김석철. 2012. 『한반도 그랜드 디자인』. 창비.

김치욱. 2014. 「남북 경제협력의 네트워크 구조와 시사점: 개성 공단을 중심으로」. 고려대학교 평화와민주주의연구소. ≪평화연구≫, 22(1).

김형기. 2016. 「동아시아 발전모델의 원형과 변형: 한·중·일 3국의 공통점과 차이점」. 경제학공동학술대회 경제발전학회 발표(2016.2.18).

마스다 히로야(增田寬也). 2015. 『지방소멸: 인구감소로 연쇄붕괴하는 도시와 지방의 생존전략』. 김정환 옮김. 와이즈베리.

백영서. 2013. 『핵심현장에서 동아시아를 다시 묻다: 공생사회를 위한 실천과제』. 창비.

신경진. 2016.2.15. "왕이, 사드 겨냥 '항장이 칼춤 추는 건 유방 죽이려는 것'". ≪중앙일보≫.

양동완 외. 2011. 「국가 안보의식 제고방안에 관한 연구」. 2011년도 국가보훈처 정책연구용역 최종보고서.

양문수. 2013. 「한반도 평화 회복을 위한 국가전략: 개성 공단 사업을 중심으로」. ≪국가전략≫, 19(2).

양선희. 2016.2.17. "[양선희의 시시각각] 개성 공단 기업인의 잘못은 무엇인가?" ≪중앙일보≫.

엄상윤. 2013. 「개성 공단 정상화 합의와 남북 관계 전망」. 세종연구소. ≪정세와 정책≫, 통권 210호.

오스터함멜(von Jürgen Osterhammel)·페테르손(Niels P. Petersson). 2013. 『글로벌화의 역사』. 배운기 옮김. 에코리브르.

이규석. 2011. 「남북한 경제 협력 사업의 성과와 과제: 개성 공단 사례를 중심으로」. 충남대학교 사회과학연구소. ≪사회과학연구≫, 22(1).

이기호. 2016. 「평화 도시 네트워크를 통한 서브리저널리즘의 가능성에 관한 시론: 비국가 정치공간의 창출과 동북아 평화」. 한국사회과학연구회. ≪동향과 전망≫, 96호.

이일영. 2009. 『새로운 진보의 대안, 한반도 경제』. 창비.

_____. 2015a. 「글로벌 생산 분업과 한국의 경제성장: 동아시아 생산 네트워크와 한반도 네트워크 경제」. 한국사회과학연구회. ≪동향과 전망≫, 93호.

_____. 2015b. 「동아시아 발전모델의 전환과 지역 성장전략: 서남권 지역을 중심으로」. 한국사회과학연구회. ≪동향과 전망≫, 95호.

_____. 2015c. 『혁신가 경제학』. 창비.

_____. 2016. 「중국의 경제 불안과 성장 둔화(시평)」. 한국사회과학연구회. ≪동향과 전망≫, 96호.

이일영·김석현·장기복. 2013. 「'네트워크 국토 공간'의 비전과 정책」. 한국사회과학연구회. ≪동향과 전망≫, 88호.

이일영·김양희·구갑우. 2014. 「새로운 '성장-협력-평화' 발전모델의 모색: 개혁진보의 국가비전」. 한국사회과학연구회. ≪동향과 전망≫, 91호.

이일영 외. 2002. 「동아시아 산업정책의 유형: 자유화와 산업정책의 변화」. 『개방화 속의 동아시아: 산업과 정책』. 한울.

차재훈. 2011. 「북핵 협상 20년: 연구 쟁점과 과제」. 국제정치학회. ≪국제정치논총≫, 51(3).

최보식. 2016.2.15. "[최보식이 만난 사람] 시장경제 아는 우리 정부가 門 닫다니… 잠자다가 벌떡벌떡 일어나". ≪조선일보≫.

최원식. 2009. 『제국 이후의 동아시아』. 창비.

최원식 외. 2008. 『제국의 교차로에서 탈제국을 꿈꾸다: 남쪽에서 본 동북아시아』. 창비.

헬드, 데이비드(David Held) 외. 2002. 『전지구적 변환』. 조효제 옮김. 창비.

貞包英之. 2015. 『地方都市を考える: 「消費社會」の先端から』. 花伝社.

末廣昭. 2000. 「ギャッチアップ型工業化論: アジア經濟の軌跡と展望」. 名古屋大學出版會.

Amable, Bruno. 2003. *The Diversity of Modern Capitalism*. Oxford University Press.

Aoki, Masahiko. 1994. "The Contingent Governance of Teams: Analysis of Institutional Complementarity." *International Economic Review*, 35.

Boyer, Robert, Hiroyasu Uemura and Akinori Isogai(eds.). 2012. *Diversity and Transformations of Asian Capitalisms*. Routledge.

Hall, Peter A. and David Soskice. 2001. *Varieties of Capitalism: The Institutional Foundations of Comparative Advantage*. Oxford University Press.

제3부 한국 경제: 소득 불평등 해소

제6장

최상위 소득 비중의 장기 추세(1958~2013년)*

홍민기 | 한국노동연구원 연구위원

1. 머리말

이 장에서는 국세통계자료를 이용해 1958년부터 2013년까지의 최상위 소득 비중을 계산한다. 국세통계를 이용하면 가구조사자료에서는 잘 포착되지 않는 최상위 소득분포를 알 수 있고, 통계자료의 기간이 길어서 장기 추세를 파악할 수 있다는 장점이 있다. 소득이나 자산 분포의 구조 변화는 수십 년에 걸쳐 일어나기 때문에 불평등의 원인을 파악하기 위해서 최대한 긴 기간을 살펴볼 필요가 있다. 그리고 최근 들어 나라별로 국세통계를 이용해 최상위 소득 비중을 계산한 결과가 나오고 있어서 불평등의 국제 비교도 가능하다.

국세통계를 이용해 최상위 소득 비중을 계산하는 것은 쿠즈네츠(Kuznets, 1953)의 연구에서 비롯되었다. 오랜 세월이 흐른 뒤 프랑스에 대한 피케티

---

* 이 글은 ≪경제발전연구≫ 제21권 제4호(2015)에 게재된 논문을 수정·보완한 것이다. 논문에서 사용한 자료와 결과는 https://sites.google.com/site/hminki00에서 볼 수 있다.

(Piketty, 2003)의 연구와 미국에 대한 피케티와 사에즈(Piketty and Saez, 2003)의 연구를 계기로 최상위 소득 비중을 계산하는 방법이 표준화되었다. 이후 많은 나라에 대한 연구가 진행되어 현재 29개국에 대한 결과가 세계 상위 소득 데이터베이스(The World Top Incomes Database)에 나와 있다.

한국에서는 김낙년(2012b)과 홍민기(2015)가 원천세 자료를 이용해 임금 집중도를 계산한 바 있다. 그리고 김낙년(2012a)과 박명호·전병목(2014)이 종합소득세와 원천세 자료를 이용해 최상위 소득 비중을 계산한 바 있다. 이 글이 기존 연구와 다른 점은 다음과 같다.

첫째, 포괄하는 시기가 다르다. 김낙년(2012a)은 1980년대 전반기(1979~1985년)와 1995년 이후의 기간을 대상으로 했고, 박명호·전병목(2014)은 2007년부터 2012년까지를 대상으로 했다.

자료가 온전하지 않아서 기존 연구에서는 1995년 이전 기간을 분석 대상에서 제외했다. 1986~1994년에는 원천세 자료가 없다는 것이 첫 번째 문제이고, 1995년 이전 기간에는 원천세와 종합소득세를 중복 신고한 인원과 금액을 알 수 있는 통계가 없어서 중복 신고의 문제를 해결할 방법이 마땅치 않다는 것이 두 번째 문제다.

이 장에서는 원천세 자료가 없는 1986~1994년 기간에 대해 노동부의 조사통계인 '임금구조 기본통계자료'와 국세통계와의 관계를 이용해 임금 분포를 추정하고, 이를 종합소득세 자료와 결합해 최상위 소득 비중을 계산했다. 원천세와 종합소득세 중복 신고의 문제는 두 자료를 단순히 합산하는 방법으로 해결했다. 이러한 방식으로 국세통계가 존재하는 1958년부터 최근까지의 일관된 장기 통계를 만들었다.

둘째, 최상위 소득 비중의 분모가 되는 총소득을 계산하는 방법을 달리했다. 국세통계를 이용해 최상위 소득 비중을 계산할 때에는 세금이 부과되는 실제 소득을 대상으로 하기 때문에, 국민 계정의 개인소득 중에서 실제로 개인이 수취한 소득이 아니지만 개인소득인 것처럼 귀속하는 항목을 제외해 총소득을 구한다. 이 장에서 기존 연구와는 다른 방식으로 여러 가지 자료를 활용해 계산한 바에 따르면, 귀속된 항목이 국민 계정 개인소득의 약 20%를 차지한다. 이 수치는 기존 연구에 비해 큰 값이다. 그 결과 이 장에서 계산한 최상위 소득 비중이 기존 연구에 비해 높다.

셋째, 소득을 임금, 사업소득, 재산소득으로 나누고, 최상위 소득 가운데 각 소득 항목이 차지하는 비중을 계산했다. 이를 통해 외국에 비해 한국에서는 최상위 소득에서 근로소득의 중요성이 크다는 것을 알 수 있었다.

이 장의 구성은 다음과 같다. 먼저, 2절에서는 계산에 사용하는 자료와 최상위 소득 비중을 계산하는 방법을 설명한다. 3절에서는 최상위 소득 비중의 추세와 소득의 구성을 보고하고, 4절에서 그 결과를 외국과 비교한다. 5절에서는 최상위 소득 비중의 시대별 특징과 전체적인 특징을 설명한다. 6절에서는 이를 바탕으로 결론을 이끌어낸다.

2. 자료와 계산 방법

소득 최상위 1%의 소득 비중은 최상위 1% 집단의 소득액을 전체 집단의 소득총액으로 나눈 값이다. 이를 계산하기 위해서는 ① 소득 범위를 정하고, ② 전체 집단의 소득총액을 계산하고, ③ 최상위 1% 집단을 정하고, ④ 최상위 1% 소득 집단의 소득액을 계산해야 한다. 각각의 항목에 대한 설명은 다음과 같다.

1) 소득의 범위

일반적으로 소득은 노동소득, 자본소득, 공적 이전소득, 자본 수취로 나뉜다. 최상위 소득 비중을 계산할 때의 소득은 노동소득과 자본소득을 합한 것이다. 재분배와 관련된 소득인 이전소득(사회보장수혜금, 경상이전 등)과 자본 수취(상속, 증여, 선물)는 제외한다.

노동소득은 (보너스를 합친) 임금을 말한다. 외국 연구에서는 노동소득에 스톡옵션[1]을 포함해 계산하기도 한다. 스톡옵션의 규모가 점차 커지면서 최상위 소득에 큰 영향을 끼치고 있다. 그런데 한국에서는 스톡옵션에 대한 자료가 최근 것만 있고 그나마 개인별로 다른 소득과 합칠 수 없는 형태로 제시되어 있기 때문에 최상위 소득 비중을 계산할 때 제외했다. 개인연금에 대한 자료도 최근 것만 있어서 분석에서 제외했다.

자본소득은 사업소득(개인 이윤), 재산소득(이자, 배당, 임료), 자본이득을 합한 것이다. 자본이득(capital gain)은 주식, 부동산 등 자산의 가격 변동으로 생긴 소득으로, 국세통계에서는 양도소득에 해당한다. 현재 국세통계에는 양도소득과 기타 개인소득이 별도로 제시되어서 개인별로 소득을 합산할 수 없기 때문에 계산에서 제외했다. 이에 따라 이 장에서 최상위 소득 비중을 계산할 때 포함한 것은 임금, 사업소득, 재산소득이다(〈표 6-1〉 참조).

과세 체계에 따라 소득은 총소득, 과세 대상 소득, 과세표준으로 나뉜다. '개인 총소득(gross income)'에서 비과세 소득과 외국인 근로자의 소득을 제외하면 '과세 대상 소득(taxable income)'이 된다. 과세 대상 소득에서 여러

---

1) 스톡옵션(stock option)이 노동소득에 포함되는가는 논쟁의 여지가 있다. 스톡옵션을 행사해 얻은 소득은 주식을 팔아서 얻은 것이기 때문에 자본소득으로도 볼 수 있지만, 계약 체결 시 경영 행위에 대한 보상으로 포함되어 있기 때문에 최상위 소득 비중을 계산할 때에는 노동소득으로 간주한다.

소득 구분	하위 구분	항목	분석 포함 여부
노동소득(Labor Income)		임금, 보너스	○
		스톡옵션, 개인연금	×
자본소득(Capital Income)	사업소득(Business Income)	개인 이윤	○
	재산소득(Property Income)	이자, 배당, 임대료	○
	자본이득(Capital Gain)	양도소득	×
공적 이전소득		사회보장 급부	×
자본 수취		상속, 증여, 선물	×

주: 국세통계에서 부동산 임대소득은 사업소득으로 분류함.

가지 소득공제(deduction)를 제하면 '과세표준(tax base)'이 된다.

소득 비중을 계산하려면 '개인 총소득'을 사용하는 것이 바람직하다. 그런데 개인 총소득에 대한 정보는 최근 것만 있어서 장기 시계열을 구할 수 없다. 이 장에서는 국세통계에서 이용할 수 있는 1958년부터의 '과세 대상 소득'으로 소득 비중을 계산했다.

장기 시계열을 구축할 필요가 있어서 불가피하게 '과세 대상 소득'을 이용했지만 '과세 대상 소득'으로 최상위 소득 비중을 계산하면 실제 소득 집중도를 과소평가하게 된다. 추세와 관련해 크게 문제가 없을 수도 있지만, 특히 최근의 소득 집중도 수준과 관련해 이 장의 결론을 해석할 때에는 이 점을 유의할 필요가 있다.

2) 총인구(Total Population)

총인구는 세금 보고의 단위에 따라 다르다. 미국, 독일, 스위스, 포르투갈처럼 조세의 단위가 가구인 경우에는 총가구수(혼인 가구+미혼 가구)를 총인구수로 삼는다. 한국처럼 조세의 단위가 개인인 경우에는 개인 인구수를 총 인구로 설정한다.

몇 살 이상을 총인구로 할 것인가도 선택의 문제다. 나라마다 연령 기준이 달라서 영국, 호주, 뉴질랜드, 싱가포르에서는 15세 이상으로, 스웨덴에서는 16세 이상으로, 캐나다, 일본, 아르헨티나, 스페인, 이탈리아에서는 20세 이 상으로 했다. 최근 들어서는 15세부터 19세 인구 가운데 경제활동에 참여하 거나 소득을 가진 경우가 드물기 때문에 20세 이상을 기준으로 해도 크게 문 제가 되지 않는다. 하지만 과거에는 19세 미만자 가운데 경제활동에 참여하 거나 재산소득을 가진 사람이 꽤 있었기 때문에, 20세 이상을 기준으로 하면 과거로 갈수록 최상위 소득 비중을 과소평가하게 된다.

이 장에서는 기존 연구와 최근 소득 동향을 고려해 20세 이상 인구수를 총 인구로 설정한다. 20세 이상 인구수는 통계청의 인구총조사 자료를 이용해 계 산한다. 인구총조사는 5년 간격으로 이루어지기 때문에 정확한 인구수는 조 사 연도의 값을 이용하고 조사 연도 사잇값은 선형보간법을 이용해 계산한다. 2013년 20세 이상 인구는 약 3790만 명이므로 인구 1%는 37만 9000명이다.

3) 총소득(Total Income)

최상위 소득 비중의 분모가 되는 총소득을 계산하는 방법에는 두 가지가 있다. 하나는 국민 계정에서 개인소득이 아닌 것을 제해나가는 방법이고, 다 른 하나는 세금 보고 자료에 비보고 소득과 납부 예외 등 누락된 부분을 더 해나가는 방법이다. 이 장에서는 첫 번째 방법을 택했다.

국민 계정에서 개인소득에 해당하는 것은 개인 부문의 '순본원소득 잔액 (NNI)'이다. '순본원소득 잔액'은 피용자 보수, 개인영업 잉여, 재산소득을 합한 것이다. 그런데 국민 계정의 '순본원소득 잔액'에는 개인이 실제로 수취한 소득은 아니지만 소득이 발생한 것으로 간주해 귀속(imputation)하는 항목들이 있기 때문에, 이 항목들을 제외해 최상위 소득 비중을 계산할 때 필요한 총소득을 계산한다. 제외되는 항목은 ① 피용자 보수 중 현물과 기타 노동비용, ② 고용주의 사회 부담금, ③ 이자소득 중 귀속 이자소득, ④ 귀속 임대료, ⑤ 투자소득 지급이다. 다음에서는 이를 계산하는 방법을 간략히 설명한다.[2] 자세한 계산 과정과 결과는 〈부록 1〉에서 설명한다.

국민 계정에서 '임금 및 급여'는 현금, 현물, 기타 노동비용을 합친 것이다. 이 가운데 현물과 기타 노동비용은 근로자의 실제 소득이 아니며 세금 보고의 대상도 아니므로 총소득을 계산할 때는 제외해야 한다. 현물과 기타 노동비용이 임금과 급여에서 차지하는 비중은 노동부의 '기업체 노동비용 조사'를 이용해 계산한다.

고용주의 사회 부담금은 국민 계정에서 별도의 항목으로 나와 있어 쉽게 계산할 수 있다. 고용주의 사회 부담금이 '순본원소득 잔액'에서 차지하는 비중은 1995년 7.5%에서 2013년 10.1%로 증가했다.

국민 계정의 개인 이자소득에는 실제 이자소득뿐만 아니라 귀속 이자소득이 포함되어 있다. 국민 계정에서는 금융기관의 예대마진(수입 이자와 지급 이자의 차액)의 일부를 금융 중개 서비스(FISIM)로 간주하고 이 금융 중개 서비스를 개인의 이자소득으로 귀속하고 있다. 실제 이자소득액은 국세청의 원천세 자료를 이용해 계산한다. 국민 계정의 개인 이자소득에서 실제 이자소득액을 뺀 것이 금융 중개 서비스에 해당한다. 금융 중개 서비스가 '순본원소득 잔액'에서 차지하는 비중은 1995년부터 2013년까지 평균 1%

---

2) 국민 계정에서 비영리단체의 소득이 개인소득에 포함되어 있기 때문에 제외해야 하지만, 이에 대한 자료가 없어서 비영리단체의 소득을 제외하지 못했다.

정도이며 연도별로 변동이 심한 편이다.

자가 주택을 소유한 가계는 실제로 주택 임대료를 수취하지 않지만, 국민 계정에서는 자가 주택을 소유한 가계가 스스로에게 주거 서비스에 대한 대가를 지불한다고 간주하고, 자가 주택 귀속 임대료를 개인의 영업이익에 포함하고 있다. 귀속 임대료는 자기 주택을 타인에게 임차할 경우 임차인이 지불해야 할 임대료로 추정한다. 이 장에서는 국민 계정에서 계산하는 방식과 마찬가지로 실제 임대료와 자가 주택의 비율 통계를 이용해 귀속 임대료를 계산한다. 귀속 임대료가 '본원소득 잔액'에서 차지하는 비중은 1995년부터 2013년까지 평균 3.8%다.

투자소득 지급의 예로는 보험사의 보험 준비금이 있다. 보험 준비금은 개인이 적립한 자산이지만 실제로는 보험사가 운영·처리한다. 보험 준비금에서 발생하는 이자소득은 실제로는 보험사가 가져가지만 국민 계정에서는 개인이 수취한 것으로 계산한다. 2010년 이전에는 투자소득 지급액이 국민 계정의 이자소득에 포함되어 있어서 그 금액을 알 수 없었는데, 2010년 기준 국민 계정부터는 별도의 항목으로 분리되어서 금액을 알 수 있게 되었다. 투자소득 지급이 '순본원소득 잔액'에서 차지하는 비중은 2010년부터 2013년까지 평균 3.1%다.

이렇게 제외되는 항목의 총액은 1995년부터 2013년까지 평균적으로 '순본원소득'의 19.9%를 차지하며 이 비율은 특별한 추세 없이 매우 안정적이다(〈부록 1〉 참조). 이 결과를 반영해 1995년 이전의 기간에 대해서는 총소득이 '순본원소득 잔액'의 80%라고 가정한다.

이처럼 복잡한 과정을 거쳐 총소득을 계산한 결과는 외국 연구에서 개략적으로 총소득을 설정한 결과와 일치한다. 미국에 대한 연구에서 피케티와 사에즈는 1913~1943년의 총소득이 국민 계정 개인소득의 80%라고 가정했다(Piketty and Saez, 2005). 캐나다에 대한 사에즈와 베올의 연구에서도 동일한 가정을 했다(Saez and Veall, 2005). 스위스에 대한 연구에서 피케티와 사에즈는 1971년 이전 총소득이 국민 계정 개인소득의 75%라고 가정했다(Piketty and Saez, 2007).

김낙년(2012a)의 연구에서는 귀속소득 가운데 사회 부담금, 귀속 임대료, 귀속 이자소득을 이 글보다 적게 계산했고, 현물과 투자소득 지급액은 제외하지 않았다. 그 결과 귀속소득을 국민 계정 개인소득의 11~12%라고 추정했다. 이 글이나 외국의 연구에 비해 작은 값이다. 귀속소득을 적게 계산하면 최상위 소득 비중의 분모값이 커지므로 최상위 소득 비중을 과소평가하게 된다. 예를 들어 2012년 최상위 1%의 소득 비중이 이 글에서는 13.3%인 반면, 김낙년(2012a)의 연구에서는 12.2%다.

4) 계산 방법과 시기별 자료의 형태

'국세통계연보'에는 소득 계급 구간별로 인원과 금액이 나와 있다. 예를 들어 2013년 국세통계자료를 이용하면 소득 상위 인구 0.02%의 소득 비중이 6.7%이고, 인구 1.5%의 소득 비중이 16.4%임을 알 수 있다. 따라서 소득 상위 1%의 소득 비중은 6.7%와 16.4%의 사이에 있을 것이다. 이 자료를 이용해 소득 상위 1% 집단의 소득 비중을 계산하려면 보간(interpolation)이 필요하다. 많이 사용되는 보간법에는 파레토(pareto) 분포를 가정하는 법과 히스토그램 분할법(mean split histogram)이 있다. 국세 자료로 최상위 소득 분포를 계산한 22개국 중에서 15개국(프랑스, 미국, 캐나다, 독일, 스위스, 아일랜드, 인도, 중국, 일본, 인도네시아, 아르헨티나, 스웨덴, 스페인, 포르투갈, 이탈리아)에 대해서는 파레토 분포를 가정한 방법을 사용했고, 7개국(영국, 호주, 뉴질랜드, 네덜란드, 싱가포르, 핀란드, 노르웨이)에 대해서는 히스토그램 분할법을 사용했다(Atkinson, Piketty and Saez, 2011).

소득 계급 구간이 상세하게 나뉘어 있으면 어떤 보간법을 사용하더라도 결과값의 차이가 적다. 예를 들어 2013년의 경우, 최상위 1%의 소득 비중은 파레토 보간법을 사용하면 13.42%이고, 단순한 선형보간법을 사용하면 13.68%다. 소득 계급 구간이 상세하지 않으면 보간법에 따라 결과값의 차이가 발생할 수 있는데 참값을 모르는 상태에서는 어떤 방법이 더 나은 방법이라고 주장하기 어렵다. 추세를 파악하는 것이 이 장의 일차적인 목적이므로 전체 기간에 동일한 방법을 사용한다면 어떤 방법을 사용해도 추세를 변화시키지는 않을 것이다.

이 장에서는 보편적으로 많이 사용하는 방법을 따라 소득분포를 파레토 분포로 가정해 보간하는 방법을 사용한다. 파레토 분포를 가정해 소득 비중을 계산하는 방법에 대해서는 앳킨슨(Atkinson, 2007), 앳킨슨·피케티·사에즈(Atkinson, Piketty and Saez, 2011)를 참조할 수 있고, 김낙년(2012a)과 홍민기(2015: 191~220)의 연구에서도 소개한 바 있다.

〈표 6-2〉에 정리한 바와 같이, 이용할 수 있는 자료의 형태가 시기별로 다르다. 1958년부터 1974년까지와 2005년 이후의 자료는 국세통계연보에 온전히 있어서 문제가 없다. 국세통계연보가 없는 1975년부터 1985년까지는 '소득세제과 통계자료(1987)'에서 통계를 얻을 수 있다. 이 자료에는 임금 구간별로 인원 통계는 있는데 임금액에 대한 통계는 없다. 이 기간의 임금은 임금 구간의 최솟값과 최댓값을 이용해 계산했다. 예를 들어 1975년 상위 1%의 소득 비중은 구간 최솟값을 사용하면 9.3%이고 구간 최댓값을 사용하면 12.3%다. 최상위 1% 집단의 소득 비중은 이 두 값의 평균값인 10.8%로 했다.

<표 6-2> 시기별 자료의 형태

시기(연도)	근로소득		종합소득	
	자료	형태	자료	형태
1958~1974	국세통계연보	임금구간별 인원+금액	국세통계연보	소득 구간별 인원+금액
1975~1978	소득세제과 통계	임금구간별 인원	소득세제과 통계	소득 구간별 인원+금액
1979~1985	소득세제과 통계	임금구간별 인원+금액	소득세제과 통계	소득 구간별 인원+금액
1986~1994	임금구조 기본 통계		국세통계연보	과세표준별 인원+금액
1995~2004	국세통계연보	과세표준별 인원+금액	국세통계연보	과세표준별 인원+금액
2005~2013	국세통계연보	임금구간별 인원+금액	국세통계연보	소득 구간별 인원+금액

1986년부터 1994년까지는 '국세통계연보'에 종합소득 통계는 있는데 근로소득에 대한 통계가 없다. 이 기간의 근로소득 분포는 노동부의 조사 자료인 '임금구조 기본통계조사'를 이용해 계산한다. 먼저 '임금구조 기본통계자료'와 국세통계가 모두 있는 1981년부터 1985년까지의 시기에 대해 두 자료의 임금 구간별 인원과 금액을 비교한다. 예를 들어 임금 3600만 원 이상 구간에서, '임금구조 기본통계조사'의 인원과 금액은 '국세통계연보' 자료 대비 25.2%와 16.8%다. 소득이 높은 구간일수록 조사 자료의 포착률이 낮다. 구간 i에 대해, '국세통계연보'에 나와 있는 인원에 대한 '임금구조 기본통계조사' 자료의 인원 비율을 a_i라고 하고, 금액의 비율을 b_i라고 하자. 그러면 1986년부터 1994년까지는 각 구간별로 '임금구조 기본통계조사'에 나와 있는 인원과 금액에 $1/a_i, 1/b_i$을 곱해 실제 인원과 금액을 추정한다. 이때 임금 구간의 상한값과 하한값은 매년 1인당 평균임금 증가율만큼 증가시킨다.

1995년부터 2004년까지는 소득 구간이 아니라 과세표준 구간별로 인원과 금액이 통계표에 있어서 과세표준 값으로 소득액을 추정할 필요가 있다. 먼저 2004년과 가장 가까운 2005년 자료에서 임금/과세표준 비율을 계산한 뒤, 이 비율을 1995~2004년 기간에 적용해 과세표준을 소득 금액으로 전환한다.

5) 소득 신고 중복의 문제

소득세는 원천세와 종합소득세로 신고된다. 원천세 자료의 대부분은 임금 근로자가 신고하는 연말정산 자료다. 연말정산을 하지 않았거나 추가소득이 많을 경우에는 종합소득세 신고를 한다. 예를 들어 임금 근로자인 경우에도 금융소득이 일정 수준(2013년 기준 4000만 원) 이상이면 종합소득세 신고를 해야 한다. 따라서 한 사람이 원천세와 종합소득세 신고를 모두 할 가능성이 있다. 국세통계자료에서는 한 사람이 두 번 신고한 경우에 중복 신고된 부분을 제거하지 않고 원천세와 종합소득세 신고 통계를 각각 제시하고 있다.

중복 신고를 어떻게 다룰 것인가? 기존 연구에서는 중복 신고한 인원과 금액에 대해 일정한 가정을 해서 계산했다. 예를 들어 모리구치와 사에즈(Moriguchi and Saez, 2008), 김낙년(2012a)은 종합소득금액 가운데 근로소득 비중이 소득 구간별로 일정하다는 가정을 해서 중복된 부분을 제거했다. 소득이 낮을수록 근로소득의 비중이 높고, 소득이 높을수록 근로소득의 비중이 낮기 때문에 근로소득 비중이 소득에 따라 일정하다는 가정이 불완전하기는 하지만 자료의 제약 때문에 불가피했다. 그런데 2007년부터 2012년까지 중복 신고 부분을 제거한 뒤, 개인별로 근로소득과 종합소득을 합산한

'통합소득자료'가 최근에 제공되었다.[3] 중복 신고가 제거된 자료가 있기 때문에 이 자료를 준거로 중복 신고를 제거하는 방법, 다시 말해 원천세와 종합소득세 신고 자료를 합치는 방법의 타당성을 판단할 수 있게 되었다.

중복 신고를 제거하는 방법에는 두 가지가 있다. 2007년부터는 소득 계급 구간별로 근로소득자의 종합소득금액 신고 현황 통계가 있어서 중복 신고 인원과 금액을 알 수 있다. 이를 이용해 중복을 제거하고, 원천세와 종합소득세 자료를 합치는 방법이 가장 좋지만 장기 시계열을 구축할 수 없다는 문제가 있다. 원천세와 종합소득세 자료를 합하는 다른 방법은 한 사람이 두 번 신고할 가능성을 고려하지 않고, 원천세와 종합소득세를 신고한 사람이 서로 다른 사람이라고 가정해 합산하는 것이다. 단순한 방법이기 때문에 문제가 많을 것이라 볼 수도 있지만 장기 시계열을 구축할 수 있는 유일한 방법이기 때문에, 이 방법으로 최상위 소득 비중을 계산하면 실제와 얼마나 다른지를 비교해볼 필요가 있다.

〈표 6-3〉에서는 최상위 소득 비중을 계산할 때 '통합소득자료'를 이용한 결과(A), 중복을 제거한 방법을 사용한 결과(B), 단순히 자료를 합하는 방법을 사용한 결과(C)를 비교해 보여주고 있다.[4]

2011년 최상위 1%의 소득 비중(P99-100)은 '통합소득자료'로는 13.85%인데, 근로소득자의 종합소득 신고 자료를 이용해 중복을 제거하는 방법을 사용하면 14.09%이고, 원천세와 종합소득세 신고 자료를 단순히 더하는 방법으로는 14.78%다. '통합소득자료'와 비교해, 중복을 제거한 방법은 약 2%

---

3) '통합소득자료'는 홍종학 의원의 요청으로 국세청이 만든 것이다.
4) '통합소득자료'에서 인구 비중은 납세자를 전체 대상으로 한 것이고, 이 장에서는 20세 이상 인구를 전체 대상으로 했기 때문에 1%의 기준이 다르다. 이 글에서는 '통합소득자료'의 인구 비중을 20세 이상 인구 기준으로 바꿔 계산했다. 이를 계산할 때에는 인원 비중과 소득 비중만 알 때 최상위 소득 비중을 계산하는 방법을 따랐다(홍민기, 2015: 〈부록 6-3〉).

<표 6-3> 원천세와 종합소득세 자료 결합 방법의 비교

(단위: %)

소득 집단	연도	통합 자료(A)	중복 제거(B)	단순합(C)	비율(B)/(A)	비율(C)/(A)
P99-100	2007	13.49	12.96	13.35	0.96	0.99
	2008	12.83	13.00	13.55	1.01	1.06
	2009	12.66	12.87	13.39	1.02	1.06
	2010	13.16	13.23	13.94	1.01	1.06
	2011	13.85	14.09	14.78	1.02	1.07
P95-100	2007	32.60	31.77	32.69	0.97	1.00
	2008	32.25	32.20	33.30	1.00	1.03
	2009	31.77	31.76	32.85	1.00	1.03
	2010	32.44	32.38	33.56	1.00	1.03
	2011	33.52	33.50	34.61	1.00	1.03
P90-100	2007	48.21	47.06	48.19	0.98	1.00
	2008	48.11	47.71	49.42	0.99	1.03
	2009	47.43	47.12	48.85	0.99	1.03
	2010	48.06	47.89	49.61	1.00	1.03
	2011	49.45	49.31	50.51	1.00	1.02

정도, 단순합을 한 경우에는 6~7% 정도로 최상위 1% 소득 비중을 과대평가하게 된다. 2008년부터 2010년까지에 대해서도 중복을 제거하는 방법과 단순합을 하는 방법을 사용할 때 비슷한 수준에서 최상위 소득 비중이 과대평가된다. 다만 2007년에는 과대평가하는 경향이 사라진다.

최상위에서 하위 소득으로 내려갈수록 중복 신고자의 비중이 줄어들기 때문에, 최상위 5%나 10% 소득 비중(P95-100, P90-100)에 대해서는 중복을 제거하는 방법 혹은 단순합을 하는 방법을 사용하면 실제 최상위 소득 비중을 과대평가하는 정도가 낮아진다. 중복을 제거하면 최상위 5%나 10% 집단의 소득 비중을 정확하게 계산할 수 있고, 단순히 합하는 경우에는 2~3% 정도 과대평가하게 된다.

2007년 이전에 대해서는 불가피하게 원천세와 종합소득세를 단순히 합산하는 방법을 쓸 수밖에 없다. 단순히 합산하는 방법이 최상위 1% 소득을 약간 과대평가하는 경향이 있기는 하지만 그 정도가 심하지 않고, 2007년에는 과대평가하는 경향이 없기 때문에 오차가 매우 적을 것이다.

3. 최상위 소득 비중의 추세와 소득 구성

1) 최상위 소득 비중의 장기 추세

앞서 말한 방법에 따라 최상위 소득 비중을 계산한 결과가 〈부록 2〉에 나와 있다. 〈그림 6-1〉에서는 최상위 10%의 소득 비중을 보여주고 있다. 최상위 10% 소득 비중은 1960년대 초반 약 17%였다가 1979년 35.1%에 이르러 2배가량 증가했다. 또 1980년대부터 1990년대까지 20년 동안 35% 수준으로 큰 변화 없이 일정하다가 2000년대에 급격히 증가하기 시작해 2006년 이후에는 46~47% 정도를 유지하고 있다.

이러한 장기 추세를 보면 시기를 크게 세 가지로 구분할 수 있다. 1960년대와 1970년대는 소득 집중도가 증가한 시기, 1980년대와 1990년대는 소득 집중도가 정체된 시기, 2000년 이후에는 다시 소득 집중도가 증가한 시기다.

1961~1979년에 상위 10% 집단의 실질소득은 연평균 15.6% 증가했고, 하위 90%의 실질소득은 연평균 9.4% 증가했다(〈표 6-4〉 참조). 상위 10% 집단의 실질소득은 20년 동안 13.5배 증가한 반면, 하위 90%의 실질소득은 5배

〈그림 6-1〉 최상위 10% 집단의 소득 비중

(단위 : %)

〈표 6-4〉 소득 집단별 연평균 실질소득 증가율

(단위: %)

	1961~1979년	1980~1999년	2000~2013년
상위 10% 집단	15.6	7.5	4.7
하위 90% 집단	9.4	8.2	1.1

증가했다. 1980년대와 1990년대에는 상위 10% 집단의 실질소득이 연평균 7.5% 증가한 반면, 하위 90% 집단의 실질소득은 연평균 8.2% 증가했다. 이 시기에는 하위 소득 집단의 소득이 더 빠르게 증가하면서 소득 집중도가 완화되었다. 2000년대부터는 상위 집단과 하위 집단의 소득 증가율이 크게 차이가 났다. 2000년부터 2013년까지 상위 10% 집단의 실질소득은 연평균 4.7% 증가한 반면, 하위 90% 집단의 실질소득은 연평균 1.1% 증가했다.

〈그림 6-2〉에서는 소득 최상위 10% 집단을 세 집단으로 구분해 소득 비중을 표시했다. 이 그림에서는 최상위 1% 집단의 소득 비중(P99-100), 상위 1~5% 집단의 소득 비중(P95-99), 상위 5~10% 집단의 소득 비중(P90-95)을

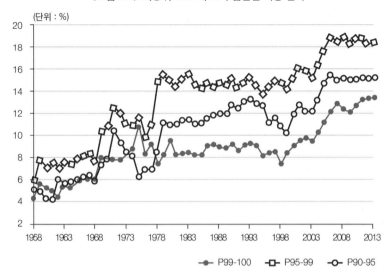

〈그림 6-2〉 최상위 10% 내 소득 집단별 비중 변화

보여주고 있다. 상위 10% 소득 비중과 하부 집단의 소득 비중 추세는 매우 비슷하다.

1970년대 초반에 최상위 1% 집단이 소득 집중도를 견인하는 모습이 잠깐 나타나지만, 1980년대부터는 세 집단의 소득 비중이 나란히 증가했다. 미국에서 주로 상위 1% 소득 비중의 변화가 10% 소득 비중의 변화를 주도한 것과 대조된다. 미국에서는 최상위 1% 집단의 소득이 다른 집단에 비해 크게 증가하거나 감소하는 방식으로 소득 불평등이 변화했고, 한국에서는 소득분포의 형태가 전반적으로 변화하는 방식으로 소득 불평등이 변화했다.

2) 최상위 소득의 구성

최상위 소득의 구성을 검토하는 것은 최상위 집단의 소득 비중이 변동하는 원인을 파악하는 데 매우 중요하다. 제2차 세계대전 이전에 미국을 비롯한 많은 나라들의 최상위 1%는 배당을 주소득원으로 하는 자본소득자였고(Piketty and Saez, 2003), 하위 99% 집단은 근로소득자였다. 제2차 세계대전 이후에는 최상위 소득 가운데 자본소득의 비중이 감소하고 노동소득의 비중이 증가했다. 예를 들어, 1998년 미국에서는 근로소득자가 최상위 1% 집단의 절반을 차지했다. 이러한 현상을 두고 피케티와 사에즈는 최상위 소득 집단에서 일하는 부자(working rich)가 지대 자본가(rentier capitalist)를 대체하고 있다고 했다(Piketty and Saez, 2003). 그런데 양상이 바뀌어 2000년 들어서는 미국에서 다시 최상위 소득에서 자본소득의 비중이 늘어나고 있다. 볼프와 재커라이어스는 미국의 소비자금융 조사 자료에 근거해서 현재 일하는 부자와 지대 자본가가 공존하고 있다고 했다(Wolff and Zacharias, 2009). 스웨덴과 핀란드 등 북유럽 국가에서도 제2차 세계대전 이후 최상위 소득에서 노동소득의 비중이 늘어나다가 2000년대 들어 자본소득의 비중이 증가하는 경향이 나타났다(Roine and Walderstrom, 2008).

한국에서는 최상위 소득의 구성을 파악할 수 있는 기간이 한정되어 있다. 1961년 이전 기간에 대해서는 부동산, 배당 이자, 근로, 사업, 기타소득 5개 유형의 소득에 대해 분류과세를 했고, 각 소득별로 국세통계가 있어서 각 소득이 최상위 소득에서 차지하는 비중을 계산할 수 있다. 그런데 1961년 이후에는 분류과세 소득 중 두 종류 이상의 분류소득 합계액이 500만 원을 넘으면 종합과세를 했기 때문에 '국세통계연보'에 종합소득에 대한 정보만 있고, 개별 소득 항목에 대한 정보는 없다. 따라서 1961년 이후 상당한 기간에는 최상위 소득 구성을 파악할 수 있는 정보가 없다. 1961년 이후 종합과세 체계가 계속 유지되다가 2007년 이후에는 '국세통계연보'에 소득 종류별로 인원과 소득에 대한 정보가 나와 있어서 소득 구성을 파악할 수 있게 되었다.

〈그림 6-3〉은 각각 1961년, 1985년, 2013년 소득 집단별 소득 구성을 보여준다. 1961년과 2013년에 대해서는 세 종류의 소득 구성이 나와 있고, 1985년에는 근로소득과 자본소득(사업소득+재산소득) 두 가지로 구분되어 있다.

1961년에는 소득이 높은 집단일수록 근로소득 비중이 감소하고 사업소득 비중이 증가한다. 한편 소득이 증가할수록 재산소득의 비중은 거의 일정하다. 최상위 0.01%(P99.99-100)를 제외한 모든 집단에서는(P90-95, P95-99, P99-99.9, P99.9-99.99) 근로소득의 비중이 가장 높다. 최상위 0.01% 집단의 소득에서 가장 높은 비중을 차지하는 것은 사업소득이며, 재산소득의 비중이 가장 낮다. 간단히 말해, 1961년에 최상위 1% 소득 집단은 근로소득을 주된 수입원으로 했다. 최상위 0.01% 집단은 사업소득자였고, 배당을 주된 수입원으로 하는 지대 자본가는 아니었다.

1961년도와 비슷하게 1985년에도 모든 최상위 집단에서 근로소득의 비중이 가장 높다. 2013년 역시 최상위 10% 내 모든 집단에서 근로소득의 비중이 가장 높다.

다만 1961년도와 비교해 2013년 최상위 0.01% 집단에서 이자, 배당 등의 재산소득 비중이 증가하고, 사업소득의 비중이 감소했다. 소규모 기업을 운영해 사업소득 형식으로 수입을 얻는 자영업주가 자본의 집적 및 집중, 금융시장의 발전에 따라 배당 형식으로 수입을 얻는 주주 자본가로 대체된 것을 반영한 결과다. 그럼에도 최상위 집단의 주된 수입원이 근로소득이라는 사실에는 변함이 없다.

최상위 소득 비중의 추세가 임금과 자본소득(사업소득+재산소득)의 추세 가운데 어떤 것에 더 크게 영향을 받는지를 파악하기 위해 임금과 자본소득(사업소득+재산소득) 1%의 비중을 계산했는데, 이는 〈그림 6-4〉에서 확인할

〈그림 6-3〉 최상위 10% 내 소득 집단별 소득 구성: 1961·1985·2013년

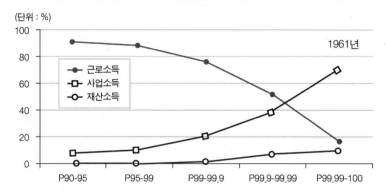

(단위 : %)

1961년

- 근로소득
- 사업소득
- 재산소득

P90-95 P95-99 P99-99.9 P99.9-99.99 P99.99-100

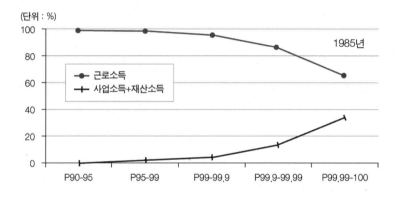

(단위 : %)

1985년

- 근로소득
- 사업소득+재산소득

P90-95 P95-99 P99-99.9 P99.9-99.99 P99.99-100

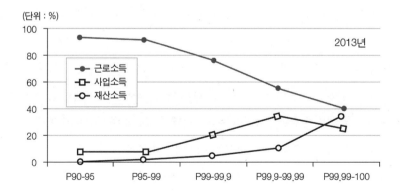

(단위 : %)

2013년

- 근로소득
- 사업소득
- 재산소득

P90-95 P95-99 P99-99.9 P99.9-99.99 P99.99-100

수 있다. 여기서 임금 1%의 비중은 임금 근로자의 임금 중 1%, 자본소득 1%의 비중은 자본소득자의 자금 중 1%를 가리킨다.

전체적으로 임금 1% 비중과 자본소득 1% 비중은 소득 1% 비중과 거의 같은 추세다. 임금에 비해 자본소득 1% 비중의 변동성이 강한 것을 볼 수 있다. 한국에서 최상위 임금 비중 추세는 최상위 소득 비중 추세와 거의 비슷하고, 최상위 1%의 소득 가운데 근로소득이 가장 높은 비중을 차지하고 있다. 따라서 한국에서는 임금 분포의 변화가 최상위 소득 비중의 변화를 주도하고 있다고 할 수 있다. 반면 재산소득의 변화가 최상위 소득 비중 변화에 미치는 영향은 적다. 그 이유를 정리하면 다음과 같다.

첫째, 전체 개인소득 가운데 재산소득이 차지하는 비중이 작다. 1950년대부터 재산의 분배가 매우 평등하고 재산소득의 비중이 크지 않았으며, 1970년대 이후에도 재산소득의 비중은 높지 않았다. 국민 계정의 개인소득 가운데 이자, 배당, 임료 등 재산소득이 차지하는 비중은 1975년 5.2%였다가 1998년 18.1%까지 증가했지만, 2013년 9.5%로 하락했다. 이자율이 매우 높았던 1990년대 후반이 예외적이었고, 1970년대 이후 재산소득의 비중은 개인소득의 10% 미만을 차지했다.

둘째, 부동산 보유를 통해 자산을 축적했기 때문에 금융소득이 발생할 여지가 없었다. 한국에서는 대체로 근로와 사업을 통해 얻은 소득을 저축해 토지, 건물, 주택 등의 부동산으로 재산을 축적했다. 금융자산을 통해 재산을 축적하는 경우는 거의 없었기 때문에 금융소득자도 매우 적었다. 월세보다는 전세 제도가 일반적이어서 임대 수입도 적고, 주택 소유주가 전세 보증금과 은행 대출을 통해 다른 주택을 보유했기 때문에 이자 수입이 발생할 여지도 없었다. 부동산을 소유하면서 임대소득을 얻을 수 있는 사람은 최상위 소득자 중에서도 소수였고, 급격한 경제성장에 따라 부동산 가격이 급격히

〈그림 6-4〉 소득, 임금, 자본소득에서 상위 1% 집단이 차지하는 비중의 추세

(단위 : %)

주: 사업소득+재산소득 1%는 자본소득 1%를 가리킴.

상승했기 때문에 상위 1% 집단도 부동산 매매 차익을 기대하면서 부동산 형태로 자산을 축적했다. 이러한 경향은 지금까지도 크게 변하지 않았다.

최근 통계로 보면 금융소득의 집중도가 매우 높기는 하지만 더 증가한 것은 아니다. 2003년부터 2013년까지 소득 상위 0.1% 집단이 금융소득의 18% 정도를 가지고 있었고, 상위 1% 집단이 배당소득의 95%, 이자소득의 80% 정도를 가지고 있을 정도로 소득 집중도가 높았다. 하지만 2000년대 이후 금융소득(배당+이자)의 소득 집중도는 거의 변화가 없다(〈그림 6-5〉 참조). 따라서 2000년대 이후 최상위 소득 집중도의 증가가 금융화나 자본소득 불평등의 증가 때문이라고 보기는 어렵다.

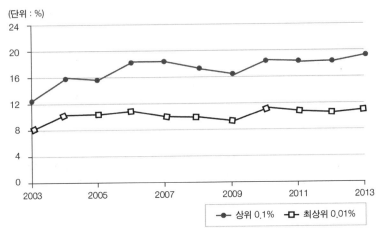

〈그림 6-5〉 최상위 0.01%, 상위 0.1% 집단의 금융소득(배당+이자) 비중의 추세

(단위 : %)

자료: 홍민기(2014).

4. 국제 비교

〈그림 6-6〉에서는 한국과 자본주의 발전국의 최상위 1% 소득 비중(P99-100)을 비교해 보여주고 있다. 자본주의 발전국에서 최상위 소득 비중은 20세기 초반에 매우 높았다가 제2차 세계대전 이후에 급격히 하락했다. 20세기 초반 자본주의 발전국에서 최상위 소득의 대부분은 자본소득, 특히 배당이었다. 전쟁 기간에 물리적으로 자본이 대량 파괴되었고, 전쟁 직후에는 인플레이션으로 자본의 가치가 크게 하락하면서 자본소득의 집중도가 하락했다. 낮은 수준의 소득 집중도는 1970년대까지 이어졌다.

한국과 자본주의 발전국의 경험에서는 공통점을 발견할 수 있다. 산업화 단계 초기에는 불평등이 증가하다가 산업화가 상당히 진전되면서부터는 소득 집중도가 하락했다. 산업화가 진전되면서 소득 불평등이 하락하는 시점은 대체로 농업 국가를 벗어나 제조업 중심의 경제로 재편될 때와 일치한다.

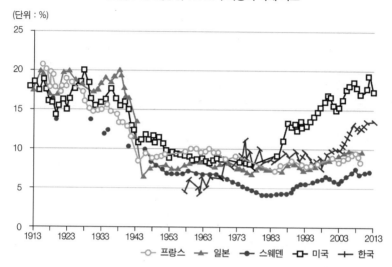

〈그림 6-6〉 최상위 1% 소득 비중의 국제 비교

(단위 : %)

─○─ 프랑스　─▲─ 일본　─●─ 스웨덴　─□─ 미국　─┼─ 한국

예를 들어, 프랑스에서는 1950년대에 제조업 종사자가 전체 고용의 33%를 차지하면서 농업 종사자의 비중(32%)을 넘어서기 시작했다. 미국에서는 1950년대에 제조업 종사자가 34%였고 농업 종사자가 15%였다. 한국에서는 1980년대가 농업 국가를 벗어나 산업사회로 전환되는 시기였고, 이 시기에 소득 불평등이 감소했다.

산업화가 진전되면서 소득 불평등이 감소한 것은 공통적이지만, 감소한 정도는 계기의 충격에 따라 다르다. 미국, 유럽, 일본에서는 전쟁으로 자본이 대량으로 파괴되면서 급격한 변동을 겪었고 불평등도 급격히 감소했다. 반면 한국에서는 1979년 석유파동과 정부 교체를 계기로 불평등이 정체했는데 전쟁에 비해서는 충격이 적은 사건이었다.

산업화 초기에 불평등이 증가하다가 산업화가 진전되면서 불평등이 감소하는 것은 쿠즈네츠의 예측과 일치한다. 하지만 산업화가 더욱 진전되고 탈산업사회로 나아가면서 쿠즈네츠의 예측에서 벗어나는 상황이 전개되었다.

1970년대 이후 영어권 국가(영국, 미국, 호주, 뉴질랜드), 중국, 인도에서는 최상위 소득 비중이 증가했다. 한국도 여기에 속한다. 반면 유럽 국가들과 일본에서는 최상위 소득 비중이 증가하지 않았다. 1970년대 이후 소득 집중도의 전개 양상을 보면, 소득 불평등이 자본주의 발전의 필연적 결과라기보다는 제도나 사회적 관습의 영향을 크게 받는다는 사실을 알 수 있다(Piketty and Saez, 2003).

〈그림 6-7〉에서는 상위 10% 소득 비중을 보여주고 있다. 자본주의 발전국의 경우 전반적인 추세는 최상위 1% 소득 비중과 다르지 않다. 다만 최근 한국의 최상위 1% 소득 비중은 미국와 유럽의 중간 정도인 반면, 상위 10% 소득 비중은 2013년 47.3%로 미국과 함께 가장 높은 수준을 보여주고 있다는 점이 주목할 만하다.

〈그림 6-8〉에서는 한국은 2000~2013년, 미국은 1980~1999년 소득 집단별 실질소득 증가율을 보여주고 있다. 이 시기는 양국에서 소득 집중도가 증가한 때다. 이 시기에 한국과 미국에서는 공통적으로 최상위 1% 집단의 소득이 크게 증가하고 하위 90% 집단의 소득이 정체했다. 최상위 1% 집단(P99-100)의 연평균 소득 증가율이 약 5.5% 정도인 반면, 하위 90% 집단(P0-90)의 소득 증가율은 1% 정도에 불과하다.

두 나라의 차이점은 최상위 1%(P99-100)를 제외한 상위 10% 집단(P90-95, P95-99)의 소득 증가율이다. 한국에서는 상위 10% 집단이 골고루 연평균 4~5%의 소득 증가율을 보인 반면, 미국에서는 상위 10% 내에서도 소득이 낮을수록 거의 일관되게 소득 증가율이 낮게 나타났다. 미국에서는 소득 집중도의 변화를 최상위 소득 1%가 주도하는 경향이 뚜렷하다.

미국뿐만 아니라 OECD 국가 대부분에서 소득은 하위보다 상위에서 불평등한 것으로 나타나고 있다(OECD, 2011). 이러한 현상을 반영해 불평등

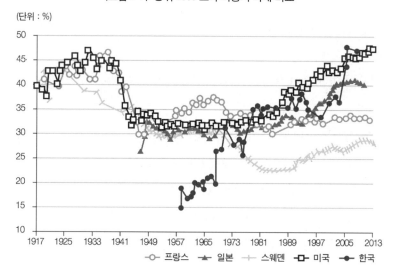

〈그림 6-7〉 상위 10% 소득 비중의 국제 비교

(단위 : %)

-○- 프랑스   -▲- 일본   -+- 스웨덴   -□- 미국   -●- 한국

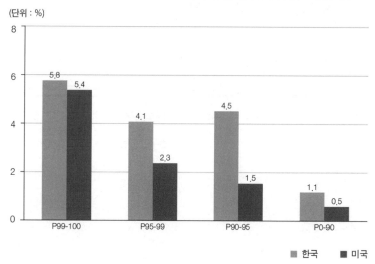

〈그림 6-8〉 불평등 증가 시기 한국과 미국의 집단별 연평균 실질소득 증가율

(단위 : %)

■ 한국   ■ 미국

주: 한국은 2000~2013년, 미국은 1980~1999년의 통계임.

증가의 원인을 검토할 때 미국에서는 최상위 1% 집단의 소득이 왜 급격히 증가했는가에 초점을 맞추고 있다. 스톡옵션 발전, CEO 보수의 급증, 매우 뛰어난 능력을 가진 사람이 모든 지대를 가져간다는 슈퍼스타 이론, 최고 소득세율의 영향 등이 불평등 증가와 관련해 설명력이 높은 요인으로 거론되고 있다.

한국에서는 상위 10%의 소득이 꾸준하게 상승하는 반면, 하위 90% 소득은 정체되면서 소득 집중도가 늘어났다. 한국에서는 상위보다는 하위 집단의 소득에서 불평등이 더 빠르게 증가한 것으로 해석된다. 이는 최상위 소득 집단의 지대 추구 행위와 더불어 중간 소득층의 비중 감소, 저소득층의 소득 감소가 최상위 소득 비중 증가의 원인임을 의미한다.

5. 한국 최상위 소득 비중의 특징

이 절에서는 지금까지 살펴본 최상위 소득 비중의 특징을 설명하고자 한다. 시기별 특징을 살펴보고, 전반적인 특징을 요약한다. 시기는 ① 1950년대부터 소득 집중도가 크게 증가한 1960년대와 1970년대, ② 소득 집중도가 변하지 않은 1980년대와 1990년대, ③ 소득 집중도가 다시 크게 증가한 2000년대 이후로 나눈다.

1) 시기별 특징

(1) 1950년대부터 1970년대까지
일제강점기에 최상위 소득 집단의 구성원은 거의 일본인이었고, 조선인은 부를 형성하지 못했다. 이 시기에 최상위 소득 비중은 매우 높았다(김낙년, 2013). 이후 식민지 해방으로 일본인의 재산이 몰수되었고, 한국전쟁에서 재산이 대량으로 파괴되면서 재산 분포가 하향 평준화되었다. 그 효과가 여전히 논쟁거리이긴 하지만 농지개혁도 일정 부분 토지의 집중을 완화하는 데 기여했다. 식민지, 전쟁 등의 영향으로 1950년대 한국은 소득 불평등의 정도가 매우 낮았고, 재산소득을 형성할 기반이 없었다(이헌창, 2012). 그 결과 1950~1960년대 최상위 10% 소득 비중은 17~20% 정도로 세계적으로도 매우 낮은 상태였다.

1950~1960년대에는 금융시장이 발달하지 않았다. 기업들은 주식보다는 자기자본, 정부 금융, 은행 대출을 통해 필요한 자금을 조달했고, 이러한 경향은 이후에도 지속되었다. 재산 분포가 매우 평등했고 이와 더불어 외부 금융시장이 발달하지 않았기 때문에 이자나 배당과 같은 금융소득이 발생할 여지가 없었다. 최상위 소득 집단도 근로소득과 사업소득을 통해 소득을 얻었다.

1960~1970년대는 자본주의적 축적이 시작되는 과정이었고, 농업사회에서 산업사회로 바뀌는 시기였다. 산업화 과정에서 근대적 기업이 성장·발전했고, 이에 따라 기업 내 경영 위계도 증가했다. 이 시기에는 관리자와 기술직의 임금이 생산직·사무직 근로자에 비해 더 많이 증가하면서 임금과 소득 집중도가 증가했다(홍민기, 2015).

이 시기의 한국은 무역 개방과 고도성장을 하면서도 불평등이 감소하는 (growth with equity) 기적을 이룬 나라로 알려져 있다(Kanbur, 2015).[5] 이

---

5) 헤크셰르-올린 모형에 따르면, 개발도상국에서 무역 개방을 하면 자본에 비해 상대적으로 풍부한 노동의 상대수익률이 증가하고, 따라서 소득 불평등이 감소하게 된다. 그동안 한국은 이 모형에 가장 잘 부합하는 나라로 알려져왔다.

장의 결론에 비추어 보면, 한국이 소득 불평등도가 매우 낮은 수준에서 급격히 경제성장을 한 것은 맞지만, 소득분배가 평등한 상태를 유지하면서 경제성장을 한 것은 아니다. 즉, 1960~1970년대에는 급격한 경제성장이 이루어졌고, 소득 집중도도 급격히 증가했다.

(2) 1980년대부터 1990년대까지

1979년 국제 유가가 폭등하면서 세계 경제가 위기를 맞았다. 세계 경제 위기의 영향을 받아 수출이 부진했고, 국가 주도적으로 막대한 투자 재원을 투입한 중화학공업이 부실화하면서, 1980년에는 경제성장률이 마이너스를 기록했다(이헌창, 2012). 이러한 상황에서 1980년대 초반 정부는 정책의 최우선순위를 물가 안정에 두어서 통화 긴축을 추진하고 긴축재정을 실행했다. 아울러 물가 안정을 위해 가격과 임금통제를 실시했다. 긴축정책과 임금통제의 영향으로 최상위 소득의 집중도가 더 이상 늘어나지 않았다.

1980년대 후반에는 민주화와 노동운동의 영향으로 임금과 소득 불평등이 하락했다. 1987년 말부터 노동운동이 활성화되면서 노동조합 조직률도 급격히 상승했다. 이에 따라 1980년대 후반에는 생산직 노동자의 임금이 크게 증가하면서 노동자 내부의 임금격차가 줄어들었다. 1986년부터는 경제성장률도 높아지고 소득 집중도 완화되었는데, 자본주의 황금기에 비견할 만한 이 시기는 1990년대 중반까지 아주 짧게 지속되었다.

(3) 2000년대 이후

1990년대는 국가 주도적 개발 정책에서 시장 중심주의적 정책으로 바뀌는 시기였다. 이러한 시점에서 1997년 외환위기를 맞았고, 그 이후 근본적인 시장주의가 사회와 경제를 지배했다. 2000년대에 최상위 소득 비중이 증가한 것은 소득의 양극화 때문이며, 소득의 양극화는 일자리 양극화와 밀접히 관련되어 있다. 1990년대 중반부터 중간 임금 일자리가 감소하고 임금 분포의 양쪽 끝에 있는 일자리가 증가하는 일자리 양극화가 진행되었는데(전병유, 2007), 특히 외환위기 이후부터 2000년대 중반까지 낮은 임금을 받는 비정규직이 크게 증가했다. 정규직 대비 비정규직의 임금은 2000년대 초반 64%였다가 2009년 이후에는 55.7% 수준으로 하락했다. 1990년대 중반 이후 노동조합 조직률이 감소하고 노동조합이 기업 규모별로 분화되면서 임금격차를 줄일 수 있는 노동운동의 동력도 약화되었다.

2000년 이후 소득 집중도가 증가한 데에는 사업소득 양극화도 큰 역할을 했다. 개인 사업 영역에서도 자본주의적 이윤 추구 방식이 확대되면서 전문직 사업가들이 개인 고객 대신에 기업 고객을 위주로 사업 영역을 확장했다. 이에 따라 병원, 로펌, 회계 법인의 규모가 점점 커지면서 의사, 변호사, 회계사 등 전문직 사업가들의 소득도 크게 증가했다. 대신 경쟁에서 밀려난 자영업자도 늘어나면서 사업소득의 양극화가 빠르게 진행되었다.

2) 전반적인 특징

최상위 소득 비중의 추세를 통해 한국 소득 불평등 변화의 특징을 몇 가지로 요약할 수 있다.

첫째, 일제강점기, 해방, 전쟁을 거치면서 1950년대에는 재산과 소득의 분배가 매우 평등한 상태에 있었다. 그러다가 단기간에 압축적으로 자본주의적인 경제 발전을 했고, 이것이 그대로 반영되어 소득 집중도도 압축적으로 증가했다.

둘째, 노동소득 불평등이 소득 불평등의 핵심 원인이다. 자본주의 발전국에서는 자본주의 발전 초기부터 배당을 주된 수입원으로 하는 자본가가 최상위 소득층을 형성했다. 그러나 한국에서는 해방 이후 재산소득이 형성될 기반이 없었기 때문에 최상위 소득 가운데 근로소득이 대부분을 차지했고, 이러한 경향은 최근까지 지속되고 있다. 그 결과 노동소득의 불평등이 소득 불평등에 미치는 효과가 매우 커졌다. 기존 연구에서는 노동소득 불평등의 중요성을 계속 강조해왔는데(예를 들어 전병유, 2013), 조사 자료로는 확인할 수 없는 최상위 소득 집단에서도 마찬가지라는 것이 이 장을 통해 확인되었다.

셋째, 재산소득이 소득 불평등에 미치는 효과는 미국과 유럽 자본주의 발전국에 비해 적다. 한국에서는 근로나 사업을 통해 얻은 소득으로 부동산 자산을 축적했다. 경제성장이 급격히 이루어진 것을 반영해 토지와 주택 가격 또한 급격히 상승했기 때문에 매매 차익을 기대하는 부동산 자산이 축적되었다. 최상위 소득 0.01% 집단은 배당이나 주식 매매 차익보다는 기업 지배를 목적으로 주식을 보유했다.

넷째, 한국에서는 최상위 1% 집단의 소득 비중 변화가 상위 소득 집중도의 변화를 주도하기보다는, 소득분포의 전반적인 변화가 상위 소득의 집중도를 변화시켰다. 미국에서는 최상위 1% 집단이 상위 소득 집중도의 변화를 주도했기 때문에, 소득 불평등이 증가한 원인을 찾을 때 최상위 1% 소득이 급격히 증가하게 된 이유를 밝히는 것에서 출발하게 된다. 반면 한국에서는 2000년대 이후 중간 소득층의 비율과 저소득층의 소득이 감소하는 소득 양극화 현상 때문에 최상위 소득 비중이 증가했으므로, 소득 양극화가 일어난 원인을 찾는 것이 중요하다. 미국에서 거론되고 있는 스톡옵션의 발전, 슈퍼스타 이론, 최고 소득세율의 영향 등과 같은 요소들은 한국에서는 상대적으로 중요성이 떨어진다. 대신 일자리 양극화, 비정규직 증가와 같은 고용 형태의 변화, 자영업자 쇠락 등의 요소들이 소득 불평등을 심화했다.

6. 요약 및 결론

이 글에서는 국세통계자료를 이용해 1958년부터 2013년까지의 최상위 소득 비중을 계산했다. 최상위 소득 비중은 1960~1970년대에 급격히 증가했다가 1980년대에는 정체했고, 2000년대 이후에 다시 급격하게 증가했다. 최상위 소득 비중이 급격히 증가한 결과, 최근 최상위 소득의 집중도는 국제적으로 보아도 매우 높은 수준에 이르렀다.

자본주의 발전국에서는 자본주의 발전 초기부터 배당을 주된 수입원으로 하는 자본가가 최상위 소득층을 형성했던 반면, 한국에서는 해방 이후 재산소득이 형성될 기반이 없었기 때문에 최상위 소득 가운데 근로소득이 대부분을 차지했고, 이러한 경향은 최근까지 지속되고 있다. 그 결과 노동소득이 최상위 소득에서 차지하는 비중이 매우 큰 반면, 재산소득의 영향은 외국에 비해 적다.

기존 해외 연구에서는 요소소득 분배율, 최고 소득세율, 세계화 등이 최상위 소득 비중 변화와 어떤 관련성이 있는지를 검토했다. 이 요인들이 한국에서도 최상위 소득 비중과 관련이 있는지 검토하고, 최상위 소득 비중 변화의 원인을 파악하는 것이 후속 연구가 해야 할 일이다.

부록 1. 개인소득 중 귀속소득의 계산

부록 1에서는 개인소득 중 귀속소득을 계산하는 과정을 설명한다.

먼저 〈부표 6-1〉에는 '임금과 급여' 중 현물 비중을 계산하는 과정이 나와 있다. '임금 및 급여' 중 현물의 비중은 '기업체 노동비용 조사'를 이용해 구한다. '기업체 노동비용 조사'의 항목 중에서 국민 계정의 '임금 및 급여'에 해당하는 항목은 노동비용 총액에서 퇴직금과 법정 복리비를 제외한 것이다. 퇴직금은 '귀속 사회 부담금'에 해당하고 법정 복리비는 '실제 사회 부담금'에 해당한다.

'임금 및 급여'에 해당하는 항목 중에서 세금 보고 대상이 아니거나 현물인 항목은 제외한다. 제외되는 항목은 법정 외 복리비 일부, 현물 지급 비용, 채용 비용, 교육 훈련비, 기타 노동비용이다. 이 중 법정 외 복리비의 일부는 연말정산 보고 대상에 포함된다.

법정 외 복리 비용의 구성 항목 중 건강·보건 비용, 보육 지원금, 자녀 학비 보조 비용 등은 원칙적으로 연말정산 대상이다. 주거 비용, 부정기적인 식사 비용, 부정기적인 교통·통신 지원 비용, 휴양·문화·체육·오락과 관련된 시설 유지비나 임차비 혹은 행사 보조금, 사내 근로 복지 기금 출연금 등은 연말정산 대상이 아니다. 법정 외 복리비의 구성 항목 중 대략 절반 정도가 연말정산 대상이라는 점을 감안해, 법정 외 복리 비용의 50%가 근로소득에 속하고 나머지 50%는 근로소득이 아닌 복리비에 속한다고 가정했다. 국민 계정의 '임금과 급여'액에 현물 비중을 곱해 현물액을 계산한다.

〈부표 6-2〉에는 귀속 이자소득을 계산하는 과정이 나와 있다. 국민 계정 가계 부문의 이자소득은 실제 이자소득과 귀속 이자소득을 합한 것이다. 실제 이자소득은 국세 자료 원천세 이자소득에 1.15를 곱해 계산한다. 실제

(단위: 1000원)

연도	노동 비용 총액 (a)	퇴직금 등 (b)	현물 지급 비용 (c)	법정 복리비 (d)	법정 외 복리비 (e)	모집비 (f)	교육 훈련비 (g)	기타 노동 비용 (h)	임금과 급여 해당 (i)=(a)-(b)-(d)	현물 해당 (j)=(c)+0.5(e)+(f)+(g)+(h)	현물 해당 비율 (j)/(i)
1995	1,726.7	203.9	1.1	64.7	120.8	3.5	25.7	12.1	1,458.1	102.8	7.1
1996	1,870.5	137.7	4.2	81.0	139.5	2.8	39.0	10.5	1,651.8	126.3	7.6
1997	2,082.2	228.6	5.3	98.1	154	2.0	39.5	11.7	1,755.5	135.5	7.7
1998	2,324.7	612.7	2.4	121.3	140.8	1.2	28.6	8.4	1,590.7	111.0	7.0
1999	2,370.8	436.0	4.7	163.0	173.5	2.5	33.1	7.9	1,771.8	135.0	7.6
2000	2,777.3	628.6	3.9	182.2	168.7	3.0	40.0	10.1	1,966.5	141.4	7.2
2001	2,661.1	384.7	1.9	209.2	173.7	3.1	40.6	7.5	2,067.2	140.0	6.8
2002	2,827.6	291.1	3.3	220.5	197.3	2.7	48.3	10.8	2,316.0	163.8	7.1
2003	3,206.0	378.5	3.4	242.8	227.3	3.1	46.9	10.5	2,584.7	177.6	6.9
2004	3,057.5	212.1	4.6	191.6	161.5	4.8	24.3	9.1	2,653.8	123.6	4.7
2005	3,221.1	223.8	3.4	208.2	177.7	3.8	26.9	8.0	2,789.1	131.0	4.7
2006	3,392.8	229.8	3.3	228.6	208	2.9	26.5	7.4	2,934.4	144.1	4.9
2007	3,642.5	241.6	3.3	243.6	224.4	3.0	29.5	8.0	3,157.3	156.0	4.9
2008	3,845.6	360.4	3.1	255.5	184.8	3.2	29.0	6.6	3,229.7	134.3	4.2
2009	3,866.0	370.8	3.1	259.1	185.1	3.3	24.9	5.8	3,236.1	129.7	4.0
2010	4,021.5	383.3	2.7	266.7	169.3	4.7	24.5	4.8	3,371.5	121.4	3.6
2011	4,328.5	480.3	4.2	280.1	195.5	4.3	27.2	5.2	3,568.1	138.7	3.9
2012	4,487.3	470.7	4.0	296.8	201.8	4.9	27.7	5.6	3,719.8	143.1	3.8
2013	4,549.8	412.7		308.4	212.2	5.3	26.1		3,828.7	137.5	3.6

주: 1995~1997년은 30인 이상, 1998년부터는 10인 이상 회사 법인을 대상으로 한 것임.

이자 가운데에는 원천세 대상이 아닌 것도 있고, 세금 보고에서 누락된 것이 있을 수 있기 때문에 국세 자료에서 원천세 이자 수입의 115%가 가계의 실제 이자 수입이라고 간주한다.

국세 자료 원천세 이자소득이 국민 계정의 가계 이자소득보다 큰 1998년과 1999년의 경우, 이자소득은 국세 자료 이자소득에 각각 0.85와 0.95를

(단위: 10억 원)

연도	국민 계정 가계 이자소득 (A)	국세 자료 원천세 이자소득 (B)	실제 이자 소득 추정 (C)=(B)×1.15	금융 중개 서비스 (D)=(A)-(C)	FISIM 비율 (D)/(A)
1995	29,734	20,610	23,702	6,032	0.203
1996	32,893	25,057	28,815	4,077	0.124
1997	37,408	33,399	35,069	2,340	0.063
1998	48,726	55,932	47,417	1,309	0.027
1999	44,042	43,989	42,647	1,395	0.032
2000	45,648	38,432	44,197	1,451	0.032
2001	47,506	37,572	43,208	4,299	0.090
2002	40,063	28,849	33,176	6,886	0.172
2003	38,387	26,308	30,254	8,133	0.212
2004	37,123	24,880	28,611	8,512	0.229
2005	37,395	26,005	29,906	7,489	0.200
2006	38,309	26,919	30,957	7,352	0.192
2007	42,009	30,651	35,249	6,761	0.161
2008	45,328	33,777	38,843	6,485	0.143
2009	48,323	37,324	42,923	5,400	0.112
2010	48,734	35,751	41,114	7,620	0.156
2011	50,971	37,338	42,939	8,032	0.158
2012	48,895	38,883	44,715	4,180	0.085
2013	40,251	36,102	37,908	2,344	0.058

곱해 계산한다. 국민 계정의 가계 이자소득에서 실제 이자소득을 뺀 것이 귀속 이자소득이다.

〈부표 6-3〉에는 자가 주택 귀속 임대료의 계산 과정이 나와 있다. 먼저 개인의 부동산 영업 잉여를 구한다. 투입산출표에는 개인+법인의 부동산 영업 잉여액이, 국세 자료에는 법인의 부동산 영업 잉여액이 나와 있으므로, 이를 빼서 개인의 부동산 영업 잉여액을 구한다. 이렇게 구한 개인의 부동산 영업 잉여에는 실제 임대료와 귀속 임대료가 모두 포함되어 있다.

〈부표 6-3〉 자가 주택 귀속 임대료의 계산 과정

(단위: 10억 원)

연도	투입산출표 부동산 영업 잉여 (A)	국세 자료 부동산 법인 영업 잉여 (B)	부동산 개인 영업 잉여 (C)=(A)-(B)	자가 주택 비율 (D)	실제 임대료 (E)=(C)× [1-0.95(D)]	귀속 임대료 (F)=(D)-(E)
1995	15,901	239	15,662	0.533	7,728	7,934
1996	18,961	284	18,676	0.535	9,185	9,491
1997	22,610	339	22,270	0.537	10,917	11,353
1998	26,961	404	26,556	0.538	12,975	13,581
1999	32,899	493	32,405	0.540	15,781	16,625
2000	40,145	611	39,534	0.542	19,188	20,346
2001	41,411	797	40,614	0.544	19,606	21,008
2002	42,716	769	41,947	0.547	20,139	21,808
2003	44,063	2,226	41,838	0.550	19,975	21,862
2004	44,897	2,955	41,943	0.553	19,914	22,029
2005	45,747	3,392	42,355	0.556	19,996	22,359
2006	47,319	4,490	42,829	0.556	20,220	22,609
2007	49,092	6,827	42,266	0.560	19,790	22,476
2008	50,793	6,444	44,350	0.564	20,593	23,756
2009	53,466	7,121	46,345	0.553	21,990	24,355
2010	54,395	5,661	48,734	0.543	23,617	25,117
2011	55,515	5,362	50,153	0.540	24,424	25,730
2012	56,084	5,972	50,112	0.538	24,522	25,590
2013	56,659	5,927	50,732	0.538	24,825	25,906

귀속 임대료를 계산하기 위해 전체 주택 중 자가 주택의 비율을 이용하는데 이 수치는 '인구 및 주택센서스'에서 구한다. 이 비율을 이용해 개인의 부동산 영업 잉여를 자가 주택에 귀속되는 부분과 실제 임대료로 나누는데, 임대 건물 주택의 가치와 조사 정도를 감안해 자가 주택 비율의 95%를 실제 자가 주택 비율이라고 간주한다.

〈부표 6-4〉에서는 개인소득 중 귀속소득 항목을 모두 보여주고 있다. 개

<부표 6-4> 개인소득 중 귀속소득

(단위: 10억 원)

연도	순본원소득 잔액 (A)	귀속소득 항목(B)					귀속소득 비중 (B)/(A)
		사회 부담금	현물	금융 중개 서비스	자가 주택 귀속 임대료	투자소득 지급	
1995	284,927	21,471	12,070	6,032	7,934	8,833	0.198
1996	327,123	25,117	14,990	4,077	9,491	10,141	0.195
1997	352,318	27,930	15,952	2,340	11,353	10,922	0.194
1998	357,518	26,950	13,758	1,309	13,581	11,083	0.187
1999	374,907	30,406	15,812	1,395	16,625	11,622	0.202
2000	407,282	28,114	16,764	1,451	20,346	12,626	0.195
2001	431,732	32,999	17,170	4,299	21,008	13,384	0.206
2002	462,634	35,152	19,747	6,886	21,808	14,342	0.212
2003	498,725	38,847	20,868	8,133	21,862	15,460	0.211
2004	532,249	39,356	15,426	8,512	22,029	16,500	0.191
2005	561,778	47,013	16,493	7,489	22,359	17,415	0.197
2006	595,129	51,946	18,188	7,352	22,609	18,449	0.199
2007	629,111	57,524	19,467	6,761	22,476	19,502	0.200
2008	656,620	62,310	17,268	6,485	23,756	20,355	0.198
2009	676,887	64,678	17,317	5,400	24,355	20,983	0.196
2010	723,439	68,842	16,528	7,620	25,117	22,427	0.194
2011	766,776	75,214	18,946	8,032	25,730	23,770	0.198
2012	800,412	80,080	19,935	4,180	25,590	24,813	0.193
2013	831,873	83,786	19,372	2,344	25,906	25,788	0.189

별 항목들의 비중에는 변동이 있지만, 개인소득 가운데 귀속소득의 비중은 20% 수준으로 매우 안정적이다.

부록 2. 최상위 소득 비중

연도	20세 이상 인구 (1000명)	총소득 (억 원)	소득 비중(%)				소득 경계값 (100만 원)	
			P99-100	P95-99	P90-95	P90-100	상위 1%	상위 10%
1958	11,741	159	4.45	5.15	5.12	14.72	0.04	0.01
1959	12,225	167	5.55	8.08	4.97	18.60	0.05	0.02
1960	12,438	196	5.35	7.08	4.29	16.72	0.06	0.02
1961	12,650	232	5.05	7.47	4.18	16.70	0.06	0.02
1962	12,866	278	4.39	7.30	6.14	17.83	0.05	0.02
1963	13,086	382	5.87	7.67	5.87	19.41	0.09	0.03
1964	13,309	559	5.27	7.47	5.89	18.63	0.12	0.04
1965	13,537	634	5.99	7.85	6.01	19.84	0.15	0.05
1966	13,768	765	6.24	8.16	6.24	20.64	0.18	0.06
1967	14,091	949	6.24	8.29	6.38	20.91	0.22	0.07
1968	14,421	1,162	6.08	7.77	5.89	19.74	0.25	0.08
1969	14,759	1,443	8.10	10.47	7.50	26.07	0.35	0.10
1970	15,106	1,951	7.90	10.67	7.76	26.34	0.47	0.15
1971	15,525	2,449	7.82	12.65	10.44	30.91	0.74	0.17
1972	15,957	2,926	7.77	11.96	9.37	29.10	0.66	0.17
1973	16,400	3,560	8.51	10.95	8.49	27.95	0.90	0.32
1974	16,855	5,113	8.82	10.90	8.18	27.90	1.12	0.42
1975	17,324	6,399	10.80	11.67	6.20	28.67	1.78	0.37
1976	17,919	8,740	8.34	9.83	6.98	25.14	1.89	0.57
1977	18,535	10,993	9.36	11.24	7.02	27.62	2.80	0.48
1978	19,171	14,898	7.46	14.85	8.68	30.98	3.24	0.89
1979	19,830	18,835	8.32	15.53	11.24	35.08	4.66	1.51
1980	20,511	21,958	9.57	15.06	11.01	35.65	5.91	1.90
1981	21,167	27,642	8.21	14.49	11.04	33.74	6.92	2.52
1982	21,844	31,904	8.37	15.24	11.37	34.99	8.04	2.76
1983	22,543	36,422	8.52	15.48	11.47	35.48	9.09	2.96
1984	23,264	42,055	8.20	14.63	11.07	33.90	9.56	3.09
1985	24,008	46,931	8.22	14.54	11.19	33.95	10.34	3.25

연도	20세 이상 인구 (1000명)	총소득 (억 원)	소득 비중(%)				소득 경계값 (100만 원)	
			P99-100	P95-99	P90-95	P90-100	상위 1%	상위 10%
1986	24,724	55,111	9.09	14.66	11.60	35.35	12.05	4.31
1987	25,461	64,609	9.21	14.55	11.78	35.53	13.69	4.82
1988	26,220	77,387	8.97	14.74	12.01	35.72	15.85	6.22
1989	27,002	89,841	8.86	14.77	12.07	35.69	17.37	6.75
1990	27,807	107,563	9.26	15.07	12.79	37.13	20.89	8.72
1991	28,318	133,050	8.62	14.38	12.55	35.55	23.37	9.74
1992	28,837	151,558	9.15	14.82	13.15	37.13	27.61	12.32
1993	29,367	170,764	9.30	15.24	13.31	37.85	31.75	13.63
1994	29,906	199,476	9.14	14.49	12.96	36.60	35.48	14.90
1995	30,455	228,587	8.15	13.78	12.76	34.68	36.69	16.07
1996	30,883	263,306	8.39	14.57	11.07	34.03	44.75	15.26
1997	31,316	283,822	8.49	14.98	11.50	34.97	48.62	16.46
1998	31,756	290,837	7.41	14.83	10.84	33.08	46.35	16.41
1999	32,203	299,047	8.49	14.18	10.27	32.93	48.11	16.04
2000	32,655	327,982	9.00	15.38	11.99	36.37	55.96	18.98
2001	33,102	342,873	9.53	16.26	12.95	38.74	61.07	19.61
2002	33,556	364,698	9.82	15.73	12.14	37.69	63.42	19.56
2003	34,016	393,555	9.48	15.11	12.22	36.80	55.62	19.93
2004	34,482	430,427	10.31	16.67	13.29	40.27	71.19	27.64
2005	34,955	451,009	11.26	17.84	14.87	43.97	79.18	26.62
2006	35,310	476,585	12.14	19.04	15.48	46.67	91.18	36.64
2007	35,668	503,381	12.94	18.33	14.97	46.25	90.38	34.73
2008	36,030	526,445	12.31	18.61	15.21	46.13	95.10	36.62
2009	36,396	544,153	12.17	18.37	15.06	45.60	96.23	37.04
2010	36,765	582,905	12.69	18.59	15.05	46.34	100.54	39.51
2011	37,139	615,084	13.27	18.86	15.26	47.39	108.02	42.09
2012	37,516	645,816	13.35	18.52	15.19	47.06	105.01	45.38
2013	37,896	674,677	13.42	18.56	15.27	47.25	112.09	46.94

참고문헌

국세청. 각 연도. ≪국세통계연보≫.
_____. 1987. ≪소득세제과 통계자료≫.
김낙년. 2012a. 「한국의 소득 집중도 추이와 국제 비교」. ≪경제분석≫, 18(3).
_____. 2012b. 「한국의 소득 불평등, 1963-2010: 근로소득을 중심으로」. ≪경제발전연구≫, 18(2).
_____. 2013. 「식민지기 조선의 소득 불평등, 1933-1940: 소득세 자료에 의한 접근」. ≪경제사학≫, 55호, 249~280쪽.
노동부. 각 연도. ≪기업체노동비용조사≫.
_____. 각 연도. ≪임금구조기본통계조사≫.
박명호·전병목. 2014. 「소득분배 변화와 정책과제: 소득 집중도와 소득이동성을 중심으로」. 조세재정연구원 보고서.
신영임·강민지. 2014. 「자영업자의 소득 탈루율 및 탈세규모의 추정」. 국회예산정책처 연구보고서.
이헌창. 2012. 『한국 경제통사』. 해남.
전병유. 2007. 「한국 노동시장의 양극화에 대한 연구: 중간일자리 및 중간임금 계층을 중심으로」. ≪한국 경제의 분석≫, 13(2), 171~230쪽.
_____. 2013. 「한국 사회에서의 소득 불평등 심화와 동인에 관한 연구」. ≪민주사회와 정책연구≫, 23호, 15~40쪽.
통계청. 각 연도. ≪가계동향조사≫.
_____. 각 연도. ≪경제활동인구조사≫.
_____. 각 연도. ≪도시가계연보≫.
홍민기. 2014. 「노동소득 분배율과 개인소득」. 이병희 외. 『노동소득 분배율과 경제적 불평등』. 한국노동연구원.
_____. 2015. 「최상위 임금비중의 장기 추세(1958-2013)」. ≪산업노동연구≫, 21(1), 191~220쪽.

Alvaredo, F., A. Atkinson, T. Piketty and E. Saez. The World Top Incomes Database, http://topincomes.g-mond.parisschoolofeconomics.eu(검색일: 2015.5.20).
Atkinson, A. 2007. "Measuring Top Incomes: Methodological Issues." In A. Atkinson and T. Piketty(eds.). *Top Incomes over the Twentieth Century: A Contrast between Continental European and English-Speaking Countries*. Oxford University Press.

Atkinson, A., T. Piketty and E. Saez. 2011. "Top Income in the Long Run of History." *Journal of Economic Literature*, Vol.49, No.1, pp.3~71.

Kanbur, R. 2015. "Globalization and Inequality." in Anthony B. Atkinson and Francois Bourguignon(eds.). *Handbook of Income Distribution*. Elsevier.

Kuznets, S. 1953. "Shares of Upper Income Groups in Income and Savings." National Bureau of Economic Research, Cambridge, MA.

Moriguchi, C. and E. Saez. 2008. "The Evolution of Income Concentration in Japan, 1886-2005: Evidence from Income Tax Statistics." *Review of Economics and Statistics*, Vol.90, No.4, pp.713~734.

OECD. 2011. *Divided We Stand: Why Income Inequality Keeps Rising?* OECD.

Piketty, T. 2003. "Income Inequality in France, 1901-1998." *Journal of Political Economy*, Vol.111, No.5, pp.1004~1042.

Piketty, T. and E. Saez. 2003. "Income Inequality in the United States, 1913-1998." *Quarterly Journal of Economics*, Vol.118, No.1, pp.1~39.

_____. 2007. "Income and Wealth Concentration in Switzerland over the Twentieth Century." in A. Atkinson and T. Piketty(eds.). *Top Incomes over the Twentieth Century: A Contrast between Continental European and English-Speaking Countries*. Oxford University Press.

Roine, J. and D. Waldenstrom. 2008. "The evolution of top incomes in an egalitarian society: Sweden, 1903-2004." *Journal of Public Economics*, Vol.92, No.1-2, pp.366~387.

Saez, E. and M. Veall. 2005. "The Evolution of High Incomes in Northern America: Lessons from Canadian Evidence." *American Economic Review*, Vol.95, No.3, pp.831~849.

Wolff, E. and A. Zacharias. 2009. "Household Wealth and the Measurement of Economic Well-Being in the United States." *Journal of Economic Inequality*, Vol.7, No.2, pp. 83~115.

제7장

소득과세의 공평성*

강병구 ㅣ 인하대학교 경제학과 교수

1. 문제 제기

한국의 조세부담률은 OECD 회원국 중에서 최하위 수준인데, 특히 소득세의 비중이 낮은 것으로 지적되고 있다. 소득세는 소득 주체의 측면에서 개인소득세와 법인소득세, 요소소득의 측면에서 노동소득 과세와 자본소득 과세로 구분할 수 있다. 개인소득세 중 이자, 배당, 임대료, 사업소득, 양도소득 등에 부과되는 세금은 개인 자본소득세에 속하고, 법인소득세와 함께 넓은 범주의 자본소득세를 형성한다. 노동소득세에는 근로소득세와 사회보장기여금이 포함된다.

소득세의 부과 대상은 소득원천설과 순자산증가설에 따라 차이를 보이고 있으며, 과세의 공평성 또한 어떤 개념의 소득을 채택하는가에 따라 달라진다. 예를 들면, 소득원천설을 채택할 경우 자본이득에 대한 비과세는 공평과

---

* 이 글은 이병희 외, 『경제적 불평등 실태와 정책 대응』(한국노동연구원, 2015)에 수록된 필자의 글 「자본소득과 노동소득의 공평과세 방안」을 수정·보완한 것이다.

세의 차원에서 아무런 문제도 발생시키지 않지만, 순자산증가설을 채택할 경우에는 수평적 공평성의 문제가 발생한다. 이원적 소득세(dual income tax)의 채택 여부도 자본소득과 노동소득에 대한 차별적 과세를 정당화하는 근거로 사용된다. 극단적인 이원적 소득세 체계에서는 이중과세를 이유로 자본소득에 대한 비과세를 주장하기도 한다.

한편 한국의 조세제도는 과거 개발 시대의 구조적 특성, 즉 자본축적과 저임금노동 지원이라는 틀에서 크게 벗어나지 못하고 있다. 이자, 배당, 임대료 등에는 낮은 세율을 적용할 뿐만 아니라 비과세 및 소득공제 등으로 총소득 대비 실제의 세 부담(평균실효세율)이 낮은 상태에 있다. 상장주식 거래 차익에 대해서는 대주주를 제외한 일반 주주에 대해 양도소득세를 부과하지 않고 있으며, 2016년부터 시행되는 파생상품 양도 차익에 대해서는 5%의 단일세율을 부과할 예정이다. 채권의 거래 차익과 1세대 1주택 보유에 대해서는 양도소득세를 부과하지 않고 있다. 또한 노동소득에 대해서는 38%의 최고세율을 적용하지만, 근로소득공제와 각종 소득공제 및 근로 세액공제로 평균실효세율은 낮다.

최근 우리 사회에서 재정 적자의 폭과 국가 채무의 규모가 증가함에 따라 증세 요구가 커지고 있다. 더욱이 노동소득 분배율의 하락과 소득 불평등의 증가로 내수 기반이 취약해지면서 잠재 성장력도 떨어지고 있기 때문에 자본소득과 노동소득 간 공평과세를 통한 재분배 정책이 매우 중요한 시점이다. 자본소득과 노동소득에 대한 불공평과세는 소득 창출 행위에서 중립성을 훼손할 뿐만 아니라 자원 배분의 효율성도 저해할 수 있다.

따라서 이 장에서는 자본소득과 노동소득 간 세 부담 구조를 분석해 공평과세를 위한 세제 개편 방안을 모색한다. 2절에서는 포괄적 소득과세와 이원적 소득과세의 원리를 살펴본다. 3절에서는 한국의 과세 체계를 살펴본

후 자본소득세율과 노동소득세율을 비교한다. 4절에서는 소득 간 세 부담의 차이를 비교한 후 공평과세 방안을 제시한다. 5절은 맺음말이다.

2. 소득과세의 이론적 검토

소득세는 경제주체가 일정 기간에 획득한 소득을 과세표준으로 하며, 소득의 정의에 따라 과세소득의 범위가 달라진다.[1] 소득에 대한 정의는 크게 소득원천설과 순자산증가설로 구분된다. 소득원천설에 따르면, 소득은 반복성과 계속성을 가져야 하고 발생 원천별로 구분되며, 법에 열거되지 않은 소득에 대해서는 과세하지 않는 것을 원칙으로 한다. 따라서 소득은 노동·자본·토지와 같은 생산요소의 공급자에게 분배되는 임금·이자·이윤·임대료 등으로 구성되며, 일시적·우발적으로 발생하는 자본이득(capital gain)은 소득으로 간주하지 않는다. 불규칙적인 수입을 소득으로 간주하지 않는 과세소득의 개념은 주식과 부동산, 그리고 각종 상품에 투자하는 투자가들에게 유리하다.

한편 순자산증가설(경제력증가설)은 일정 기간에 발생한 순자산 또는 경제력 증가의 화폐적 가치를 소득으로 파악하기 때문에 주기적으로 발생하는 요소소득뿐만 아니라 불규칙적으로 발생하는 상속과 증여, 자본이득, 복권 수입 등을 모두 소득에 포함한다. 구체적으로 샨츠는 "주어진 기간 중 경제주체의 순자산 증가"로(Schanz, 1896), 헤이그는 "일정 기간에 발생한 경제력 증가의 화폐가치"로(Haig, 1921), 사이먼스는 "개인이 자신의 부의 가치를 변화시키지 않고 소비할 수 있는 권리"로 소득을 정의했다(Simons, 1938).

---

[1]   소득 개념에 대한 자세한 내용은 이필우·유경문(2003)과 우명동(2007) 참조.

1) 포괄적 소득과세

S-H-S(Schanz-Haig-Simons)의 순자산증가설을 따를 경우, 소득과세는 일정한 기간에 발생한 순자산의 증가를 모두 과세 대상으로 하는 종합소득세(comprehensive income tax)를 채택하게 된다. 종합소득세는 모든 종류의 소득을 합산해 과세하는 것으로, 누진세와 결합하면 과세의 수직적 공평성이 크게 높아진다. 특히 소득과 부의 축적은 개인의 정치·경제적 권력과 사회적 지위를 강화하기 때문에 누진과세가 과도한 불평등을 방지하는 수단으로 기능할 경우 총소득 또는 부는 소비에 비해 더 적절한 과세표준이 된다.[2]

순자산증가설을 지지하는 사람들은 다음과 같은 이유에서 종합소득세 도입을 주장한다.[3] 첫째, 비주기적으로 발생하는 소득에 비과세할 경우 조세회피 행동을 자극할 수 있다. 예를 들면, 주식의 양도 차익에 대해 과세하지 않거나 배당소득보다 낮은 세율을 적용할 경우에는 배당보다는 사내유보금을 증가시키려 할 것이다. 둘째, 소득의 원천과 무관하게 같은 크기의 소득은 동일한 경제력을 갖는다. 물론 같은 소득이라 할지라도 그에 대한 만족도는 개인에 따라 다를 수 있지만, 적어도 시장에서 소득의 객관적인 구매력은 소득의 원천과는 무관하다. 셋째, 납세자는 다양한 원천에서 소득을 획득하기 때문에 개인의 담세능력을 평가하는 데 종합소득이 더 적정한 지표다. 특히 종합소득 과세 방식은 다양한 소득을 과세상 동일하게 취급해 과세의 수평적 공평성(horizontal equity)을 달성할 수 있고, 종합소득에 누진세율을 적용할 경우 수직적 공평성(vertical equity)이 강화되며, 비과세되는 소득이 존재하지 않기 때문에 탈세의 유인을 줄이고, 소득 간 선택 행위에서도 중립

---

2) 자세한 내용은 Pechman(1977) 참조.
3) 자세한 내용은 이필우·유경문(2003: 486~489) 참조.

적일 수 있다는 장점을 갖는다.

반면에 종합소득세를 적용할 경우, 과세소득에는 고용주의 현물급부와 사회보험료 부담분, 보유 주택이나 내구재에서 발생하는 귀속소득(imputed income), 부동산이나 증권에서 발생하는 미실현 자본이득, 사회보장 급부나 이전 지출 등도 포함되기 때문에 소득 평가 및 과세 행정이 어려워진다. 특히 자산의 화폐가치는 물가수준의 변동을 반영하기 때문에 소득의 실질적 변화를 측정하기 어렵고, 현재 시점에서 자산 가치의 변화는 자산에서 발생하는 미래소득의 변화를 반영하기 때문에 이중과세의 문제가 발생할 수 있다. 또한 퇴직소득과 양도소득 등 일정 기간이 지난 이후 일시에 발생하는 소득에 누진적인 종합과세를 적용할 경우, 세 부담이 과도해지는 집적 효과(bunching effect)가 나타날 수 있다.

이와 같은 종합소득세의 문제점으로 인해 과세 단계에서는 과세소득과 과세 방식의 조정이 이루어지고 있다. 먼저 대부분의 국가에서는 귀속소득에 대해 비과세하고 있으며, 동결 효과(lock-in effect)가 예상되는데도 자본이득에 실현주의를 적용해 유가증권의 미실현 이익에 대해 과세하지 않고 있다. 동결 효과란 자산 소유자가 소득세를 회피하기 위해 이득의 실현 시기를 미래로 연기하면서 나타나는 자산 거래의 동결 현상이다. 동결 효과는 자본시장의 발달을 저해하지만 자산 보유 기간을 최적화해 자산 관리의 효율성을 높일 수 있다. 물가수준 변동으로 인한 세 부담의 증가는 과세표준을 물가수준에 연동시키는 물가연동제(indexation)를 통해 조정할 수 있다.[4]

일부 소득에 대해서는 종합과세하지 않고 분류과세하거나 분리과세하는

---

4) 집적 효과의 문제를 완화하는 방법으로, 특정 연도에 집중해서 발생한 소득을 여러 해에 분산해 과세하는 평준화 방법과 별도의 세율 체계에 따라 과세하는 분류과세 방법이 있다 (곽태원, 2000).

방식으로 세율을 달리 적용하기도 한다. 먼저 집결 효과로 인해 발생하는 과도한 세 부담을 완화하기 위해 도입된 분류소득세는 반복적으로 발생하는 소득만을 과세 대상으로 하는 소득원천설에 근거하고 있으며, 종합과세하지 않고 소득의 원천에 따라 개별적으로 세율을 적용한다. 퇴직소득과 양도소득이 대표적인 분류과세 대상이다. 분리과세는 원칙적으로 종합과세 대상이지만 일정한 조건하에서 별도로 분리해 과세하는 방식이며, 일정 규모 이하의 금융소득(이자 및 배당)에 대해 낮은 세율을 적용하는 경우가 이에 해당한다.

한편 종합소득세의 대안으로 지출세(expenditure tax) 도입이 제안되기도 했다. 지출세는 소비액을 과세 대상으로 하기 때문에 저축에서 발생하는 소득을 비과세하며, 장부상의 소득이 아니라 순현금 흐름을 과세 대상으로 하기 때문에 발생주의 원칙에 따른 미실현 소득과세의 문제도 피할 수 있다. 이러한 이유로 어빙 피셔와 허버트 피셔는 자산 가치의 증가를 소득의 범주에 포함했으나 과세 방식은 소득세보다 지출세를 선호했다(Fisher and Fisher, 1942). 하지만 현실적인 이유로 지출세를 도입하고 있는 국가는 존재하지 않는다.

홀과 라부시카(Hall and Rabushka, 1995)가 제시한 평률세(flate tax)는 자본소득을 과세 대상 소득에 포함하지 않고 모든 종류의 투자 지출을 비용으로 처리한다는 점에서 선형지출세(liner expenditure tax)라고 할 수 있지만, 일부 동유럽 국가에서 도입한 평률세는 자본소득의 일부 또는 모두를 과세 대상에 포함한다는 점에서 종합소득 과세의 변형된 형태라고 할 수 있다.

2) 이원적 소득과세

이원적 소득세는 자본소득에 대한 단일세율과 근로소득에 대한 누진세를 결합한 것으로 종합소득세와 지출세의 절충적인 과세 방식이다.[5] 순수한 이원적 소득세 체계에서는 자본소득세율이 법인소득세율 및 근로소득 최저 세율과 일치하지만, 극단적인 경우에는 이중과세를 근거로 자본소득에 대한 비과세를 주장하기도 한다. 즉, 과세 과정을 거친 근로소득의 일부를 투자해 발생한 소득에 대해 과세하는 것은 이중과세라는 것이다.

극단적으로 자본소득 과세의 폐지를 말하지는 않지만, 자본소득에 대해 낮은 세율을 적용해야 한다는 주장은 다음과 같은 근거를 갖고 있다. 첫째, 소득세는 명목 자본소득을 기준으로 과세하기 때문에 인플레이션에 따른 자산 가치의 보상 부분에 대해서도 과세한다. 따라서 노동소득에 적용되는 최고세율을 부과할 경우 자본소득의 세 부담은 과도해진다. 둘째, 자본의 국제적 이동성이 증가했기 때문에 자본소득세율을 낮게 유지해야만 자본 이탈 위험을 줄일 수 있다. 셋째, 일부 자본소득에는 세금을 부과하기 어렵기 때문에 자본소득세율을 낮게 유지하면 자본소득 간 과세 공평성을 높이고 과세 기반도 확충할 수 있다.

하지만 자본소득세율을 낮게 유지할 경우에는 근로소득을 자본소득으로 전환해 높은 근로소득세율을 회피하려는 행태가 나타날 수 있다. 자본 이탈은 주로 법인세 같은 원천지 자본소득세와 관련된 문제이지 개인소득세와 같은 거주지 과세 방식하에서는 그다지 심각하지 않을 수 있다. 오히려 과세의 수평적 공평성을 높이고 조세 회피 행위를 차단하기 위해서는 자본소득세율을 근로소득세율과 일치시켜야 하며, 법인소득세율을 개인소득세 최고세율 이하로 유지함으로써 자본 이탈을 방지할 수 있다. 다만, 법인소득세율이 지나치게 낮을 경우에는 법인소득을 배당하지 않고 사내에 유보하려는

---

5) 자본소득에는 이자, 배당, 임대료, 자본이득, 저작권 사용료, 자가 소유자의 귀속소득, 비법인 기업에 투자된 자본의 귀속소득 등이 포함된다. 이원적 소득세에 대한 내용은 Sorensen(2010), 김유찬(2012)을 참조.

유인이 증가하기 때문에 자원 배분의 비효율 문제를 초래할 수 있다. 따라서 자원의 효율적 배분이라는 측면에서 볼 때, 법인세율을 개인소득세율과 비슷한 수준에서 유지하는 것이 바람직할 수 있다.

이원적 소득세를 설계하는 데 중요한 고려 사항은 낮은 자본소득세율을 자본소득 전체에 적용할 것인지, 정상 수익에 대해서만 적용할 것인지의 여부다. 이원적 소득세가 북유럽 국가에 최초로 도입될 당시에는 자본소득 전체에 대해 낮은 세율을 적용했지만, 노르웨이는 2006년부터 주식의 정상 수익에 대해서만 낮은 자본소득세율을 적용하고, 정상 수익을 초과하는 배당금과 자본이득에 대해서는 노동소득 최고세율에 근접하는 수준의 법인세와 개인소득세를 부과했다. 이와 같이 자본소득세율을 차등화한 이유는 이원적 소득세제에서 발생할 수 있는 소득 이전을 통한 조세 회피 행위를 차단하기 위해서였다.

〈표 7-1〉에서는 북유럽 국가의 이원적 소득세를 보여주고 있다. 2014년에 스웨덴과 노르웨이의 자본소득 단일세율은 각각 30%와 27%이고, 핀란드는 30~32%의 2단계 자본소득세율을 적용하고 있다. 자본소득세율은 근로소득 최저세율과 비슷하며 근로소득세 최고세율보다는 크게 낮은 수준이다. 노르웨이의 법인소득세율은 자본소득세율과 같지만, 스웨덴과 핀란드에서는 법인소득세율이 자본소득세율에 비해 낮다.[6] 또한 북유럽 국가는 마이너스의 자본소득에 대해 세액공제 또는 소득공제를 적용하고 있지만, 법인소득과 개인소득 사이의 이중과세 문제를 완전하게 해소하지는 못하고 있다. 스웨덴의 경우 비상장주식의 배당금과 자본이득에 대해서만 경감세

---

6) 2013년 OECD 34개 회원국 중 법인세 단일세율 체계를 채택하고 있는 국가는 25개국이며, 2단계 과세표준(프랑스, 헝가리, 네덜란드, 포르투갈, 스페인), 3단계 과세표준(한국, 벨기에, 영국), 8단계 과세표준(미국) 등이 있다. 자세한 내용은 국회예산정책처(2013) 참조.

〈표 7-1〉 북유럽 국가의 이원적 소득과세(2014년)

(단위: %)

		스웨덴	노르웨이	핀란드
개인소득 세율	자본소득	30	27	30~32
	근로소득	31.9~56.9	27.0~39.0	26.2~51.5
부의 자본소득		세액공제	타소득 소득공제	자본소득 소득공제
법인소득세율		22	27	20

주: 스웨덴, 노르웨이, 핀란드는 법인소득에 단일세율을 적용하고 있음.
자료: Sorensen(2010); OECD.Stat(http://www.oecd.org).

율을 적용하고 있다. 노르웨이는 간주수익률(imputed rate of return)을 초과하는 배당금과 자본이득에 대해서만 자본소득세를 부과한다. 핀란드의 경우 상장기업의 배당금에 대해서는 70%만 자본소득세를 부과하고, 비상장기업에는 주식의 간주소득(imputed return)을 초과하는 배당금의 70%에 대해서만 근로소득세를 부과한다.

3. 소득과세 현황과 국제 비교

1) 한국의 소득과세 현황

한국의 세법상 소득세에 속하는 세목으로는 소득세(개인소득세)와 법인세(법인소득세), 지방소득세가 있다. 소득세 부과의 근거가 되는 소득세법은 개인의 소득에 대해 소득의 성격과 납세자의 부담 능력 등에 따라 적정하게 과세함으로써 조세 부담의 형평을 도모하고 재정수입의 원활한 조달에 이바지하는 것을 목적으로 한다. 법인세는 법인이 얻은 소득에 대해 부과하는 조세로 내국법인과 외국법인, 영리법인과 비영리법인이 과세 대상이다. 지방소득세는 소득세와 법인세에 대해 10%의 단일세율로 부가하던 기존의 지방세를 2010년부터 단일의 지방소득세로 명칭을 변경했으며, 2014년부터는 지방소득세 소득분에 대해 소득별 과세표준과 세율을 달리하는 독립과세 체계로 전환했다.

소득세법은 열거주의에 따라 과세소득을 규정하고,[7] 원칙적으로 개인을 단위로 소득세를 과세하고 있으며, 종합과세를 기본으로 하되 일부 소득에 대해서는 분류과세와 분리과세를 적용하고 있다. 소득세법에서 열거하고 있는 종합과세의 대상은 근로소득·이자소득·배당소득·사업소득·연금소득·기타소득이며, 이자·배당·연금·기타소득 중 일부에 대해서는 분리과세를 적용하고 있다. 특히 거주자별로 비과세 및 분리과세 금융소득을 제외한 연간 금융소득(이자소득과 배당소득)이 2000만 원을 초과할 경우에는 다른 소득과 합산해 종합과세한다. 퇴직소득 및 양도소득에 대해서는 종합과세하지 않고 분류과세를 적용해 집결 효과로 인한 과도한 세 부담을 완화하고 있다.

다만 〈표 7-2〉와 〈표 7-3〉에 제시된 이자소득과 배당소득에 대해서는 소득세를 부과하지 않고 있다. 또한 논밭 임대소득, 1개의 주택을 소유하는 자가 해당 주택을 임대하고 지급받는 소득(기준 시가 9억 원을 초과하는 고가 주택의 임대소득 및 국외에 소재하는 주택의 임대소득은 과세), 농가 부업 규모의 축산소득과 그 외 연 2000만 원 이하의 농가 부업소득, 농어촌 지역에서 발

---

7) 소득세법상 과세소득을 규정하는 방식에는 포괄주의와 열거주의가 있다. 포괄주의 방식은 포괄적인 정의 규정에 의해 과세소득을 규정하는 방식으로 미국과 일본 등에서 채택하고 있으며, 열거주의 방식은 법률에서 과세 대상으로 열거한 소득만을 과세 대상으로 하는 방식이다. 한국은 개인소득세에 대해서는 열거주의를 채택하고, 법인세에 대해서는 포괄주의 방식을 채택하고 있다. 다만 이자소득과 배당소득에 대해서는 유형별 포괄주의를 채택하고 있다. 자세한 내용은 기획재정부(2014) 참조.

<표 7-2> 비과세 이자소득

비과세 이자소득	근거	비고
신탁업법에 따른 공익신탁의 이익	소득세법 12조	
장기 저축성 보험의 보험 차익	소득세법 시행령 25조	
장기 주택 마련 저축의 이자소득	조세특례제한법 87조	2012.12.31까지 가입분에 한함
농어가 목돈 마련 저축의 이자소득	조세특례제한법 87조의 2	2014.12.31까지 가입분에 한함
노인·장애인 등의 생계형 저축 이자소득	조세특례제한법 88조의 2	2014.12.31까지 가입분에 한함
농협 등 조합에 대한 예탁금 이자소득(예탁금 1인당 3000만 원 이하에 한함)	조세특례제한법 89조의 3	2007.1.1~2015.12.31까지 발생분에 한함
재형저축에서 발생하는 이자소득	조세특례제한법 91조의 14	2015.12.31까지 가입분에 한함

자료: 기획재정부(2014).

<표 7-3> 비과세 배당소득

비과세 배당소득	근거	비고
신탁업법에 따른 공익신탁의 이익	소득세법 12조	
장기 주택 마련 저축의 배당소득	조세특례제한법 87조	2012.12.31까지 가입분에 한함
노인·장애인 등의 생계형 저축 배당소득	조세특례제한법 88조의 2	2014.12.31까지 가입분에 한함
장기 보유 우리사주의 배당소득(액면가 1800만 원 이하 보유자에 한함)	조세특례제한법 88조의 4	
농협 등의 조합에 대한 출자금 배당소득(출자금 1인당 1000만 원 이하에 한함)	조세특례제한법 88조의 5	2015.12.31까지 수령분에 한함
장기 회사채형 저축에 가입해 불입한 금액에서 발생하는 배당소득	조세특례제한법 91조의 10	2009.12.31까지 가입분에 한함

자료: 기획재정부(2014).

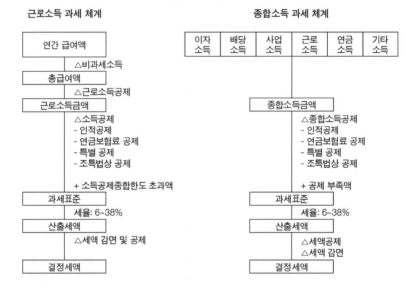

〈그림 7-1〉 근로소득 및 종합소득 과세 체계

근로소득 과세 체계

연간 급여액

△비과세소득

총급여액

△근로소득공제

근로소득금액

△소득공제
- 인적공제
- 연금보험료 공제
- 특별 공제
- 조특법상 공제

+ 소득공제종합한도 초과액

과세표준

세율: 6~38%

산출세액

△세액 감면 및 공제

결정세액

종합소득 과세 체계

이자 소득	배당 소득	사업 소득	근로 소득	연금 소득	기타 소득

종합소득금액

△종합소득공제
- 인적공제
- 연금보험료 공제
- 특별 공제
- 조특법상 공제

+ 공제 부족액

과세표준

세율: 6~38%

산출세액

△세액공제
△세액 감면

결정세액

자료: 국세청(2014).

생하는 연 1200만 원 이하의 전통주 제조소득, 조림 기간이 5년 이상인 임지에서 임목의 벌채 또는 양도로 발생하는 연 600만 원 이하의 산림소득 등은 과세 대상 소득에서 제외된다.

한편 〈그림 7-1〉에서 보듯이 소득세 과세 체계는 근로소득 과세와 종합소득 과세로 구분된다. 근로소득 이외에 다른 소득이 없는 경우에는 근로소득세 연말정산으로 세 부담이 종결되며, 다른 소득이 있는 경우에는 종합소득세 신고를 해야 한다. 먼저 근로소득자에게는 근로소득공제가 적용되며, 근로소득 금액에 대해서도 다양한 소득공제가 적용된다.[8) 인적공제는 기본

---

8) 근로소득공제는 5단계로 구분되며, 총급여액이 1억 원을 초과할 경우 1475만 원에 1억 원을 초과하는 금액의 2%를 더한 금액을 공제받고, 일용근로자는 1일 10만 원을 공제받는다. 연금소득의 경우 4단계로 구분되며, 총연금액이 350만 원 이하일 경우에는 전액 공제하지만, 1400만 원을 초과하는 경우에는 1400만 원을 초과하는 금액의 10%에 630만

공제, 추가 공제, 다자녀 추가 공제 등으로 구성되고, 특별 공제에는 보험료 공제, 의료비 공제, 교육비 공제, 주택자금 공제, 기부금 특별 공제 등이 포함된다. 조세감면특법상 소득공제에는 개인연금 저축 소득공제, 주택 마련 저축 소득공제, 투자 조합 출자 소득공제, 신용카드 소득공제, 우리사주 조합 출연금 소득공제, 소기업·소상공인 공제부금 공제, 고용 유지 중소기업 근로자 소득공제 등이 포함된다. 세액 감면 및 공제는 외국인 기술자에 대한 소득세 감면, 조세조약상 세액 감면, 근로소득 세액공제, 주택자금 차입금 이자 세액공제, 외국 납부 세액공제, 기부 정치자금 세액공제 등으로 구성된다.

종합소득세의 경우 종합소득금액은 종합과세 대상 금융소득, 사업소득, 근로소득, 연금소득, 기타소득 등으로 구성되며, 사업소득과 기타소득은 각각의 총수입금액에서 필요경비를 제한 것이고, 근로소득과 연금소득은 각각의 총수입금액에서 근로소득공제와 연금소득공제를 제한 금액이다.

〈표 7-4〉에서 보듯이 2016년 현재 소득세율은 6~38%의 5단계 초과누진 세율을 적용하고 있으며 근로소득에 대해서는 근로소득공제를 적용하고 있다. 금융소득(이자·배당)의 경우 개인당 연 2000만 원까지는 14%의 단일세율을 적용하고, 초과분은 다른 소득과 합산해 종합과세된다. 다만 금융소득만 존재하는 경우에는 14%를 적용한 산출세액과 소득세율을 적용한 산출세액 중 큰 금액을 납부해야 하므로 금융소득이 2000만 원 이하인 금융소득자는 소득세율을 적용받는 근로자보다 세 부담이 크다. 또한 종합과세되는 배당소득의 경우 배당세액공제제도를 적용받기 때문에 배당소득 총수입금액에 귀속법인세를 합한 금액이 종합소득에 더해진다.[9]

원을 합산한 금액을 공제한다.

[9] 법인소득에 대해서는 법인 단계에서 법인세가 과세되고 세후 법인소득을 주주에게 배당

과세표준	세율
1200만 원 이하	6%
1200만 원 초과~4600만 원 이하	15%
4600만 원 초과~8800만 원 이하	24%
8800만 원 초과~1억 5000만 원 이하	35%
1억 5000만 원 초과	38%

한편 분류과세의 대상인 양도소득은 개인이 양도소득세 과세 대상 자산을 양도함으로써 얻는 소득이다. 다만 부동산 매매 업자 등이 영리를 목적으로 부동산 등을 판매해 발생하는 소득은 사업소득이다. 양도소득세의 과세 대상은 토지와 건물, 지상권·전세권·부동산 임차권·부동산을 취득할 수 있는 권리, 직전 사업연도 종료일 현재 지분율 2% 이상(코스닥, 코넥스 및 벤처기업 주식은 4% 이상) 또는 시가총액 50억 원 이상(코스닥 및 벤처기업 주식은 40억 원, 코넥스 주식은 10억 원 이상)인 대주주 등이 양도하는 주권 상장 법인의 주식과 장외에서 거래되는 주식, 주권 상장 법인이 아닌 법인의 주식, 과점주주의 주식, 부동산 과다 보유 법인의 주식, 사업용 고정자산과 함께 양도하는 영업권, 특정 시설물(골프장 회원권, 콘도미니엄 회원권, 종합 체육 시설 회원권) 이용권 등이다. 주식과 달리 파생상품과 채권의 거래에서 발생하는 양도 차익에 대해서는 양도소득세를 부과하지 않고 있다. 다만 파생상품

할 경우 개인소득세가 부과되므로 동일한 소득에 대해 이중과세하는 문제가 발생할 수 있다. 한국은 이중과세 문제를 조정하기 위해 배당세액공제제도를 도입해 주주 단계의 개인소득세에서 배당소득에 과세한 법인세의 일부를 차감한다. 소득세법에 따르면 당해 연도의 총수입금에 더해지는 배당소득의 11%(2009년 1월 1일부터 2010년 12월 31일까지의 배당소득분은 12%)에 상당하는 금액을 가산해 개인종합소득을 계산하고, 종합소득세액 계산 시 총수입금에 가산한 금액을 종합소득산출세액에서 공제한다.

에 대해서는 2016년부터 양도 차익에 대해 5%의 양도소득세율을 부과하기로 되어 있다.

부동산의 경우 1세대 1주택 보유에 대해서는 양도소득세를 부과하지 않고 있다. 즉, 1세대가 양도일 현재 국내에 1주택(고가 주택 제외)만을 보유하고 있으며 해당 주택의 보유 기간이 2년 이상인 경우 주택양도 차익에 대해 비과세한다. 또한 농지 소재지에 거주하면서 8년 이상 자기가 경작한 사실이 있는 농지를 양도하는 경우, 8년 이상 축산에 사용한 축사용지를 폐업을 위해 양도한 경우, 일정 요건을 갖춘 농지의 교환 또는 분할 등에 대해서도 양도소득세를 부과하지 않는다. 반면에 비상업용 토지를 양도할 경우에는 양도소득세를 중과하고 장기 보유 특별 공제를 적용하지 않으며, 배우자 및 직계존비속이 이월과세가 적용되는 자산(토지·건물 및 시설물 이용권)을 증여받은 후 증여일로부터 5년 이내에 타인에게 양도하는 경우에는 양도소득세를 부과한다.

양도소득세의 과세표준은 실지거래가액을 기준으로 산출한 양도가액에서 필요경비와 장기 보유 특별 공제, 양도소득 기본 공제를 차감한 금액이다. 장기 보유 특별 공제는 양도소득의 집적 효과를 방지하고 물가 상승에 따른 세 부담 증가를 조정하기 위해 도입되었고, 일반 건물과 토지의 경우 연 3%(최대 30%), 1세대 1주택의 경우 연 8%(최대 80%)를 적용한다. 양도소득 기본 공제는 부동산과 주식으로 나누어 각각 연간 1인당 250만 원이다. 〈표 7-5〉에서 보듯이 양도소득세 기본세율은 6~38%이지만, 자산 유형별로 별도의 세율이 적용된다. 토지·건물·부동산에 관한 권리의 양도소득에 대해서는 보유기간과 용도에 따라 세율이 달라진다. 1년 미만 보유할 경우 50%(주택 40%)가 부과되며, 2년 이상 보유할 경우 기본세율이 적용된다. 1세대 3주택 이상에 대해서는 기본세율이 적용되지만, 미등기 전매의 경우에는 70%의 높은

〈표 7-5〉 양도소득세율

(단위: %)

구분		세율	
		국내분	국외분
토지·건물·부동산에 관한 권리	1년 미만 보유	50(주택 40)	6~38[1]
	1~2년 미만 보유	40(주택 6~38)	
	2년 이상 보유	6~38[1]	
	1세대 3주택 이상[2]	6~38	
	1세대 2주택[3]	6~38	
	비사업용 토지[2]	6~38	
	미등기 전매	70	
주식 및 출자 지분	중소기업 주식	10	
	중소기업 외 주식	일반 20	
		대주주 1년 미만 보유 30	
기타 자산	영업권, 시설물 이용권 특정 주식	6~38	
	비사업용 토지 과다 보유 법인 주식	기본세율+10%p	

주: 1) 2011.12.31 이전 양도분은 6~35% 적용.
  2) 2009.3.16~2012.12.31의 기간에 취득하거나 2009.3.16~2013.12.31의 기간에 양도하는 다주택 및 비사업용 토지에 대해서는 기본세율 적용.
  3) 2015.1.1 이후 양도분은 기본세율(6~38%)에 10%p를 가산해 적용.
자료: 기획재정부(2014).

세율이 적용된다. 주식 및 출자 지분은 기업 규모와 보유 기간별로 달라진다. 중소기업 주식과 중소기업 외 주식의 양도 차익에 대해서는 각각 10%와 20%의 단일세율이 적용되지만, 대주주가 중소기업 외 주식을 1년 미만 보유할 경우에는 30%의 양도소득세를 부과한다. 영업권과 시설물 이용권에 대해서는 기본세율을 적용하지만, 비사업용 토지와 부동산 과다 보유 법인에 대해서는 기본세율에 10%p를 가산한 16~48%를 부과한다.

2) 소득과세의 국제 비교

소득세는 개인소득세와 법인소득세로 구성되며, 재산세는 보유과세와 이전과세로 구분된다. 순자산증가설의 입장에서 볼 때 부동산 보유세와 부유세(tax on net wealth) 등 재산 보유과세는 자산의 증가분이 완전하게 과세대상으로 포착되지 못하거나 재산에 의해 실현된 소득, 즉 이자소득·배당소득·양도소득 등이 불완전하게 과세소득으로 포착됨에 따라 발생하는 세 부담의 불균등을 바로잡는다는 점에서 정당성이 부여된다. 또한 상속 및 증여세는 피상속인 생존 시 비과세 감면과 탈세 등으로 조세 부담이 줄어들기 때문에 축적된 재산에 대해 소급과세함으로써 세 부담의 공평성을 도모한다는 목적을 갖기도 한다.10)

〈표 7-6〉에서 보듯이 한국의 소득 세수는 GDP 대비 7.4%로 OECD 회원국 평균 11.4%에 비해 낮은 수준인데, 그 원인은 개인소득세의 낮은 비중에 있다. 2012년에 개인소득 세수는 3.7%로 OECD 회원국 평균 8.6%보다 크게 낮은 반면, 법인 세수는 3.7%로 평균을 상회하고 있다. 한국의 재산 관련 세수가 GDP 대비 2.6%로 OECD 회원국 평균 1.8%보다 높은 이유는 금융·자본거래세의 세수 비중이 크기 때문이다. 대주주 이외의 상장주식 거래 차익에 대해 양도 차익 과세를 하지 않고 증권거래세를 부과하는 세제는 개인소득세의 비중을 낮추고 금융·자본거래세의 세수 비중을 높이는 원인으로도 작용한다. 부동산 보유세는 OECD 회원국 평균을 밑돌고 있으며, 상속 및 증여 세수는 평균보다 높지만 그 비중이 낮다.

그러나 한국의 법인 세수 비중이 높다는 사실을 개별 기업의 세 부담이

---

10) 재산 보유과세와 재산 이전과세의 경제적 근거에 대해서는 우명동(2007) 참조.

<표 7-6> 주요국의 소득세 및 재산세 세수 현황(2012년)

(단위: GDP 대비 %)

국가명	소득세				재산세			
		개인 소득세	법인 소득세		부동산 보유세	부유세	상속 증여세	금융·자본 거래세
한국	7.4	3.7	3.7	2.6	0.7	0.0	0.3	1.6
일본	9.2	5.5	3.7	2.7	2.1	0.0	0.3	0.3
미국	11.7	9.2	2.5	2.9	2.8	0.0	0.1	0.0
영국	11.8	9.1	2.7	3.9	3.2	0.0	0.2	0.5
스웨덴	14.5	11.9	2.6	1.0	0.8	0.0	0.0	0.2
덴마크	29.2	23.9	3.0	1.8	1.3	0.0	0.2	0.3
독일	11.1	9.3	1.8	0.9	0.4	0.0	0.2	0.3
프랑스	10.4	7.9	2.5	3.8	2.5	0.2	0.5	0.6
그리스	8.2	7.0	1.1	1.9	1.1	0.2	0.0	0.4
이탈리아	14.0	11.6	2.8	2.7	1.5	0.0	0.0	0.9
OECD 평균	11.4	8.6	2.9	1.8	1.1	0.2	0.1	0.4

주: 소득세는 소득, 이윤, 자본이득에 대한 과세로 구성되며, 부유세는 순부(net wealth)에 대한
과세임.
자료: OECD.Stat.

크다는 것으로 해석하기는 어렵다. 법인 세수 비중이 높은 것은 낮은 노동소득 분배율, 재벌 대기업으로의 경제력 집중, 법인세율과 개인소득세율의 차이로 인한 법인의 선호, 제조업의 높은 비중 등으로 법인세 과세 대상 소득이 크기 때문이므로 개별 기업의 실질적인 세 부담은 크지 않다. 또한 소득 세수 비중이 낮은 이유는 노동소득 분배율이 낮고 비과세자 비중이 높기 때문이기도 하지만, 이자소득·배당소득·양도소득 등 자본소득에 대한 과세가 미약하기 때문이기도 하다.

한편 이자소득세의 과세 방식은 기존의 개인소득세를 적용하는 방식과 별

도의 우대세율을 적용하는 방식으로 구분된다. 또한 원천징수 방식에 따라 완납적 원천징수(FW: Final Withholding)와 예납적 원천징수(PW: Preliminary Withholding)로 구분된다.

예납적 원천징수에서는 추후 정산을 통해 개인소득세와 동일한 수준의 세금을 납부하지만, 완납적 원천징수는 그 자체로 세 부담이 종결된다. 완납적 원천징수를 채택하고 있는 국가들은 호주, 벨기에, 체코, 핀란드, 프랑스, 독일, 그리스, 헝가리, 아일랜드, 이스라엘, 이탈리아, 일본, 룩셈부르크, 폴란드, 포르투갈, 슬로바키아, 슬로베니아, 터키 등이다. 한국은 금융소득종합과세제도를 통해 개인별로 2000만 원 이하의 이자소득에 대해서는 15.4%(지방세 포함)의 원천징수로 세 부담이 종결되지만, 초과분에 대해서는 최고 41.8%를 과세하고 있다.

주식에 대한 자본이득은 법인세 납부 후 이윤을 재투자해 발생한 것으로 가정하기 때문에 자본이득에 대한 세율은 법인세와 개인소득세 체계의 함수다. 2012년 7월 기준으로 34개 OECD 회원국 중 23개국에서는 주식에 대해, 20개국에서는 부동산 양도 차익에 대해 개인소득세를 부과하고 있다.

〈표 7-7〉을 보면 2012년 기준 한국의 근로소득세와 법인소득세 최고세율은 각각 41.8%와 24.2%로 OECD 회원국 평균 수준이지만, 개인 자본소득세율의 경우 적용 기준에 따라서 OECD 회원국 평균과 큰 차이를 보이고 있다. 금융소득종합과세제도로 인해 연간 2000만 원 이하의 이자 및 배당소득을 갖는 개인소득자[한국(A)]가 적용받는 15.4%의 분리세율은 OECD 회원국 평균(이자소득세 27.39%, 배당소득세 17.54%)에 비해 낮은 수준이다.

연간 2000만 원을 초과하는 이자 및 배당소득[한국(B)]에 대해서는 각각 41.8%와 25.91%의 세율이 적용되어 OECD 회원국 평균을 초과하고 있다. 법인소득세와 배당소득세를 합한 총세율도 연간 2000만 원을 초과하는 부

〈표 7-7〉 근로소득과 자본소득 최고세율의 국제 비교(2012년)(단위: %)

	근로소득 세율	법인소득 세율	자본소득세율				
			이자소득	배당소득	법인소득 배당소득	자본이득 주식	부동산
한국(A)	41.80	24.20	15.40	15.40	39.60	0.00	0.00
한국(B)			41.80	25.91	50.11	20.00	29.26
일본	50.00	39.54	20.00	6.30	45.84	6.30	20.00
미국	41.78	39.13	41.85	12.97	52.10	12.97	
영국	50.00	24.00	50.00	27.44	51.44	21.28	28.00
캐나다	47.97	26.10	47.97	23.41	49.51	17.72	23.99
호주	47.50	30.00	46.50	16.50	46.50	16.28	23.25
뉴질랜드	33.00	28.00	33.00	5.00	33.00	0.00	0.00
아일랜드	48.00	12.50	30.00	42.00	54.50	42.00	30.00
아이슬란드	46.24	20.00	20.00	16.00	36.00	16.00	20.00
스웨덴	56.60	26.30	30.00	22.11	48.41	22.11	30.00
노르웨이	40.00	28.00	28.00	12.46	40.46	12.46	28.00
핀란드	49.00	24.50	30.00	16.91	41.41	24.16	32.00
덴마크	60.23	25.00	45.50	31.50	56.50	31.50	45.50
독일	47.48	30.18	26.00	18.42	48.60	18.42	0.00
프랑스	54.41	34.43	44.00	26.56	60.99	25.57	0.00
오스트리아	50.00	25.00	25.00	18.75	43.75	18.75	12.50
벨기에	53.70	33.99	25.00	22.88	56.87	0.00	0.00
네덜란드	52.00	25.00	30.00	30.00	55.00	30.00	30.00
그리스	49.00	20.00	10.00	20.00	40.00	0.00	0.00
이탈리아	48.55	27.50	20.00	18.63	46.13	18.63	0.00
포르투갈	49.00	31.50	25.00	17.13	48.63	17.13	24.50
스페인	52.00	30.00	27.00	18.90	48.90	18.90	27.00
체코	15.00	19.00	15.00	12.15	31.15	0.00	0.00
슬로바키아	19.00	19.00	19.00	0.00	19.00	15.39	0.00
헝가리	16.00	19.00	16.00	12.96	31.96	0.00	0.00
폴란드	32.00	19.00	19.00	15.39	34.39	15.39	0.00
에스토니아	21.00	21.00	0.00	0.00	21.00	16.59	21.00
슬로베니아	41.00	18.00	20.00	16.40	34.40	4.10	0.00
스위스	41.67	21.17	40.00	31.51	52.68	0.00	0.00
룩셈부르크	41.34	28.80	10.00	13.87	42.67	0.00	10.00
터키	35.66	20.00	15.00	14.00	34.00	0.00	0.00
이스라엘	48.00	25.00	25.00	18.75	43.75	15.00	25.00
칠레	40.00	20.00	40.00	20.00	40.00	0.00	0.00
멕시코	30.00	30.00	30.00	0.00	30.00	0.00	30.00
OECD 평균	42.60	25.40	27.39	17.54	43.02	13.23	14.40

주: 모든 세율은 부가세를 포함한 최고세율이며, 개인 자본소득세율은 투자수익률 4%와 내국인 투자
자를 가정해 산출함. 자본이득은 장기 보유를 기준으로 하되, 주식에 대한 자본이득은 전적으로
사내유보금의 투자에서 발생하고 부동산에 대한 자본이득은 투자자의 소유 재산에서 발생한 것
으로 가정함. 배당소득세율은 각국의 이중과세조정제도를 적용해 조정된 세율임. OECD 평균은
한국을 제외하고 산출한 수치임.

자료: Harding(2013); OECD.Stat.

분에 대해서 부과할 수 있는 최고세율은 50.11%로 OECD 평균보다 높지만, 연간 2000만 원 이하인 경우[한국(A)]에는 39.6%로 평균보다 낮다.[11] 자본이득에 대한 세율도 적용 기준에 따라 달라진다. 앞에서 언급한 바와 같이 상장주식 양도 차익의 경우 대주주에게 20%를 부과하지만, 소액주주에게는 증권거래세만을 부과한다. 부동산의 경우 일정 조건하에서 1세대 1주택 보유에 대해서는 양도소득세를 부과하지 않고 있다.

〈표 7-7〉에서 보듯이 OECD 회원국은 주식과 부동산의 자본이득에 대해 평균 13.23%와 14.4%의 세율을 적용하고 있지만, 한국의 일반 주주 및 1세대 1주택 보유자는 세금을 내지 않고 있다. 다만 상장주식을 보유한 일반 주주에게는 증권거래세(거래액의 0.3~0.5%)를 부과하기 때문에 실질적인 총세율은 0%가 아니다. 1주택 이상 부동산 장기 보유자의 최고 자본이득세율은 29.26%로 평균보다 높다.

한편 멘도자와 라진 그리고 테사르의 연구(Mendoza, Razin and Tesar, 1994) 이후로 거시 자료를 이용해 세목별 평균실효세율을 측정하려는 시도가 계속되어왔다. 그러나 이들의 노동소득세율 및 자본소득세율 추정 방식은 가계 부문의 영업 잉여와 순재산소득을 모두 자본소득으로 간주했을 뿐만 아니라, 가구소득 중 노동소득과 자본소득에 대한 평균실효세율이 동일하다고 가정했다는 점에서 비현실적인 가정이라 볼 수 있다. 후속 연구에서는 가계 부문의 영업 잉여를 노동소득과 자본소득으로 구분하고, 사회보장기여금의 과세

---

11) 법인실재설에 따르면 법인(legal person)은 법률상 개인주주와는 별개인 독립된 경제주체이기 때문에 배당소득에 대한 과세를 이중과세로 보지 않는다. 반면 법인의제설에 따르면, 법인은 소득을 주주에게 이전하기 위한 도관(conduit)에 불과하기 때문에 배당소득에 대한 개인소득세 부과는 이중과세 문제를 초래한다. 현실적으로 대부분의 국가는 절충적인 입장으로, 배당소득에 대한 개인소득세 단계에서 이중과세 문제를 부분적으로 조정하고 있다. 한국을 비롯해 호주, 캐나다, 칠레, 멕시코, 뉴질랜드, 영국 등은 귀속 방식(imputation system)을 통해 법인세 이중과세의 문제를 조정하고 있다.

〈표 7-8〉 노동소득세율과 자본소득세율 추정

(단위: %)

국가명	캐리와 라베소나(2002)		추정치(2012년)		
	노동소득세율	자본소득세율(1)	노동소득세율	자본소득세율(1)	자본소득세율(2)
오스트리아	39.6	42.2	34.7	40.9	19.7
벨기에	41.3	51.4	39.0	64.4	26.0
체코	41.5	40.7	34.7	27.5	13.5
덴마크	39.9	71.9	30.4	87.7	37.3
핀란드	45.0	48.9	38.7	52.7	21.8
프랑스	40.5	55.9	35.4	77.4	33.6
독일	35.0	34.9	33.7	39.3	18.8
그리스	34.9	15.1	30.8	23.2	13.2
이탈리아	37.7	42.7	38.4	50.4	27.8
일본	24.1	50.0	28.9	32.3	17.1
네덜란드	36.4	52.8	30.5	42.1	22.7
포르투갈	23.9	28.1	21.8	35.5	17.6
스페인	30.7	28.8	28.4	32.2	17.3
스웨덴	49.6	69.9	30.8	48.1	24.3
스위스	30.9	53.2	18.2	65.5	24.7
영국	22.6	53.2	21.7	45.6	28.0
미국	23.5	39.5	18.2	40.2	23.1
한국	9.9	22.5	16.7	31.4	17.2
평균	33.7	44.5	29.5	44.2	22.4

주: 1) 캐리와 라베소나의 추정치는 1990~2000년의 평균값임.
   2) 사회보장기여금을 과세 대상 소득에서 제외하는 것으로 가정함.
   3) 가구의 노동소득과 자본소득에 동일한 세율이 적용되는 것으로 가정함.
   4) 자본소득세율(1)은 순영업 잉여를, 자본소득세율(2)는 총영업 잉여를 기준으로 추정한
      결과임.
자료: OECD, Revenue Statistics; National Accounts.

대상 포함 여부를 고려하고, 자본소득에 부여하는 세제상의 혜택을 일부 반
영하기도 했다(Carey and Rabesona, 2002; Sarabia, 2005).

　이 절에서는 캐리와 라베소나(Carey and Rabesona, 2002)의 추정 방법을 보
완해 노동소득세율과 자본소득세율을 추정했다.[12] 〈표 7-8〉에서 OECD의

Revenue Statistics와 National Accounts 자료를 이용해 분석한 결과를 보면, 순영업 잉여를 기준으로 할 경우 2012년 한국의 노동소득세율과 자본소득세율은 각각 16.7%와 31.4%로 추정되었고, 총영업 잉여를 기준으로 할 경우에 자본소득세율은 17.2%로 낮아졌다. 순영업 잉여를 기준으로 1990~2000년의 기간에 대해 분석한 캐리와 라베소나의 추정 결과를 보면, 한국의 노동소득세율과 자본소득세율은 각각 9.9%와 22.5%로 나타나 2000년대 이후 자본소득세율의 증가보다 노동소득세율의 증가율이 더 높은 것을 알 수 있다. 또한 한국의 노동소득세율과 자본소득세율은 비교 국가들에 비해 크게 낮은 것으로 평가된다. 2012년 노동소득세율의 경우 비교 국가들의 평균에 비해 12.8%p 낮고, 자본소득세율(1)과 자본소득세율(2)는 평균 대비 각각 12.8%p, 5.2%p 가 낮다.[13]

4. 소득과세의 공평성

1) 과세 공평성의 평가

공평과세(tax equity)는 같은 능력을 가진 사람은 같은 금액의 조세를 납부해야 한다는 수평적 공평과, 다른 능력을 가진 사람은 다른 금액의 조세를

---

12) 노동소득세율과 자본소득세율을 추정한 방식은 부록을 참조했다. 다만 가구의 노동소득과 자본소득에 동일한 세율을 적용해 자본소득세율을 과대 추정하는 문제를 완전히 극복하지는 못했다.

13) OECD(2001) 방식을 이용해 추정한 박형수 외(2012)에 따르면 한국의 노동소득 분배율은 1975년 2.0%에서 2010년 16.1%로 증가했고, 자본소득세율은 1975년 7.0%에서 2007년 33.1%로 증가한 이후 2010년 26.7%로 떨어졌다.

(단위: %)

	근로소득	종합소득	양도소득
전체	4.5	13.8	14.3
1000만 원 이하	0.1	1.7	6.3
2000만 원 이하	0.4	2.9	7.1
4000만 원 이하	1.2	5.8	8.7
6000만 원 이하	3.0	7.6	9.8
8000만 원 이하	5.1	9.8	10.6
1억 원 이하	7.3	11.9	11.2
2억 원 이하	11.5	17.0	12.6
3억 원 이하	20.6	22.9	12.7
5억 원 이하	24.2	26.0	15.6
5억 원 초과	30.0	30.5	19.3

주: 조세부담률은 각 소득 구간에 속한 모든 납세자의 결정세액 합계를 소득의 합계로 나눈 수 치이기 때문에 개별 납세자의 평균실효세율과는 다소 차이가 있음.
자료: 국세청(2014).

부담해야 한다는 수직적 공평의 두 가지 차원으로 구분된다. 수평적 공평성은 소득 간 세 부담의 차이를 문제시하는 반면, 수직적 공평성은 동일 소득 내에서 소득 증가에 따른 추가적인 조세 부담의 정도를 문제시한다. 만약 노동소득세율에 비해 자본소득세율이 낮을 경우에는 노동소득을 가급적 자본소득으로 전환하려는 유인이 작동해 조세 부담의 수평적 공평성을 저해할 수 있다.

〈표 7-9〉에서 보듯이 2013년 과세소득 기준 평균실효세율(총소득 대비 결정세액의 비율)은 근로소득 4.5%, 종합소득 13.8%, 양도소득 14.3%를 기록해 양도소득이 가장 높지만, 소득 규모별로는 차이가 있다. 종합소득의 경우 2억 원 이하의 규모에서 과세율은 근로소득에 비해 높지만, 2억 원을 초과하는 구간에서는 큰 차이가 없다. 양도소득의 경우에는 2억 원 이하의 규모에

서 근로소득보다 과세율이 높지만, 2억 원을 초과하는 고소득 구간에서는 근로소득보다 낮다. 2013년 현재 이자 및 배당소득은 각각 36.1조 원과 14조 원으로 총 50.1조 원에 달하지만 약 25%만 종합과세되고 있으며, 금융소득에 대한 원천징수액은 4조 9891억 원으로 10.0%에 불과하다(국세청, 2014).

한편 이 절에서는 국세청의 2013년 근로소득과 종합소득 100분위 자료를 분석해 소득 간 실효세율의 차이를 분석했다. 과세 미달자를 포함한 근로소득자와 종합소득자는 각각 1636만 명과 456만 5000명이다. 비과세자를 포함한 근로소득자와 종합소득자의 2013년 소득 100분위별 과세 현황을 보면, 근로소득자의 평균실효세율은 종합소득자에 비해 낮다. 〈표 7-10〉에서 보듯이 전체 근로소득자와 종합소득자의 평균실효세율은 각각 4.5%와 13.8%다. 이와 같이 근로소득자의 세 부담이 종합소득자보다 낮은 이유는 자영업자의 더 낮은 소득파악률을 감안해 근로소득자에게는 소득공제에 더해 근로소득공제를 추가로 제공하기 때문이다. 전체 근로소득자의 근로소득공제율과 소득공제율은 각각 31.0%와 29.4%로 총 60.4%의 (근로)소득공제율을 보이고 있지만, 종합소득자의 소득공제율은 24.5%에 그치고 있다.[14]

또한 한국의 소득세제는 세제 혜택을 소득공제 중심으로 운영하기 때문에 동일한 금액의 소득공제가 적용되더라도 한계세율이 높은 고소득자에게 더 많은 혜택이 부여되어 세 부담의 형평성을 저해하는 것으로 평가된다. 〈표 7-10〉에서 보듯이 근로소득자의 경우 (근로)소득공제와 세액 감면 및 세액공제로 인한 감세액은 총 50.1조 원으로 추정되며, 이 중 34.9%에 해당하는 17.5조 원이 상위 10% 소득 계층에 제공되었다. 종합소득자의 경우에

---

14) 한국의 총소득 대비 각종 소득공제 비율은 선진국에 비해 상대적으로 높은 수준이다. 2012년 약 29조 7317억 원의 국세 감면 규모 중 소득세 감면 규모는 약 48%를 차지하는 것으로 보고되었다(김재진, 2013).

〈표 7-10〉 소득공제 및 실효세율 현황(2013년)

(단위: 조 원, %)

	근로소득					종합소득			
	(근로)소득공제			감세액	실효세율 (1)	소득공제		감세액	실효세율 (2)
	공제액	공제율(1)	공제율(2)			공제액	공제율(3)		
1분위	3.0	80.0	20.0	0.2	0.0	0.4	97.8	0.02	0.8
2분위	10.1	75.3	24.7	0.6	0.0	1.3	82.5	0.08	0.8
3분위	16.7	65.3	30.2	1.0	0.1	1.6	70.7	0.10	1.5
4분위	21.3	60.5	29.4	1.7	0.3	2.0	63.2	0.13	1.9
5분위	25.2	51.5	30.2	2.7	0.5	2.4	57.2	0.16	2.2
6분위	29.4	43.2	30.8	3.9	0.7	2.9	49.5	0.23	2.6
7분위	35.4	36.4	32.4	5.4	1.2	3.4	41.4	0.45	3.5
8분위	43.1	30.2	33.9	6.9	2.1	4.2	33.8	0.67	5.5
9분위	52.4	24.0	33.4	10.1	3.6	6.0	28.7	1.23	7.5
10분위	64.0	16.8	22.5	17.5	10.1	8.7	11.6	4.71	20.8
상위 5%	6.3	17.1	27.2	1.6	7.0	0.86	17.8	0.35	13.6
상위 4%	6.5	16.1	26.2	1.8	7.8	0.86	15.2	0.41	15.7
상위 3%	6.8	15.1	24.7	2.0	8.9	0.86	12.3	0.47	18.5
상위 2%	7.1	13.8	22.4	2.3	10.5	0.91	9.3	0.59	21.9
상위 1%	7.9	9.2	12.4	3.0	20.2	1.3	4.4	1.70	28.8
전체	300.8	31.0	29.4	50.1	4.5	32.9	24.5	7.79	13.8

주: 공제율(1)=근로소득공제/총급여액. 공제율(2)=소득공제/총급여액. 공제율(3)=소득공제/종
합소득금액. 실효세율(1)=결정세액/총급여액. 실효세율(2)=결정세액/종합소득금액.
자료: 홍종학 의원실(2015) 원자료를 토대로 계산.

는 소득공제와 세액공제 및 세액 감면으로 인한 감세액은 총 7.79조 원으로 추정되며, 이 중 60.5%에 해당하는 4.71조 원이 상위 10% 소득 계층에게 집중되었다. 또한 감세액의 규모는 소득이 증가함에 따라 증가하는 것으로 나타났다.[15]

---

15) 2014년 ≪국세통계연보≫에 따르면 2013년 귀속분 근로소득의 세액공제와 세액 감면
은 각각 3조 1880억 원과 437억 원으로 총 3조 2317억 원을 기록했고, 종합소득의 세액
공제와 세액 감면은 각각 1조 3997억 원과 741억 원으로 총 1조 4738억 원을 기록했다.

		2008년	2009년	2010년	2011년	2012년	2013년
지니계수	근로소득	0.503	0.501	0.511	0.498	0.483	0.482
	종합소득	0.686	0.675	0.684	0.691	0.677	0.680
	통합소득			0.547	0.539	0.528	0.526
수츠지수	근로소득	0.571	0.595	0.583	0.573	0.564	0.557
	종합소득	0.364	0.406	0.399	0.391	0.408	0.395
	통합소득			0.566	0.560	0.554	0.544

주: 통합소득은 종합소득세 신고자와 근로소득 연말정산 신고자의 소득에서 중복을 제거한 소득임.
자료: 홍종학 의원실(2015) 원자료를 토대로 계산.

한편 〈표 7-11〉을 보면, 2013년 근로소득자와 종합소득자의 지니계수는 각각 0.482와 0.680을 기록해 종합소득의 분배가 더 불평등한 것으로 나타났다. 근로소득자와 종합소득자의 중복소득을 제거한 통합소득을 기준으로 산출한 지니계수는 0.526을 기록했다. 반면에 조세의 누진성을 측정하는 수츠(Suits)지수는 종합소득보다 근로소득에서 더 높은 것으로 나타났다.[16) 이것이 의미하는 바는 이자소득, 배당소득, 사업소득, 연금소득, 근로소득, 기타소득 등으로 구성되는 종합소득의 경우 불평등도가 더 크지만, 조세의 집중도는 낮아 근로소득에 비해 조세의 수직적 공평성이 취약하다는 것이다.

2) 공평과세 방안

한국 근로소득세의 조세집중도가 높은 것은 누진적인 소득세율의 영향이

---

16) 수츠지수는 조세의 누진성을 측정하는 지표로 −1과 1 사이의 값을 갖는다. −1일 경우 가장 역진적이고, 0이면 비례적, 1이면 가장 누진적이다. 이 글에서 이용한 수츠지수는 상대적 조세집중도와 지니계수의 차이다. 즉, $S = C_Y^B - G_X$ 이다. 추정 방식에 대해서는 Arcarons and Calonge(2015)를 참조

기도 하지만 노동시장에서 1차 분배가 불평등하고, 상위 소득 계층에 소득이 집중되어 있기 때문이다. 소득분배가 불평등한 상태에서 조세집중도가 높은 것은 분배와 공평과세 측면에서도 바람직하지 않다. 더욱이 중하위 소득 집단의 낮은 근로소득을 다양한 비과세 감면제도로 보충할 경우, 근로소득 내에서뿐만 아니라 다른 소득과의 사이에서도 공평과세의 문제가 발생할 수 있다. 따라서 근로소득세의 과세 공평성을 높이기 위해서는 노동시장에서 1차 분배를 개선하면서 점차 비과세 감면제도를 축소하고, 상위 소득 집단에 더 높은 실효세율을 적용해야 한다. 그 방법은 비과세 감면의 축소를 소득 계층별로 차등해 소득이 증가할수록 더욱 큰 폭으로 줄이거나 소득세율을 인상하는 것이다.[17]

국제 비교에서도 한국 근로소득자는 소득이 높을수록 세 부담이 적은 것으로 보고되고 있다. 〈표 7-12〉를 보면 임금수준이 높을수록 노동비용에서 근로소득세와 사회보장기여금이 차지하는 비중이 커지고 있지만, OECD 회원국 평균과 한국의 차이는 더 크게 벌어지고 있다. 단신 근로자의 경우 2015년 평균임금(AW) 50% 수준에서 OECD 회원국 평균과 한국의 차이는 10.4%p이지만, 평균임금의 2.5배(AW 250%) 수준에서는 16.4%p로 증가해 한국 고소득자의 조세 부담이 OECD 회원국 평균에 비해 더 낮다는 것을 보여주고 있다.

다음으로 이자, 배당, 임대, 자본이득 등의 자본소득에 대한 과세를 강화

---

17) 앳킨슨은 소득 불평등을 완화하기 위해 영국의 개인소득세에 대해 한계세율을 65%까지 올리면서 과세 기반도 함께 넓힐 것을 주장했다(앳킨슨, 2015). 피케티와 사에즈 그리고 스탠슈바에 따르면 세수를 극대화하는 최고세율은 83%까지 올라간다(Piketty, Saez and Stantcheva, 2014). 또한 피케티는 100만 불 이상의 연소득에 대해 약 80%의 소득세를 부과할 경우, 오히려 경제적으로 유익하지 않은 행위를 합리적으로 제한하면서 성장의 결실을 더 고르게 분배할 수 있을 것으로 보았다(Piketty, 2014).

〈표 7-12〉 조세·사회보험료 부담률 국제 비교(2015년)

(단위: %)

	임금수준	OECD 평균	한국	차이(%p)
근로소득세	AW 50%	6.9	0.7	6.2
	AW 100%	13.4	4.9	8.5
	AW 150%	17.6	7.7	9.9
	AW 200%	20.6	11.4	9.2
	AW 250%	22.6	13.6	9.0
사회보장기여금	AW 50%	21.3	17.0	4.3
	AW 100%	22.5	17.0	5.5
	AW 150%	22.0	15.4	6.6
	AW 200%	21.2	14.0	7.2
	AW 250%	20.4	13.0	7.4
합계	AW 50%	28.1	17.7	10.4
	AW 100%	35.9	21.9	14.0
	AW 150%	39.6	23.2	16.4
	AW 200%	41.7	25.3	16.4
	AW 250%	43.0	26.6	16.4

주: 단신 근로자 기준, 조세·사회보험료 부담률=(조세+사회보험료)/노동비용×100
자료: OECD.Stat.

하는 것이다. 이원적 소득세제하에서 자본소득에 대해 낮은 세율을 적용하는 북유럽 국가조차도 자본소득에 부과하는 세율은 27~32%에 달하지만, 한국의 경우 자본소득에 대한 과세는 매우 취약한 상태다. 현행 금융소득종합과세에 따르면 1인당 2000만 원까지의 금융소득(이자+배당)에 대해서는 14%로 분리과세하고, 건강보험 직장 가입자의 경우 근로소득만을 기준으로 건강보험료가 부과되기 때문에 금융소득에 대해서는 사회보험료가 면제되고 있다. 2013년 기준 이자 및 배당소득은 각각 36.1조 원과 14조 원으로 총 50.1조 원에 달하지만, 약 25%만 종합과세되었다. 금융소득 이외의 다른 소득이 존재하는 고소득자가 2000만 원까지 14%의 세율을 적용받을 경우 소득세 최고세율(38%)과의 차이에 해당하는 24%의 세금 혜택을 볼 수 있다. 따라서 금융소득에 대해 종합과세하고, 건강보험료의 부과 기준도 종합소득 기준으로 변경해야 한다.

정부의 임대소득 분리과세 방안에 따르면 2017년부터 연간 2000만 원 이하의 임대소득에 대해서는 필요경비율을 60%로 적용한다. 또한 14%의 단일세율을 적용하고, 분리과세 주택 임대소득을 제외한 해당 과세기간의 종합소득금액이 2000만 원 이하인 경우에는 추가로 기본 공제 400만 원을 인정하기로 했다. 연간 임대소득 2000만 원 이하에 대해서 필요경비율 60%를 적용할 경우 2000만 원의 임대소득에 대한 실효세율은 6.16%이며, 추가로 400만 원의 기본 공제를 적용받을 경우에는 3.08%에 불과하다. 더욱이 연간 임대소득이 2000만 원 이하이지만 사업소득, 금융소득, 근로소득 등이 많은 고소득 임대소득자의 경우 동일한 과세표준에 속하는 순수 근로소득자에 비해 세 부담이 적을 수 있다.

임대소득이 지하경제의 큰 축이고, 부동산에 대한 과세의 경제 왜곡 효과가 작기 때문에 공평성과 효율성의 측면에서 임대소득에 대한 과세는 정당화될 수 있다. 더욱이 임대소득이 일종의 불로소득적인 성격을 띤다는 점을 고려하면, 과세 공평성과 효율성의 차원에서 근로소득보다 높은 세율을 적용하고, 고소득 임대소득자에 대한 과세를 강화해 조세 체계의 누진성을 높여야 한다.

상장주식 양도 차익에 대한 과세 강화는 소득 간 불공평한 세 부담을 시정한다는 측면에서 합당하며, 건전한 주식시장의 형성과 금융거래의 투명성 제고에도 기여할 수 있다. 현재 상장주식 양도 차익에 대한 대주주 세율은 20%이며, 중소기업 주식에는 10%, 1년 미만 보유 기간의 경우 30%, 비상장 주식의 경우에는 소액주주에 대해 중소기업 10%, 그 외 주식은 20% 과세하고 있다. 2015년 2월 국세청 발표에 따르면 2008~2010년의 기간에 5억 원 초과 주식 양도소득을 신고한 건수는 전체의 8.7%에 불과하지만 전체 양도소득 금액에서 차지하는 비중은 84.9%에 달한다. 특히 상장주식 및 파생상품 양도 차익에 대한 비과세는 은행권보다 주식시장에 자금이 더 몰리게 할 뿐 아니라, 배당을 목적으로 한 주식 투자가 아니라 단기적인 시세 차익을 목적으로 하는 투기적 주식 투자를 조장해 자원 배분의 왜곡을 초래할 수 있다. 따라서 상장주식 및 파생상품 양도 차익에 대한 과세는 개인과 법인 간의 과세 형평과 근로소득자와 금융소득자 간의 불합리한 조세 차별을 시정해, 과세 형평성을 제고할 뿐만 아니라 자원의 효율적 배분에도 기여할 수 있다.

OECD 회원국 중 주식양도 차익에 대해 과세하지 않는 나라는 네덜란드, 뉴질랜드, 스위스뿐이다. 미국, 일본, 프랑스, 독일, 영국, 스페인, 브라질 등에서는 모든 주식의 양도 차익에 대해 과세할 뿐만 아니라 파생상품에 대해서도 자본이득세를 부과하고 있다. 더욱이 2008년 경제위기 이후 세계 각국은 자본이득에 대한 과세를 강화하는 추세다. 예를 들면 미국은 2014년 자본이득 과세 최고세율을 15%에서 23.8%로 인상했다.

한편 부유세의 주된 목적은 조세의 수직적 공평성을 높이거나 개인소득세를 세제 및 세정 차원에서 보완하기 위한 것이다.[18] 즉, 부유세는 부에 대한 수익 활동이 없거나, 있다 해도 자산소득으로 포착되지 않는 부유층을 주된 대상으로 하기 때문에 자본소득 파악의 애로에 따른 추계과세적 성격을 가진다. 부유세를 시행하고 있던 북유럽 국가들에서는 이원적 소득세제를 도입하면서 부유세의 존재를 자본소득에 대한 낮은 정률과세의 근거로 제시

---

18) 부유세에 대한 자세한 논의는 노영훈(2012) 참조.

했다. 2008년 경제위기 이후 부유세에 대한 관심이 증대하면서 2012년 현재 부유세(OECD Revenue Statistics 기준 4200)를 부과하고 있는 국가는 벨기에, 캐나다, 프랑스, 독일, 그리스, 헝가리, 아이슬란드, 아일랜드, 이탈리아, 룩셈부르크, 노르웨이, 슬로베니아, 스페인, 스위스 등으로 증가했다. 특히 프랑스는 1982년 부유세를 도입한 이후 1987년 폐지했다가 1989년 '사회통합적 자산세(ISF: Impot de Solidarite sur la Fortune)'라는 명칭으로 재도입했고, 세 부담 상한제를 적용거로 금을 납부할 현금 확보 능력을 고려하고 있다. 또한 초기의 '최고부자세(IGF: Impot sur les Grandes Fortunes)'라는 이름을 사회통합적 자산세로 변경하고, 세수의 사용을 '최저생계비 보조금(RMI: Revenu Minimum d'Insertion)'과 연계해 해당 조세에 대한 저항을 완화했다. 부동산 및 금융자산을 포함한 총자산에서 부채를 공제한 순자산액을 기준으로 부유세를 도입할 경우, 순자산 대비 세 부담의 누진성이 강화되면서 세수가 크게 증가할 것으로 추정된다.

5. 맺음말

최근 우리 사회에서 증세의 필요성이 대두되면서 소득 간 공평과세에 대한 관심이 높아지고 있다. 불공평한 과세는 증세에 대한 납세자들의 협력을 약화할 뿐만 아니라 자원 배분의 효율성과 분배의 공평성을 저해하고, 국민경제의 안정적 성장도 보장하지 못한다. 특히 노동소득과 자본소득 간 조세부담의 공평성을 높이는 것은 개발 시대의 조세 체계를 복지국가 시대에 조응하는 방식으로 개편하는 데 대단히 중요한 과제다. 이에 이 장에서는 자본소득과 노동소득의 세 부담 구조를 분석해 공평과세를 위한 세제 개편 방안을 모색했다.

세 부담의 공평성을 평가하기 위해서는 수평적 차원과 수직적 차원을 동시에 고려해야 한다. 순자산증가설에 따른 종합소득 과세는 모든 종류의 소득을 합산해 과세하는 점에서 수평적 공평성을 강화할 수 있으며 종합소득에 대해 누진세를 적용할 경우 과세의 수직적 공평성을 크게 높일 수 있다. 비과세되는 소득이 존재하지 않기 때문에 탈세의 유인을 낮추고, 소득 간 선택 행위도 중립적일 수 있다. 특히 소득과 부의 축적은 개인의 정치·경제적 권력과 사회적 지위를 강화하기 때문에 누진과세가 과도한 불평등을 방지하는 수단으로 간주될 경우 총소득 또는 부는 소비보다 적절한 과세표준이 된다.

자본소득세율을 낮게 유지할 경우에는 근로소득을 자본소득으로 전환해 높은 근로소득세율을 회피하려는 행태가 나타날 수 있기 때문에 과세의 수평적 공평성을 높이고, 조세 회피 행위를 차단하기 위해서는 자본소득세율을 노동소득세율과 일치시켜야 한다. 또한 법인소득세율이 지나치게 낮을 경우에는 법인소득을 배당하지 않고 사내에 유보하려는 유인이 증가하기 때문에 자원 배분의 비효율 문제를 초래할 수 있다. 따라서 자원의 효율적 배분이라는 측면에서 법인세율을 개인소득세율과 비슷한 수준에서 유지하는 것이 바람직하다.

한편 한국의 세법상 소득세에 속하는 세목으로는 개인소득세와 법인세, 지방소득세가 있으며, 재산세는 소득세를 보완하는 측면이 있다. 소득세법은 열거주의에 따라 과세소득을 규정하고, 원칙적으로 개인을 단위로 해서 소득세를 과세하며, 종합과세를 기본으로 하되 일부 소득에 대해서는 분류과세와 분리과세를 적용하고 있다. 소득세법에서 열거하고 있는 종합과세의 대상 소득은 근로소득·이자소득·배당소득·사업소득·연금소득·기타소득이며, 이자·배당·연금·기타소득 중 일부에 대해서는 분리과세를 적용하고 있다. 퇴직소득 및 양도소득에 대해서는 종합과세하지 않고 분류과세를 적용해 집결 효과로 인한 과도한 세 부담을 완화하고 있다.

한국의 개인소득 세수 비중이 OECD 회원국 평균에 비해 낮은 이유는 노동소득 분배율이 낮고 비과세자 비중이 높기 때문이기도 하지만, 이자소득·배당소득·양도소득 등 자본소득에 대한 과세가 미약하기 때문이기도 하다. 캐리와 라베소나의 방법을 보완해 노동소득세율과 자본소득세율을 추정한 결과, 순영업 잉여를 기준으로 할 경우 한국의 노동소득세율과 자본소득세율은 2012년에 각각 16.7%와 31.4%로 추정되었고, 총영업 잉여를 기준으로 할 경우에 자본소득세율은 17.2%로 낮아졌다. 한국의 노동소득세율과 자본소득세율은 비교 국가들에 비해 크게 낮은 것으로 평가된다. 다만 가구의 노동소득과 자본소득에 동일한 세율이 적용된다는 추정상의 가정으로 자본소득세율은 다소 과대 추정된 것으로 판단된다.

비과세자를 포함한 근로소득자와 종합소득자의 과세 현황을 보면, 모든 소득분위에 걸쳐 근로소득자의 평균실효세율이 종합소득자에 비해 낮다. 이와 같이 근로소득자의 세 부담이 종합소득자보다 적은 이유는 근로소득자와 자영업자와의 과세 공평성을 고려하기 위한 목적으로 근로소득자에게 근로소득공제를 제공함으로써 사업소득자에 비해 근로소득자의 면세점이 높을 뿐만 아니라 근로소득자에게 각종 공제제도를 추가 적용하기 때문이다. 또한 근로소득에 비해 종합소득 분배가 더 불평등한 것으로 나타났지만, 조세의 누진성을 측정하는 수츠지수는 종합소득보다 근로소득에서 더 높은 것으로 나타났다. 이것이 의미하는 바는 이자소득, 배당소득, 사업소득, 연금소득, 근로소득, 기타소득 등으로 구성되는 종합소득의 경우 불평등도가 더 크지만 조세의 집중도는 낮아 근로소득에 비해 조세의 수직적 공평성이 취약하다는 것이다.

이상의 분석 결과를 볼 때, 증세가 불가피한 상황에서는 먼저 상위 소득 집단에 대한 비과세 감면을 축소해 소득세의 누진성을 높이고, 자본소득과 자본이득에 대한 과세를 강화해야 한다. 이원적 소득세제하에서 자본소득에 낮은 세율을 적용하고 있는 북유럽 국가에 비해서도 한국의 자본소득 과세는 매우 취약하다. 따라서 이자, 배당, 임대, 자본이득 등에 대한 실효세율을 높여 과세의 공평성을 강화해야 한다.

한편 개인과 법인 간 과세 형평과 근로소득자와 금융소득자 간 불합리한 조세 차별을 시정하기 위해 상장주식 및 파생상품 양도 차익에 대해 전면적으로 과세하고, 대기업에 대한 법인세 실효세율을 높여야 한다. 또한 순자산 대비 세 부담의 누진성을 강화하고 개인소득세의 수직적 공평성을 높이기 위해 부유세 도입을 검토할 필요도 있다.

부록: 노동소득세율과 자본소득세율 추정 방법

식(1)과 식(2)는 각각 노동소득세율(t_l)과 자본소득세율(t_k)의 추정식이다. 사회보장기여금을 과세소득 대상에서 제외할 경우 가구소득세율 추정식(t_h) 분모의 가구소득($OSPUE + PEI + W$)에서 사회보장기여금을 제한다. 연기금에 대한 고용주기여금과 급여세(payroll tax)도 노동소득에 더해지기 때문에 노동소득세율 추정식(t_l)의 노동소득 과세 대상에는 피고용자 보수(compensation of employees)뿐만 아니라 급여 및 종업원세(taxes on payroll and workforce, 3000)도 포함된다. 자영업자에 대한 사회보장기여금은 자영업자 소득의 노동소득비율(α)만큼 노동소득에 배분되고, 나머지($1-\alpha$)는 자본소득에 배분되는 것으로 가정한다.[19] 기타 사회보장기여금(2400)은 가구소득 중 노동소득의 비중(β)에 해당하는 만큼 노동소득세율에 포함하고, 나머지($1-\beta$)는 자본소득세율(t_k)에 포함되는 것으로 가정한다. 모든 재산세(4000)를 비롯해 투자재에 부과되는 세금(5125), 가계 부문 이외의 부문에 부과된 자동차세(5212), 기타 영업세(6100) 등은 자본소득세율에 포함된다. 캐리와 라베소나가 제안한 방식으로 이자, 배당금, 각종 연금 저축에 대한 세 부담을 조정하지만, 가구의 노동소득과 자본소득에 동일한 세율(t_h)이 적용된다는 가정으로 인해 자본소득세율을 과대 추정하는 문제를 완전히 극복할 수는 없다.

$$(1)\ t_l = \left[\frac{t_h(W + \alpha OSPUE - T_3 - \alpha T_5 - \beta T_6) + T_3 + T_4 + \alpha T_5 + \beta T_6 + T_7}{WSSS + \alpha OSPUE + T_7} \right] \times 100$$

---

19) 노동소득 분배율의 측정에 대해서는 Gollin(2002)과 이병희(2015) 참조.

$$(2)\ t_k = \left[\frac{t_h[PEI + (1-\alpha)\ OSPUE - (1-\alpha)T_5 - (1-\beta)T_6] + (1-\alpha)T_5 + (1-\beta)T_6 + \theta}{NOS - T_7 - \alpha OSPUE}\right] \times 100$$

$$(3)\ t_h = \left[\frac{T_1}{OSPUE + PEI + W - (T_3 + T_5 + T_6)}\right]$$

$$(4)\ \alpha = \frac{WSSS}{GDP - IT - OSPUE}$$

$$(5)\ \beta = (W + \alpha OSPUE - T_3) / (OSPUE + PEI + W - T_3 - \alpha T_5)$$

$$(6)\ \theta = T_2 + T_8 + T_9 + T_{10} + T_{11}$$

노동소득세율과 자본소득세율 추정에 필요한 변수는 〈부표 7-1〉에 정리되어 있다. 조세 변수는 OECD의 Revenue Statistics, 거시 자료는 OECD의 National Accounts에서 추출했다.

〈부표 7-1〉 변수명

OECD Revenue Statistics		SNA(System of National Accounts)	
변수	설명	변수	설명
T_1(1100)	개인소득세(소득, 이윤, 자본이득)	W	종업원 임금 및 급료
T_2(1200)	법인소득세(소득, 이윤, 자본이득)	WSSS	피고용자 보수
T_3(2100)	종업원 사회보장기여금	OSPUE	개인영업 잉여(혼합소득)
T_4(2200)	고용주 사회보장기여금	NOS	순영업 잉여
T_5(2300)	자영업자 사회보장기여금	GOS	총영업 잉여
T_6(2400)	기타 사회보장기여금	PEI	이자, 배당, 투자수익
T_7(3000)	급여세	GDP	국내총생산
T_8(4000)	재산세	IT	간접세
T_9(5125)	투자재에 부과된 세금	NIT	순간접세
T_{10}(5212)	가계 부문 이외에 부과된 자동차세	CFC	고정자본 소모
T_{11}(6100)	기타 영업세		

자료: OECD, Revenue Statistics; National Accounts.

참고문헌

곽태원. 2000. 『조세론』. 법문사.

국세청. 2014. ≪국세통계연보≫. 국세청.

국회예산정책처. 2013. 『조세의 이해와 쟁점 II(법인세)』. 대한민국국회.

기획재정부. 2014. 『조세개요』. 기획재정부.

김유찬. 2012. 「이원적소득세(Dual Income Tax)에 대한 평가: 자본소득에 대한 호혜적 과세는 과연 필요한가?」. ≪재정학연구≫, 제5권 제1호.

김재진. 2013. 「소득세제 개편의 기본방향」. 한국조세재정연구원. 조세·재정 BRIEF (2013.10.21).

노영훈. 2012. 『부유세와 종합부동산세: 부유세의 조세정책적 의미』. 한국조세연구원.

박형수·박명호·김학수·정재호. 2012. 『중장기 세수변동요인 분석 및 향후 전망』. 한국조세연구원.

앳킨슨, 앤서니 B.(Anthony B. Atkinson). 2015. 장경덕 옮김. 『불평등을 넘어: 정의를 위해 무엇을 할 것인가?』. 글항아리.

우명동. 2007. 『조세론』. 해남.

이병희. 2015. 「노동소득분배율 측정 쟁점과 추이」. ≪노동리뷰≫, 2015년 1월 호.

이병희·강병구·성재민·홍민기. 2015. 『경제적 불평등 실태와 정책 대응』. 한국노동연구원.

이필우·유경문. 2003. 『조세론』. 법문사.

홍종학 의원실. 2015.9.10. "국세청 통합소득 100분위 자료 활용 과세 미달자 포함한 소득현황, 최초 분석 공개"(보도자료).

Arcarons, J. and S. Calonge. 2015. "Inference Tests for Tax Progressivity and Income Redistribution: the Suits Approach." *Journal of Economic Inequality*, 13.

Carey, D. and J. Rabesona. 2002. "Tax Ratios on Labour and Capital Income and on Consumption." *OECD Economic Studies*, No.35.

Fisher, I. and H. W. Fisher. 1942. *Constructive Income Taxation: A Proposal for Reform*. Harper and Brothers.

Gollin, Douglas. 2002. "Getting Income Shares Right." *Journal of Political Economy*, 110(2).

Haig, R. M. 1921. "The Concept of Income: Economic and Legal Aspects." in R. M. Haig(ed.). *The Federal Income Tax*. Columbia University Press.

Hall, R. E. and A. Rabushka. 1995. *The Flat Tax(Second Edition)*. Stanford: Hoover Institution

Press.

Harding, Michelle. 2013. "Taxation of Dividend, Interest, and Capital Gain Income." *OECD Taxation Working Papers*, No.19.

Mendoza, E. G., A. Razin and L. L. Tesar. 1994. "Effective Tax Rates in Macroeconomics: Cross-Country Estimates of Tax Rates on Factor Incomes and Consumption." *NBER Working Paper*, No.4864, September.

OECD. 2001. "Tax Ratios: A Critical Survey." *OECD Tax Policy Studies*, No.5.

Pechman, J. A. 1977. *Comprehensive Income Taxation: A Report of a Conference Sponsored by the Fund for Public Policy Research and the Brookings Institution*. Washington, D.C.: The Brookings Institution.

Piketty, Thomas. 2014. *Capital in the Twenty-First Century*. The Belknap Press of Harvard University Press.

Piketty, Thomas, Emmanuel Saez and Stefaine Stantcheva. 2014. "Optimal Taxation of Top Laptr Incomes: A Tale of Three Elasticities." *American Economic Journal: Economic Policy*, 6(1).

Sarabia, A. A. 2005. "Average Effective Tax Rates in Mexico." *Economia Mexicana*, 14(2).

Schanz, G. 1896. "Der Einkommensbegriff und die Einkommensteuergesetze." *Finanz-Archive*, Vol.13, No.1.

Simons, H. C. 1938. *Personal Income Taxation: The Definition of Income as a Problem of Fiscal Policy*. University of Chicago Press.

Sorensen, P. B. 2010. "Dual Income Taxes: A Nordic Tax System." Chapter 5 in Iris Clause, Norman Gemmell, Michelle Harding and David White(eds.). *Tax Reform in Open Economies*. Edward Elger.

지은이(수록순)

유종일
서울대학교 경제학과 졸업, 하버드대학교 경제학 박사
현재 KDI국제정책대학원 교수
주요 저서: 『피케티, 어떻게 읽을 것인가』(2015), 『경제민주화: 분배 친화적 성장은 가능한가』
　　(편저, 2012), 『유종일의 진보경제학: 철학, 역사 그리고 대안』(2012), 『경제119』(2011),
　　『위기의 경제』(2008)

박복영
서울대학교 경제학과 졸업, 서울대학교 경제학 박사
현재 경희대학교 국제대학원 부교수
주요 논저: "External adjustment and trading partners exchange rate regimes"(2016), "Can capital
　　account liberalization lessen capital volatility in a country with 'original sin'?"(2012), *The
　　World Economy after the Global Crisis: A New Economic Order for the 21st Century*(편저, 2012)

최필수
연세대학교 중어중문과 졸업, 중국 칭화대학교 경제관리학원 박사
현재 세종대학교 국제학부 조교수
주요 논저: 「위안화 무역결제 현황과 결정 요인 분석」(공저, 2016), 「AIIB 설립과 동북아 개발금
　　융」(2015), "Introducing property tax in China as an alternative financing source"(공저,
　　2014), "Extension and integrity of business groups: Evidence from China"(공저, 2013)

김형기
서울대학교 경제학과 졸업, 서울대학교 경제학 박사
현재 경북대학교 경제통상학부 교수
주요 논저: 『한국경제 제3의 길: 지속가능한 진보를 위한 대안적 발전모델』(2006), 『새정치경제
　　학』(2001), "The Great Transformations of the Korean Economy since 1962: Processes and
　　Consequences"(2012), "Capitalism after the Great Recession: A new Progressive Development
　　Model"(2010)

이일영

서울대학교 경제학과 졸업, 서울대학교 경제학 박사

현재 한신대학교 글로벌협력대학 교수

주요 저서: 『혁신가 경제학: 시대의 흐름을 바꾼 혁신가 열전』(2015), 『새로운 진보의 대안, 한반
도경제』(2009), 『중국 농업, 동아시아로의 압축』(2007), 『중국 대도시의 발전과 도시인의
삶』(2004)

홍민기

서던캘리포니아대학교 경제학 박사

현재 한국노동연구원 연구위원

주요 논저: 「최상위 임금 비중의 장기 추세」(2015), 「노동소득 분배율의 경기변동성」(2011), 「정
규-비정규근로의 임금격차 추정에 대한 논의」(2010)

강병구

인하대학교 경제학과 졸업, 뉴욕주립대학교 경제학 박사

현재 인하대학교 경제학과 교수

주요 논저: 「복지국가의 대안적 재정체계」(2014), 「사회지출의 자동안정화기능에 대한 연구」
(2011), 「법인세가 기업투자에 미치는 효과분석」(공저, 2008), 『미래 한국의 조세재정정
책』(공저, 2007)

한울아카데미 1926
서울사회경제연구소 연구총서 XXXIV

세계 경제의 미래와 한국 경제

ⓒ 서울사회경제연구소, 2016

엮은이 │ 서울사회경제연구소
지은이 │ 유종일·박복영·최필수·김형기·이일영·홍민기·강병구
펴낸이 │ 김종수
펴낸곳 │ 한울엠플러스(주)

편집책임 │ 신순남
편   집 │ 양선화·이인선

초판 1쇄 인쇄 │ 2016년 9월 30일
초판 1쇄 발행 │ 2016년 10월 7일

주소 │ 10881 경기도 파주시 광인사길 153 한울시소빌딩 3층
전화 │ 031-955-0655
팩스 │ 031-955-0656
홈페이지 │ www.hanulmplus.kr
등록번호 │ 제406-2015-000143호

Printed in Korea.
ISBN 978-89-460-5926-9 93320

* 책값은 겉표지에 표시되어 있습니다.